船员不安全行为与状态监测预警技术

CHUANYUAN BUANQUAN XINGWEI YU ZHUANGTAI JIANCE YUJING JISHU

马晓雪　章文俊　韩冰　等　著

国家重点研发计划项目资助（2019YFB1600602）

大连海事大学出版社

图书在版编目(CIP)数据

船员不安全行为与状态监测预警技术 / 马晓雪等著
. — 大连 : 大连海事大学出版社, 2024.11
ISBN 978-7-5632-4552-9

Ⅰ. ①船… Ⅱ. ①马… Ⅲ. ①海上事故-安全监测
Ⅳ. ①U676.8

中国国家版本馆 CIP 数据核字(2024)第 103426 号

大连海事大学出版社出版

地址:大连市黄浦路523号 邮编:116026 电话:0411-84729665(营销部) 84729480(总编室)

http://press.dlmu.edu.cn　E-mail:dmupress@dlmu.edu.cn

大连天骄彩色印刷有限公司印装　　大连海事大学出版社发行

2024 年 11 月第 1 版　　2024 年 11 月第 1 次印刷

幅面尺寸:170 mm×240 mm　　印张:14.25

字数:286 千　　印数:1~500 册

出版人:刘明凯

责任编辑:陈青丽　　责任校对:任芳芳

封面设计:解瑶瑶　　版式设计:解瑶瑶

ISBN 978-7-5632-4552-9　　定价:72.00 元

前　言

根据国际海事组织的统计，全球 80%以上的海上交通事故与人为因素相关。虽然近些年自动化、智能化技术不断在船舶运输领域得到应用，船端少人化已成为行业发展共识，然而海上交通事故总量并未呈现显著下降态势。对船员不安全行为与状态实施有效管控仍然是当前海事主管部门及航运企业预防海上交通事故的重要手段。目前，针对海事人为事故致因的研究已经取得积极进展，然而对于在航船舶船员不安全行为与状态的科学认知和实时管控的问题仍缺乏深入研究。

本书面向航运企业船员管理及船员操作安全风险管控的实际需要，在明确船员不安全行为与状态内涵的基础上，系统识别船员的不安全行为与状态及其影响因素，研判船员不安全行为与状态的动态演化特征与规律，面向船员不安全行为与状态的有效管控，提出安全屏障体系设置方法。考虑实船工作场景，建立船员不安全行为特征数据库，利用图像识别技术、多源数据集成融合技术等建立船员不安全行为与状态的智能识别算法，为开发船员不安全行为与状态的智能监测平台提供重要的理论基础。

本书由马晓雪教授、章文俊教授和韩冰研究员等人合著，由马晓雪教授统稿。第 1—3 章由大连海事大学公共管理与人文学院的马晓雪教授、西安科技大学管理学院的兰赫副教授以及大连海事大学航运经济与管理学院的博士研究生邓婉怡撰写，第 4 章由上海船舶运输研究所韩冰研究员、董胜利高工以及大连海事大学轮机工程学院乔卫亮副教授撰写，第 5 章和第 6 章由大连海事大学航海学院章文俊教授和吕红光教授撰写。

本书系国家重点研发计划——“在航船舶安全风险辨识与防控平台”的研究成果之一。本书的成稿得到了项目团队的大力支持，在此表示感谢！由于作者能力有限，书中难免存在不足之处，衷心希望读者给予批评指正。

作　者

2023 年 1 月

目　录

第1章 绪论

1.1 研究背景及意义

1.1.1 研究背景

随着“海洋强国”“交通强国”等一系列涉海战略的深入推进，海洋经济得到高速发展，海上运输需求显著增加。然而，日益增加的海上运输活动不可避免地会导致海上交通事故的发生。我国交通运输部发布的《2021 年交通运输行业发展统计公报》[1]显示，2021 年我国共发生运输船舶水上交通事故(一般事故等级及以上)129 起，造成 153 人死亡/失踪，沉船 46 艘。从全球范围来看，在埃信华迈(IHS Markit)全球海事数据库[2]中，自 2010 至 2020 年，共记录了 27 866 起海上事故，事故造成 5 797 人死亡/失踪，3 806 艘船舶全损，统计结果如图 1-1 所示。可以看出，事故数量呈波动下降趋势，然而即使事故数量有所下降，死亡/失踪人数以及船舶全损数量仍然不容乐观。海上交通事故的发生无疑会对人民的生命财产造成重大损失，甚至引发严重的海洋污染等环境问题。同时，随着船舶数量、规模以及速度的不断增长，海上运输风险也在不断增加。因此，保障海上运输安全，降低海上交通事故发生率，对全球经济发展和社会稳定都将起着重要作用。

基于事故致因理论，事故的发生是物的不安全状态与人的不安全行为在不良环境、管理缺陷等风险因素的交互作用下持续演化的结果。大量研究致力于分析工业事故的原因，并普遍认为，人的不安全行为是导致事故发生的主要且直接的因素。国际航运界从 20 世纪 70 年代就已经开始认识到船员不安全行为的重要

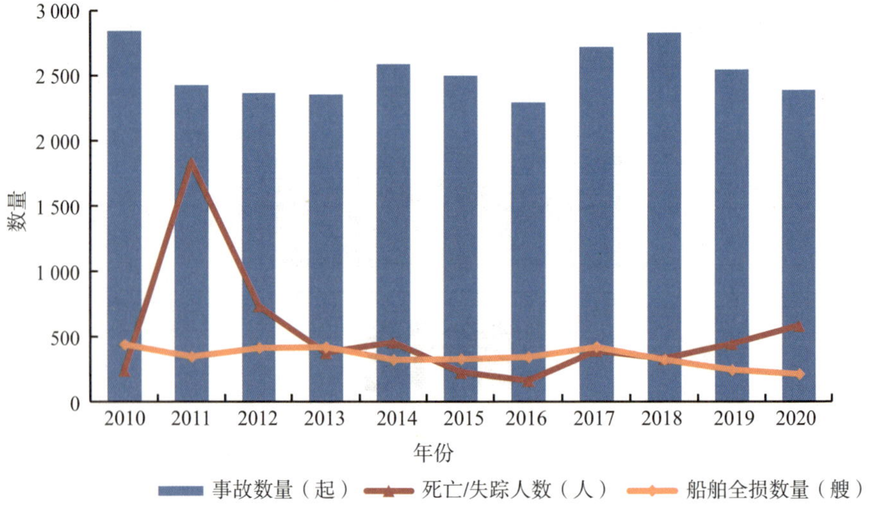

图 1-1　IHS Markit 全球海事数据统计

性[3]，80%的海上交通事故的发生被归因于船员不安全行为。国际海事组织（International Maritime Organization，IMO）呼吁各国在进行海上运输安全研究时务必加强对船员不安全行为的关注。在 IMO 的努力下，IMO 陆续推出了《海员培训、发证和值班标准国际公约》（STCW 公约）和《国际安全管理规则》（ISM 规则），分别从船员培训和管理的角度对促进海上安全提出了具体要求。1999 年，为避免海事调查中忽视或遗漏人为因素的关键信息，IMO 通过了《海事调查中人为因素调查指南》[A.884(21)]，向海事调查员提供了海上交通事故中人为因素的调查方法和程序，并且将船员不安全行为定义为“在存在危险或潜在不安全情况下发生的失误或违规行为”。虽然航运业不断地采取积极措施来提高船员行为的安全水平，但海上交通事故仍时有发生，且与国际社会的期望存在一定差距。

海上交通运输安全的基础是“人-船-管理-环境”系统的协调运行。安全管理的目的是杜绝船员的不安全行为，消除物的不安全状态，减少组织中的不安全管理和控制环境中的不安全因素。科学技术的进步使得船舶机器设备的安全性和可靠性得到了极大提高，同时各种监测和预警手段以及劳保用品的使用使得环境中的不安全因素的消极影响也得到了有效控制，但是船员作为系统中唯一具有主观能动性的部分，其行为具有不确定性。船员不安全行为的发生被认为是一系列复杂风险因素动态交互作用的结果[4]。来自组织、技术、环境、个体特质等因素耦合叠加于船员个体，使得船员不安全行为与状态的产生呈现不确定性、突发性和随机性。明确引发船员不安全行为与状态的风险因素，探究多因素间的风险交互作用，从而最大限度地减少由船员不安全行为与状态而导致的海上交通事故，始终是海上交通运输安全管理中的难点，也是海上安全研究的重要发展趋势。

1.1.2 研究意义

本书从风险管理的角度出发，对船员不安全行为与状态及其风险因素进行量化分析，明确船员不安全行为与状态的动态演化过程，提出船员不安全行为与状态的智能监测方法与预警模型，为船员不安全行为与状态的管理提供有益参考，有助于提高海上交通运输安全水平。

（1）理论研究意义

本书的内容主要是面向五种海上交通事故类型，综合运用扎根理论、人为因素分析和分类模型(HFACS)、关联规则、复杂网络分析等理论方法，基于收集整理的海上交通事故调查报告，系统辨识船员不安全行为与状态及其风险因素，构建船员不安全行为与状态风险因素数据集，开发了船员不安全行为与状态动态演化分析模型，为进一步对船员不安全行为与状态的深入研究提供必要的理论模型基础。另外，本书的主要研究内容还进一步丰富了船员不安全行为与状态管控研究的技术方法。本书面向船员不安全行为与状态的有效管控问题，提出了安全屏障体系的设置方法与程序，并针对重点风险场景进行了案例分析。本书将多学科理论与方法相融合，实现了船员不安全行为与状态分析由主观经验向数据驱动的转化，是对船员安全管理研究的丰富和拓展。

（2）实践应用价值

本书的研究内容有助于为海上活动利益相关者制定有针对性的船员不安全行为与状态管控策略提供有益参考。本书中将船员不安全行为与状态由抽象转化为具体，通过探究船员不安全行为与状态的风险演化特性和规律，锁定船员不安全行为与状态管控中的关键节点，有助于航运企业制定相应的安全管控策略，避免盲目管理。基于本书的研究成果，研究人员开发了船员不安全行为与状态监测预警平台，该平台在“长江叁号”高端豪华游轮上进行了示范应用，在预防值班船员不安全行为与状态方面取得了良好的应用效果，为成果的进一步推广应用奠定了良好的实践基础。

1.2 国内外相关研究现状及进展

鉴于海上交通事故可能引发严重的后果，相关研究一直是国内外海上运输安全领域的研究重点。本书将从船员不安全行为与状态的风险认知、船员不安全行为与状态的风险评估、海上人为因素事故风险预测以及船员不安全行为与状态的管控技术等四个方面对现有文献进行综述。

1.2.1 船员不安全行为与状态的风险认知相关研究

(1)船员不安全行为与状态的识别

当前的研究并未严格区分船员的不安全行为与不安全状态,一般认为不安全状态也是不安全行为的一种表现形式,为此,在后文中如不特别强调,船员不安全行为也涵盖船员的不安全状态。不安全行为的概念内涵十分宽泛,广义上的不安全行为是指已经造成危害或具有潜在危害的一切行为。目前,国内外学者都是基于自身的研究领域和研究方向对不安全行为的核心内涵进行界定,关腾飞[5]基于航海专业教学以及实践过程中总结的经验,对船员不安全行为进行了初步探讨,认为船员不安全行为是指“船员在自己意识的支配下,违反法律法规或安全操作规则或规章制度,使事故有可能或有机会发生,以致危及船舶安全的过错行为”。为了系统地调查海上交通事故中涉及的船员不安全行为,IMO 在《海事调查中人为因素调查指南》[A.884(21)]中对船员不安全行为进行了明确定义,将不安全行为定义为“在存在危险或潜在不安全情况下发生的失误或违规行为”。此外,IMO 在该指南中提出了不安全行为的分析分类方法,该方法建立在通用失误模型系统(Generic Error Modeling System,GEMS)基础之上[6]。GEMS 将不安全行为归为两类:一类是非意向行为过程的失误,可细分为疏忽(slips)和遗漏(lapses);另一类是意向行为的失误,可细分为违反(violations)和错误(mistakes)。Chen 等基于 IMO 提出的该指南,将船员不安全行为划分为基于技能的失误、基于规则的错误、基于知识的错误。Shappell 和 Wiegmann[7] 也以此为依据提出了人为因素分析和分类系统(Human Factor Analysis and Classification System, HFACS),将不安全行为划分为失误和违规,这种分类方式在船员不安全行为分析中得到了广泛应用。

随着船员不安全行为被广泛认为是导致海上交通事故发生的直接原因,越来越多的学者开始关注海上交通事故中船员不安全行为的识别,开发并应用了一系列船员不安全行为的识别技术。表 1-1 列出了四种常见的船员不安全行为识别技术。

表 1-1　四种常见的船员不安全行为识别技术

来源	方法	类型	执行时间
[8]	认知可靠性和失误分析方法 (CREAM)	定性和定量	耗时
[9]	认知错误的回顾性和预测性分析技术 (TRACEr)	定性	耗时
[10]	人为错误评估和减少技术 (HEART)	定量	快速
[7]	人为因素分析和分类系统(HFACS)	定性	耗时

船员不安全行为识别技术的重要应用标准是该技术是否可以提供合理的分类

依据来充分描述人为失误模式。这是因为完善的人为失误分类方法可以在数据库中存储有价值的信息,有助于提高安全水平并支持针对特定事故场景开发风险模型。得益于 HFACS 模型所具有的分类特性,HFACS 模型在船员不安全行为认知分析中被广泛应用。Zhang 等[11]利用 HFACS 模型,从船舶碰撞事故报告中确定了疏忽、判断失误和操作失误等五种船员不安全行为。同样地,Celik 和 Cebi[12]利用 HFACS 模型识别了海上交通事故中的人为失误,揭示了人为失误的层次结构及其内部的逻辑关系。针对海上运输的行业特色,学者们对 HFACS 模型进行了改进。Chauvin 等[13]基于 27 起船舶碰撞事故,建立了 HFACS-Coll 模型,提出五个层面的人为失误,分别是外界因素、组织影响、不安全监督、不安全行为前提条件、不安全行为。Chen 等[14]提出了 HFACS-MA 模型,该方法使用 SHEL 模型来描述传统 HFACS 模型中的不安全行为前提条件。另外,Sotiralis 等[15]采用 TRACEr 技术,对船舶碰撞事故中出现的船员不安全行为进行了全面识别。这种方法的优点在于,它即具有预测性,又具备回顾性,可用于人机交互分析。CREAM 和 HEART 是两种具有代表性的人为失误量化技术,CREAM 技术在一个组织良好的框架中定义了九种常见的性能条件和四种控制模式;HEART 技术可以考虑到环境和操作条件,这两种技术已经被应用于海上交通运输领域,例如,Macrae[16]通过 CREAM 对船舶搁浅和碰撞事故中的人为失误进行了识别,并分析了其致因模式。这两种人为失误量化技术通常需要结合其他定量方法来实施,其中,模糊逻辑、证据推理和贝叶斯网络(BN)是应用最广泛的三种定量方法。在实践中,识别海上交通事故中涉及的船员不安全行为很大程度上取决于研究者的认知水平[17]。因此,在可用数据具有一定数量的情况下,这些方法通常与其他数据驱动技术相结合,例如 BN 和人工神经网络(ANN)技术相结合等。

(2)船员不安全行为的风险因素分析

对引发船员不安全行为的风险因素开展研究也是一个研究热点。国内外的相关文献按照研究视角大致可以分为两类:外部因素和内部因素。其中,外部因素包括环境因素和组织因素,内部因素包括心理因素、生理因素和能力水平。

在外部因素方面,环境因素涉及航行环境、船舶运动、噪声和振动等多种因素。其中,航行环境包括风浪、潮汐流、能见度、时间、季节、地理环境、交通流量等。研究表明,当风浪、潮汐流、时间和季节等航行环境因素对船舶航行安全产生威胁时,将有很大可能导致海上交通事故的发生。当船舶交通流量增加时,船舶发生碰撞事故的频率更高[18]。由于船员是防止事故发生的最后一道安全屏障,由此可以推断航行环境对船员的安全行为表现具有重大影响。此外,Kurt 等[19]指出恶劣的航行环境可能会导致噪声和振动的产生或者增加船员的工作量和疲劳程度,最终会导致船员做出不安全的行为。一种可能的原因是船舶运动会导致船员因晕船而感到身体不适。对此,航行经验丰富的船员比航行经验不足的船员适应得更快。传统意义上，小型船舶比大型船舶具有更大的横摇和纵摇概率。在实践中，船舶运动、噪声和振动被视为全局设计因素的输入，已被用于船舶设计阶段以降低船员不安全行为出现的概率。组织因素主要涉及安全氛围、安全文化、安全投入等。由于此类因素无法直观展现，多数研究会采用调查问卷和量表的形式，在实地调研的基础上，结合问卷调查以及模拟和仿真软件得到定量分析结果，研究组织因素与船员不安全行为之间的关联性。例如，Lu 和 Tsai[20]利用结构方程模型针对集装箱船探究安全氛围对船员不安全行为的影响，结果显示安全文化对船员不安全行为起到反向作用。Akhtar 和 Bouwer[21]在研究船员疲劳对船员不安全行为的影响机理时，引入安全氛围作为中介变量，发现疲劳能够通过中介因素对船员不安全行为产生影响。Pousette 等[22]在安全氛围和安全行为之间建立了安全动机和安全知识两个维度，通过验证性因子分析研究两者之间的关系。相同的个体在使用不同的量表进行测试时可能会显示出不同的结果，因此，问卷的合理性是这些研究的关键。多数研究表明，良好的外部环境有利于船员保持安全行为。

在内部因素方面，疲劳是一种典型的内部因素，反映了生理、心理及能力水平的状态。疲劳可以进一步分为身体性疲劳（生理）和精神性疲劳（心理）。已有研究表明，疲劳是导致船员不安全行为的重要因素。从事故数据分析来看，疲劳与海上交通事故风险密切相关，在“Exxon Valdez”轮搁浅事故中，值班船员事前只睡了5~6 h，这在很大程度上引起了人员疲劳从而造成船员不安全行为的产生。很多因素会导致船员疲劳，包括睡眠不足、工作乏味、噪声/振动、压力、酒精、工作量过大、疾病、值班安排不当等。具体而言，Seatrevik 等发现环境压力、船上工作时间和心理资本对疲劳有显著影响。Bal 等[23]利用乳酸测试测量船员的疲劳程度，发现睡眠对缓解疲劳有很大的影响，并且船员在船舶停靠港口期间疲劳程度会增加。此外，工作负荷和压力也大大增加了海上运输过程中船员不安全行为的发生。基于对 27 起碰撞事故的分析，Chauvin 等发现，30.77%的船舶碰撞事故是由工作负荷大造成的。Sneddon 等[24]综合分析压力、疲劳和态势感知，认为虽然压力与疲劳有关，但压力是态势感知的唯一关键因素。此外，适任能力、态势感知和安全意识也被认为是影响船员决策和不安全行为的重要因素。这些因素大多采用调查问卷的方式来确定个体的不同特征，以此来研究内部因素对船员不安全行为产生的影响。对于连续性较强并且具有一定时序性的因素，研究会重点关注在不同时段、行为干预前后的个体行为选择的差异。

1.2.2 船员不安全行为与状态的风险评估相关研究

为了评估海上交通运输风险以保证海上安全，IMO 提出了一种结构化的正式安全评估（Formal Safety Assessment，FSA）方法。FSA 方法考虑了船舶条件、组织管理、硬件设备以及外部环境等方面的因素，为海事利益相关者进行海上风险评估提供了有利参考。在 FSA 方法的指导下,IMO 推动了有关船员不安全行为风险评估的研究进程。国内外相关研究在对船员不安全行为进行风险评估时,会考虑并使用各种方法和技术来量化相关行为的不安全程度,以刻画船员不安全行为在海上交通事故中的风险演化过程,尤其是基于概率的方法,例如故障树分析(FTA)和 BN。Trucco 等[25]综合利用 FTA 和 BN 对海上交通运输人为因素风险进行了概率分析。Ung [26]使用 FTA 和 CREAM 来估计船舶搁浅事故中人为失误发生的概率。Deacon 等[27]开发了一种事故风险评估方法,以评估海上紧急集合期间人为失误的风险,并进行了验证。Akhtar 等利用 BN 分析了船员疲劳对船舶搁浅风险的影响,并比较了在两种值班安排下船员的疲劳情况。Zhou 等[28]考虑了液化气运输船装卸操作中的不安全行为,并引入 FTA 来估计液化气运输船泄漏的风险。上述研究,大多数是将相关方法和技术用于静态分析,然而 BN 也可以发展成为一个动态分析模型,并且能够处理风险耦合问题。例如,Liu 等[29]通过结合动态 BN 和 NK 模型分析了海底井喷事故中的风险耦合作用,Huang 等[30]应用 BN-K2 期望最大化算法研究了操作性风险之间的耦合效应强度。

在实践中,厘清风险交互过程有助于维护系统安全,对于提高系统的可靠性更为关键,尤其是对于具有高度不确定性和人为干预特点的海上交通运输系统,更是如此。为此,近年来,人们提出了各种方法来实现对风险交互的分析,其中,基于网络的方法受到了许多学者的关注[31]。考虑到复杂网络(CN)理论在金融、地铁[32]和建筑[33]领域的成果应用,Lan 等[34]利用复杂网络理论构建船舶碰撞事故的风险交互网络,以探究船员不安全行为和风险因素之间的相互作用。Ma 等[35]指出复杂网络能够比故障树分析、事件树分析和贝叶斯网络等传统方法更有效地呈现和分析船员相关风险因素之间的复杂相关性,并识别关键因素。此外,复杂网络理论具有高度扩展性,可以与其他技术相结合,例如关联规则技术[34]。虽然基于网络的风险交互分析方法已经应用于多个领域,但是在海上事故领域的应用相对有限。

1.2.3 海上人为因素事故风险预测相关研究

准确预测潜在风险的可能性以及严重性对维护社会安全有诸多益处,有助于相关利益者提前捕捉到可能发生的风险事件,从而主动预防,减少事故损失。国内外学者在意识到事故风险预测的重要性后,已经开展了相关研究。例如,Sarkar 等[36]采用了六种机器学习算法分别构建职业事故的严重程度预测模型,结果显示随机森林(Random Forest,RF)模型的预测表现优于其他模型,并且模型通过在平衡数据集上的训练,其预测表现显著提高。此外,自然灾害、道路交通等领域也开展了相关研究。其中,机器学习(Machine Learning,ML)技术被认为比传统的统计模型在风险预测方面表现得更好,机器学习为解决多元、非线性的复杂问题提供了一种有效的方法。在交通运输领域,机器学习已被应用于预测事故发生的可能性和事故的严重性。Li 等[37]基于中国危险货物公路运输事故的历史数据,建立了时间序列和自回归移动平均(ARMA)预测模型,实现了对危险货物公路运输事故数量的准确预测。Yang 等[38]提出了基于中国道路交通事故数据的深度神经网络(DNN)模型,以准确预测交通事故的严重性风险。类似地,Kumar 等[39]利用逻辑回归、人工神经网络、决策树和随机森林等机器学习技术来预测道路交通事故的严重程度,并确定可能影响车辆事故严重程度的具体特征。此外,Li 等[40]提出了一个深度融合模型,使用堆叠受限玻尔兹曼机(RBM)处理分类变量,使用堆叠高斯-伯努利 RBM 处理连续变量,并使用联合层融合提取特征。该模型可以充分挖掘高速公路交通事故数据和交通流数据中的非线性复杂模式,以预测高速公路交通事故的持续时间。

预测模型的可解释性对于管理者提取相关风险因素并实施相应的管理对策至关重要。可解释性目前还没有从数学的角度进行明确定义,而是以一个理论的概念形态存在。Miller 等[41]从非数学的角度将可解释性定义为人们能够理解模型决策原因的程度。目前,常用的可解释性方法是基于模型的本身特性来进行模型解释的。例如,Zhu 等[42]采用了八种机器学习算法分别构建建筑事故的严重程度预测模型,然后利用随机森林算法评估不同因素对事故严重程度的影响,结果表明应急管理和安全培训对建筑事故的严重程度起到重要作用。类似地,Xu 和 Luo[43]利用随机森林算法针对空中交通管制员的不安全行为构建预警模型,并指出业务能力、技术环境、监督不足和精神状态对预测失误行为更为重要,而监督不足、组织氛围、组织流程对于预测违规行为更加重要。此外,局部可解释模型不可知解释(LIME)、局部敏感性分析(LSA)、局部相关性图(PDP)、全局敏感性分析(GSA)和 Shapley 加性解释(SHAP)等事后的机器学习模型解释方法也得到了广泛关注。然而,基于模型的解释方法不能揭示风险因素之间的详细交互关系,LIME 只能用于在预测水平上分析单个风险因素的影响,LSA 和 PDP 假设不同的风险因素是独立分布的,只有 GSA 和 SHAP 可以解释风险因素之间的潜在相关性。除此之外,SHAP 还能够可视化预测结果和风险因素之间的详细关系。Kim 等[44]基于随机森林算法预测极端高温天气的危害程度,通过引入 SHAP 方法,人口、社会经济和气候部门被确定为对预测过程贡献最大的因素。使用极限梯度提升(XGBoost)和 SHAP 方法探讨了建筑环境因素与货车碰撞事故的空间分布之间的关系。结果表明,人口统计数据、土地使用情况和道路网络与货车碰撞事故的空间分布高度相关。

然而,在海上交通运输领域,机器学习技术在海上事故风险预测方面的研究十分有限。目前,有关海上风险预测的研究主要集中于利用船舶交通数据,对船舶异常风险进行实时监测,以及对船舶的行动轨迹模式进行预测[45]以预防海上交通事故的发生。例如,Rawson 等[46]开发了逻辑回归(Logical Regression,LR)模型、支持向量机(Support Vector Machine,SVM)模型、RF 模型和 XGBoost 模型,以监测不利天气条件下的海上航行风险。Murray 和 Perera[45]通过评估给定地理区域的历史船舶行为,应用机器学习技术来推断船舶相关轨迹的共性,从而有助于主动避免船舶碰撞。此外,Kim 和 Lee[47]利用机器学习技术提出了一种区域船舶目的地的预测方法,通过将历史船舶自动识别系统(Automatic Identification System,AIS)数据和其他海事数据以及航行目的地一起输入机器学习模型以训练船舶航行目的地预测。类似的,Zhang 等[48]应用 RF 技术提出了一种用于船舶目的地预测的通用 AIS 数据驱动模型,能够根据船舶的行驶轨迹和历史轨迹之间的相似性来测量并用于预测目的地。这些方法有助于对船舶行为进行分析,进而帮助避免碰撞风险。随后,基于地理信息系统(Geographic Information System,GIS)数据,Yang 等[49]将海域划分为不同的网格,在每个网格中,建立了海上事故数量和严重程度与交通特征之间的映射关系。利用机器学习技术评估网格区域是不是事故易发区域,并预测每个网格中的事故严重程度。尽管机器学习技术在风险预测中的潜力已被认识到,但其在海上事故领域的风险预测研究仍然有限。

1.2.4 船员不安全行为与状态的管控技术相关研究

随着计算机网络、大数据和人工智能技术的不断发展,传统的船舶安全管控模式逐渐向智能化管理转变。挪威船级社(DNV GL)开发了 Synergi Life 软件帮助公司管理动态的风险状况、应对危机以及防止危险事件的出现。其中,屏障管理模块可以有效识别和监控人为、技术和组织屏障,并通过领结分析(BA)模型来管理这些载体,以减少船员不安全行为与状态的出现,确保稳定、安全和可预测的运营状态。此外,挪威船级社专门为船舶安全管控开发了 ShipManager 软件,从船舶质量、船体完整性、船舶设备管理以及船员管理等多个方面进行智能化安全管理,以保障船舶运输安全。其中,船员管理系统旨在支持整个船员库中的完整船员配备流程,能够根据安全配员要求和公司政策优化船员部署,对个体船员的表现进行评估,报告船员工作和休息时间并提醒不符合项。目前,对于船员不安全行为与状态的管控技术的研究依然有限。为此,可参考其他安全管理行业应用的人员不安全行为管控技术,从中探寻可行的船员不安全行为管控方法。

人员不安全行为的管控技术主要依托于机器学习算法和计算机视觉技术,同时结合人员管理数据、设备运行数据进行数据挖掘,以此实现对人员不安全行为与状态的监测和管控。李新春等[50]认为不安全行为管控包含不安全行为识别、风险评估以及风险管控三大步骤。Fang 等[51]发现深度学习和计算机视觉技术的进步为管理人员提供了一种有效的信息化安全管理技术。基于计算机视觉技术进行不安全行为的监测主要集中在两个方面。一方面是作业人员是否配备个人防护设备。例如,Rubaiyat 等[52]利用背景减除法分离出运动前景后,选取其外接矩形上部 1/3 进行颜色信息遍历,实现对监控区域出入口处工人戴安全帽情况的识别。Park

等[53]使用方向梯度直方图特征和支持向量机识别戴安全帽情况,并与工人进行身份匹配,以判断工人是否戴安全帽。而 Fang 等[51]使用区域卷积神经网络(Faster R-CNN)从施工现场的监控视频中识别工人是否戴安全帽,并对不同视角、气候条件、光照条件、工人姿势、遮挡情况下的识别结果进行了比较。此外,也有研究关注作业人员系安全带的情况。Fang 等[54]通过区域卷积神经网络训练模型以实现对高空作业工人的检测,并基于深度卷积神经网络实现安全带佩戴情况的识别。韩豫等[55]设计了一个智能安全检查系统,将工人作业前采集的图像与工人信息库、安全装备模型库中的图像进行比对,实现对工人身份、戴安全帽、系安全带情况的智能监测。另一方面是人员动作识别。Han 等[56]使用立体相机同时拍摄两张不同视角的普通图像后,获取深度信息以实现人体骨骼三维重建,运用动态时间规整法对不安全动作进行区分,但动态时间规整法需要反复迭代选取视频窗口与模板进行比对,过程复杂、效率较低。Yu 等[57]提出前置动作概念,将动作识别问题转为静态姿势识别问题,用红外相机拍摄深度图像后提取关节点信息,用两个关键关节的夹角范围依次对倚靠栏杆、从高处倾倒垃圾、爬梯子这三类简单动作进行区分,尽管该方法效率较高,但静态姿势无法体现动作之间的时序关系,且方法受限于动作数量。上述方法主要关注特定环境下的特定动作本身,较少考虑作业环境对动作识别的影响。

利用人员不安全行为的识别技术,可以提供实时监测数据,实现人员不安全行为与状态的智能化管控。左自波等[58]建立了常见事故施工现场安全评价指标体系,基于分布式计算和扩展理论建立了预警机制,构建了云安全管理平台,定量评估施工现场的安全水平。张丽亚基于计算机视觉技术,开发了基于图像识别的煤矿井下安全管控技术,实现对人员异常行为的监测和管控,形成目标风险预控知识库,并进行了井下实验验证。随后,物联网技术被引入安全智能管控系统中。邹晓伟等为应对不安全行为、不安全物态以及不安全环境导致的风险和事故,基于 BIM 和物联网技术构建不安全行为预警模型并进行测试,可以准确地对装配式建筑施工的不安全状态进行预警。井彦娜[59]提出了一种基于物联网技术的建筑安全监控系统,重点是分析和实现建筑安全监控管理。在完成系统应用程序的配置功能后,系统可提供实时监视、安全评估和决策功能,实现在线安全管控。Zhou 等[60]提出了一种基于物联网的安全屏障预警系统,其重点在于建立危险源监测系统,使用物联网技术生成早期预警和警报,作为地下建筑工地危险源的动态安全屏障。为确保系统性能,对危险源及其耦合机制进行了分析,为避免施工设备的不安全状态和工人的不安全行为提供了安全屏障策略和方案。

基于上述研究,可以发现人员不安全行为识别技术可以有效监测个人防护设备的配备情况,以及实现对特定不安全动作的识别,这在船员不安全行为管控中具有一定适用性。通过深度学习和计算机视觉技术,对船员的安全帽、安全带等防护用品的配备情况,以及船员不安全动作进行实时监测,同时,向岸端传输实时视频、图像数据,为不安全行为与状态管控提供数据和技术支撑。随后,物联网技术的使用,为建立船员不安全行为与状态的动态安全屏障提供了可能。需要注意的是,考虑到海上交通运输活动的特点,一些客观因素,例如,航行环境的复杂性、离岸距离的远近等,对实现在航船舶的船员不安全行为管控具有一定挑战性。

第2章 船员不安全行为与状态的复杂性认知

2.1 理论基础

2.1.1 船员不安全行为致因理论

(1)心理学视角下的不安全行为致因

人的行为可以简单分为安全和不安全两类，无论哪种行为都是在心理因素和外部环境的共同作用下产生的。环境层面(社会、组织等)的影响属于外因，人本身的心理活动属于内因。人的行为遵循内外因的基本原理，环境的变化会刺激人的心理，影响人的情绪，甚至打乱人的正常行动，从而引发人的失误或者不安全行为的出现。大量的数据分析显示，由于人为失误而引起的事故在总事故中占较大比重。在企业发生的安全生产事故中，习惯性违章造成的事故占到事故总量的70%以上。研究人的心理因素对行为的作用，是针对不安全行为产生的核心探讨，因此以心理学为切入点，罗通元和吴超[61]从人的安全行为视角出发将人的心理因素分为四个方面，分别是能力、情绪、动机、性格，这四种心理因素都会直接或间接地对人的行为产生影响。金龙哲和宋存义[62]指出理智型性格的人做事不慌不乱、行事稳重，因而较少出现不安全行为；情绪型的人做事慌张急躁，容易出现行为上的错误。人的行为就是人心理的外在表现，因此心理因素是人表现出不安全行为进而引发事故的根源。

人的心理因素又可以分为积极心理因素和消极心理因素，事故的发生往往是消极心理因素和环境因素综合作用的结果。具体来讲，人的因素就是个性心理和行为因素，因为人的活动或者行为都是受主观心理因素支配的，因此可判定事故的最深层原因就是心理因素。图 2-1 所示为心理因素下人的不安全行为的形成过程。

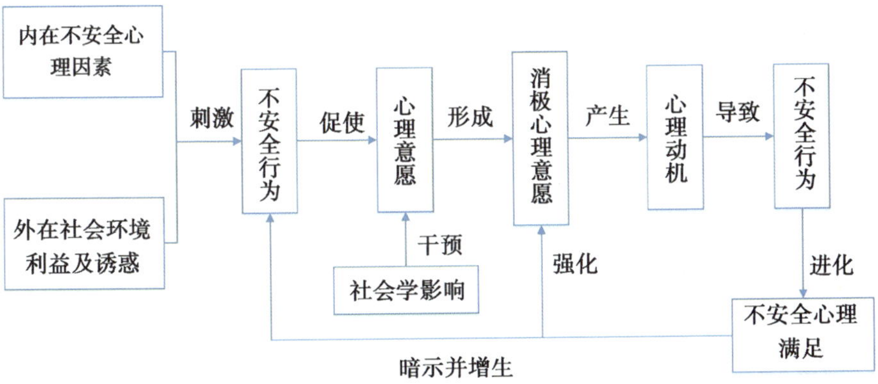

图 2-1　心理因素下人的不安全行为的形成过程

（2）事故倾向性理论

工业革命带来了“机器时代”，大规模的工厂化生产也带来了员工伤亡事故的高发期。最早的不安全行为倾向性的研究直指事故倾向性理论。1918 年，美国工程师 Vemon[63] 最早提出了某些员工具有事故频发倾向性的观点。1919 年，Greenwood 和 Woods[64] 发现，同一时期，相同危险的工作条件下，某个员工发生事故的次数明显多于其他人。1939 年，英国心理学家 Farmer[65] 正式提出了“事故倾向性”这个概念，同时明确了事故频发倾向是指容易发生事故的稳定的内在倾向，而工厂中存在具有事故倾向性的员工是事故频发的主要原因。另外，还有一些学者通过调查研究，得出了存在事故倾向者的结论。Keehn[66] 对 1 000 个大学生进行的调查结果与事故倾向性理论的基本观点也是相吻合的，调查结果表明，在某种状况下会发生事故的人在其他状况下也容易发生事故。Salminen[67] 的研究显示，工作场所中容易受伤的员工也很容易在其他的场所中受伤。Visser 等[68] 指出重复受到伤害的人发生事故的概率比偶然发生事故的人要高。因此，以上研究认为存在有事故倾向性的人。

事故倾向性理论是历史最长和最广为人知的事故致因理论之一。这种理论认为，事故与人的个性有关。某些人由于具有某些个性特征，因而比其他人更易发生事故。换句话说，即这些人具有事故倾向性。有事故倾向性的人，无论从事什么工作都容易出事故。由于有事故倾向性的人占少数，所以事故通常主要发生在少数人身上。所以,只要通过合适的心理测量,就可以发现具有这种个性特征的人,把他们调离有危险的岗位,安排在事故发生概率极小的岗位,就可以大大降低事故率。然而,把事故原因完全归咎于作业者,忽视工作环境是不正确的。事故倾向性理论假设,在研究期间,在同一工作条件的工人中,每个人都具有相同的事故概率。若有少数人比其他人有更多的事故次数,那么说明这部分人有事故倾向性。还有研究表明,某些人在某些环境可能更容易发生事故,若换个环境则不一定容易发生事故,在某一工种容易发生事故,在另一工种则不一定如此,因此事故倾向性可能是对特定的环境而言的,并非适用于所有环境。

事故倾向性理论经历了近百年颇受争论的发展,反对事故倾向性理论的工程师们认为,人处于整个生产过程的末端,对事故的影响程度有限。但是推崇人本主义的安全心理学和组织行为学的学者们认为,造成事故的各种因素中,人的不安全行为占有绝对地位。Greenwood 和 Woods[64]认为人在本质上具有诱发事故的某些生理、心理特征,具有不安全行为倾向性。当前事故倾向性理论的关注重点已从人的个体,逐渐深入具体某个方面,比如人格、压力、经验等。

2.1.2 复杂系统理论

复杂系统理论(Complex System Theory,CST)是系统科学研究中的一个前沿方向。研究复杂系统理论的目的就是要揭示复杂系统中的一些难以用现有科学方法解释的动力学机理。1999 年,Science 杂志以"复杂系统"为主题出版了一期专辑,分别对化学、生物学、神经学、动物学、自然地理、经济学等领域中的复杂性研究进行了刊载。由于学科领域的差异,国内外专家学者对于复杂系统的认识和理解也不同。1994 年,美国 Holland 教授在圣塔菲研究所(Santa Fe Institute)成立 10 周年时提出复杂适应系统理论(Complex Adaptive System,CAS)。就目前复杂性科学这个研究领域来说,CAS 有统领整个复杂性科学之势。国内学者对复杂系统的关注和研究也比较早。戴汝为[69]指出复杂系统及其方法论将是一个新的科学研究领域,提出复杂性科学是 21 世纪的科学。之后很多学者将复杂系统理论用到经济管理领域。

通常对于复杂系统的描述是:通过对一个系统的子系统的了解,不能够对该系统的性质做出完全解释的系统。复杂系统一般具有如下特征:(1)系统规模庞大,内外部关系繁多且错综复杂。(2)系统具有非线性的结构。非线性的实质是指系统主体或子系统之间并非单方面的简单线性作用,而是相互制约和相互依存的复杂关联[70]。复杂系统之所以呈现非线性特征是因为系统中存在大量交互作用。另外,系统内主体为争夺资源而采取竞争也是导致非线性的重要原因。(3)系统开放性。复杂系统在与外界环境发生相互作用的过程中,能够实现物质、人才、信息和知识等的一系列交换。这种开放的相互作用使得复杂系统不断适应环境变化,得以持续发展。(4)系统动态性。一个复杂系统由许多部件组成,它们相互之间持续动态地发生作用,形成了系统的不同层次和规模。(5)自组织性。复杂系统在没有外部干预或不存在某种中央控制的前提下,内部结构仍然能够发生进化。如果复杂系统的能力满足一些约束条件,则该系统在环境的复杂作用下能够通过自组织过程来发展自己的内部结构[69]。

海上交通运输系统由人员、船舶、环境和管理四个子系统组成。各子系统之间的复杂关系具有动态性和不确定性。海上交通运输系统的复杂性特征表现如下:(1)相关因素多且涉及多重反馈过程。在海上交通运输系统中,“人员”除了包括船员、乘客以外,还包括其他船舶上人员、岸基航运公司管理人员等海上交通运输活动的直接参与者。这些主体都具有主观能动性,人员子系统既会随着其他子系统的变化而发生变化,也会牵动其他子系统的状态变化。“船舶”是海上交通运输的主要载体,船舶的技术状况直接影响海上交通运输活动的安全水平。“环境”是船舶航行的外在基础和客观因素,由于海上环境复杂多变,各水域通航环境具有一定差异性,海上环境会时刻对系统内其他要素产生影响,从而改变它们的特性。“管理”包括对人员、船舶、环境等要素的日常管理以及管理部门自身的监督管理。(2)高度动态性。风险的不确定性、时效性、组成因素的关联性是造成海上交通运输系统动态性的主要因素。例如,尽管船员接受过航运企业组织的安全培训和应急演练,但是在实际的海上航行过程中,由于突发事件的性质、严重程度、可控性和影响范围不同,需要及时应对各种可能出现的风险,应急处置过程复杂多变。(3)子系统间的非线性关系。海上交通运输子系统之间的因果关系不是简单比例关系。例如,在海上运输过程中,某些短途班轮航线可能需要频繁靠离泊,有时可能会采取延长值班时间的方式来提高船舶营运效率。但是,值班时间的延长容易引起船员疲劳、额外操作失误和没有预计到的不安全行为,从而增大了海上交通事故发生的概率。

综上所述,海上交通运输系统是具有高度动态性和不确定性的复杂系统。系统内任何因素的不可靠、不平衡、不稳定,都可能导致冲突与矛盾,产生船员不安全行为或不安全状态。当船员不安全行为逐渐累积到一定的程度,就会诱发海上交通事故。

2.1.3 风险管理理论

目前,风险被广泛接受的定义是:危险、危害事件发生的可能性以及危险、危害事件发生的严重程度的综合度量[17]。风险有四要素:风险因素、风险事件、风险损失和风险发生概率。风险因素是风险产生的根源,是风险事件发生的可能原因和条件;风险事件是因为风险因素的转化而导致的偶然事件,是导致损失出现的直接原因,只有发生了风险事件才会出现风险损失,没有发生风险事件则没有损失;风险损失是因为风险事件的发生而对目标产生的不利影响，一般指现实结果与预期目标出现偏离的负面结果；风险发生概率，即风险事件和损失出现的概率，通过概率计算可以量化风险发生概率。

风险具有以下几种特性：(1)不确定性。不确定性是风险的核心特征，包括两方面：一是风险事件发生的时间和概率不确定；二是事件导致的损失难以预知。这源于人类认知的局限性，无法准确预测风险事件的具体情况。(2)客观性与普遍性。风险是客观存在的，因为导致风险的各种风险因素是客观存在的，人们只能认识风险、管理风险，而不能否认风险的存在，因为风险是独立于人们的主观意识的，也不因为人的意志而发生转移。同时，风险普遍存在于人们的实践活动中，只要有实践活动，就有风险的存在，因此风险是无处不在、无时不在的，即风险具有普遍性。(3)相对性。风险依存于人们的实践活动，本质上来说没有实践活动也就无所谓风险，而不同的实践活动主体，基于其自身经验和知识的不同，对于风险的认识不同，识别风险的能力也不同。同时，不同的主体对于风险的重要性判断也不同，出于不同的目的和角度，不同主体对同一风险的重视程度也存在差异。另外，不同主体对同一风险的承受能力也不同，也就是说风险的大小和后果的严重性对于不同主体是有差异的，即风险的大小和后果是相对的。(4)可测量性。风险是不确定的，但客观存在于人们的实践活动中，人们对于风险的认知不断深入。一个新的风险事件发生的可能性和造成的损失的大小也许很难测量，但是随着实践的增多、经验的累积和知识的提炼，风险的发生总是有迹可循的，人们可以在知识与经验的基础上发现风险规律，对风险进行认知和分析，测量风险的概率和由其造成的损失。而随着科学技术的发展，现代理论方法和机器学习技术也为风险的测量提供了更多的方法和技术支撑。(5)可变化性。风险因素会随着环境的变化而变化，从而影响风险事件的发生。理解和应对这些变化是风险研究和管理的核心，因为只有当环境促使风险因素达到一定条件时，风险事件才可能发生。因此风险具有可变性，这也是进行风险研究和风险管理的根本动因。风险管理的过程就是截断或者限制风险因素的消极变化，减少风险事件发生的可能性或者缓解因风险事件的发生而造成的不良后果。

风险管理是一门研究风险生成规则和风险控制技术的管理科学，是指通过有效的风险识别、风险评估、风险预测和风险控制，期望以最低成本来管理风险并适当处理损失的过程。风险管理是一个动态反馈过程，风险管理程序的执行不是一个由上到下的直线式过程，而是互相联系的循环过程。这种循环式的执行程序表现为风险管理工作的可持续性和连续性，这一过程需要对决策进行定期的评价和修正。随着时间的推移和环境条件的变化，可能会产生新的风险，风险的可能性和严重性也可能会产生变化，风险控制方法也要随之而更新。

风险管理的一般程序分为四步：(1)风险识别。风险识别是风险管理的基础，通常采用调查、比较、分析以及安全系统工程的方法，找出系统中潜在的风险，进行系统的、连续的识别和归类，并对风险性质进行分析，探究产生风险的原因。(2)风险评估。风险评估是对风险发生的概率、损失范围与严重性程度进行测算，主要关注风险事件的发生概率及其后果的严重性。其中，风险事件的发生概率可以根据专家评估、访谈和历史信息得到；风险后果的严重性需要考虑时间和经济方面的损失，需要采用定量分析方法。通过风险评估可以提高人们对海上交通运输系统的认知，在规划和设计阶段就采取措施避免损失，即使无法避免，也能够明确事故风险会带来多大的损失，为海上交通安全管理的决策、运营、制订应急计划提供科学依据。(3)风险预测。风险预测是一种结合风险形成与演化机理，在安全管控工作方案制订之前对工作流程和工作结果可能出现的异常进行预测并制定预防事故发生的对策的措施。(4)风险控制。风险控制是指在风险识别和风险评估的基础上，针对系统中存在的风险因素采取积极的应对措施，以消除或降低风险因素的危险性。在事故发生前，降低事故发生的概率；在事故发生后，将损失降低到最低程度，从而达到减少财产和人命损失的目的。因此，风险控制的本质是减小损失概率或降低损失程度。通过风险控制，可以厘清风险的来源、演化过程、潜在破坏机制，进而明确风险的影响范围以及风险的破坏程度。综合运用各种方法、手段和措施对风险实行有效的控制，采取主动安全管理措施，尽量减少由风险事件造成的损失。

风险管理的目标通常包括两部分：事前预警管理目标以及后续的风险控制和应急管理目标。前者是避免和减少风险事件的出现，而后者则致力于安全管理水平的可持续提升。这两者的有效结合构成了一个完整而系统的风险管理目标，以确保系统的安全状态保持在正常合理的水平之内。在海上交通运输风险管理中，事前预警管理更为重要，因为事前预警能够从根源上减少海上交通事故的发生及由其带来的人员伤亡和财产损失。海上交通的事前预警及防范是海事管理机构及航运公司进行船员行为安全管理的核心任务，应以最科学、经济、合理的机制及措施来完成。这要求对船员不安全行为进行全方位的认知，对人为因素风险演化过程进行深入探究，及早发现并消除各种与人为因素相关的安全隐患，从而使风险事件发生概率降到最低。

2.2 数据基础及来源

海上交通事故调查报告是分析事故发生原因、提升海上交通运输安全管理水平的重要基础，为此，IMO 于 2008 年正式通过了《海上事故或事件安全调查国际标准和推荐做法规则》[MSC.255(84)]，该规则已于 2010 年 1 月 1 日起正式生效。为系统收集、整理海上交通事故发生过程中与人为因素相关的数据资料，本书作者收集、整理了 2011 年 1 月 1 日至 2020 年 12 月 31 日期间相关国家的海上交通事故调查机构发布的海上交通事故调查报告,这些机构包括中国海事局(China Maritime Safety Administration, MSA)、美国国家交通安全运输委员会(National Transportation Safety Board, NTSB)、英国海事事故调查局(Marine Accident Investigating Branch, MAIB)、瑞典事故调查局(Statens Haveri Kommission, SHK)、澳大利亚运输安全局(Australian Transport Safety Bureau, ATSB)、日本运输安全委员会(Japan Transport Safety Board, JTSB)以及韩国海上安全审判院(Korea Maritime Safety Tribunal, KMST)。

在收集得到海上交通事故调查报告文本之后,作者首先对这些事故调查报告进行了初筛,将渔船、拖船等船舶事故剔除;另外,由于引航员失误所导致的船舶事故也被排除在外。确定 530 份海上交通事故调查报告作为数据资料基础(如表 2-1 所示),考虑到事故调查报告的完整性以及对事故发生过程描述的详尽性,最终确定了 356 份海上交通事故调查报告用于本章中对船员不安全行为与状态的复杂性认知研究工作。事故调查报告清单详见本书附录。

表 2-1　530 份海上交通事故调查报告基本统计信息

年份	碰撞	搁浅	触碰	自沉	火灾/爆炸
2011	5	8	/	1	1
2012	3	5	/	4	7
2013	2	11	/	7	6
2014	8	4	2	5	2
2015	47	12	6	4	8
2016	41	16	9	10	12
2017	39	13	11	6	8
2018	56	17	14	9	20
2019	28	12	23	1	7
2020	11	/	3	3	3
总计	240	98	68	50	74

2.3　基于扎根理论的船员不安全行为与状态认知

2.3.1　扎根理论分析方法

扎根理论源于美国科学家 Glaser 和 Strauss 于 1967 年出版的《扎根理论之发现：质性研究的策略》一书，是指在没有任何前提假设的情况下，研究人员基于想要解决的问题进行资料收集，在一套系统化的流程中使用归纳、比较、论证、理论构建等方法对所得资料进行分析，最后，得出相关结论或理论的一种质性研究方法。与量性研究的自上而下直线式的思维相反，扎根理论是自下而上螺旋式的研究思维。扎根理论认为，如果任何理论想要具有充分性，就不能脱离构建理论的过程。这种方法强调在理论研究过程中，应直接从实际活动的实践观察出发，摒弃现有的理论假设，通过收集和整理原始资料，经过系统化的数据分析过程，进而归纳出能够真实反映社会实践现实的理论，即“通过定性方法建立理论”。

扎根理论研究具有系统化的特定流程，包括现象定义、数据收集、三级编码和饱和测试，如图 2-2 所示。三级编码是数据分析的核心阶段，包括以下 3 个步骤：

(1) 开放式编码。开放式编码要求研究人员以开放的心态对原始数据进行深入分析，主要分为两个阶段：概念化分析和分类分析。概念化分析是对事故报告的内容进行分解，用更精练的句子表达原始句子的意思，从而对原始数据进行概念化。然而，通过概念分析获得的概念是分散的，需要对类似的概念进行聚类以建立类别。分类分析的目的是找出上述概念之间的关系，并进一步将其归纳为类别。

(2) 主轴编码。主轴编码是将开放式编码生成的类别进行聚类，建立不同类别之间的相关性，形成一个更大的类别，即主类别。

(3) 选择性编码。选择性编码是在主轴编码的基础上澄清主要类别之间的关系，抽象出能够概括所有类别的核心类别，并通过描述现象的故事情节来梳理核心类别与主要类别之间的关系。

扎根理论自诞生以来一直受到各领域研究人员的关注，现在已被广泛应用于一些研究领域。在应用过程中，扎根理论也得到了不断的完善和发展。最初，该理论主要应用于医疗研究，但随着它的发展和丰富，在 20 世纪 90 年代初，扎根理论也在教育、社会学和心理学领域获得了相当的关注。Richer[71] 在一项关于中小学生教育的调查研究中使用了扎根理论，对当时社会学家的相关研究进行了整理和批判。Taskin[72] 在对小学生学习观念和学习态度的研究中使用了扎根理论方法。Karen 等运用扎根理论的方法探究自我意识和神经性厌食之间的关系，希望以此找到治疗这种心理疾病的有效方法。近年来，随着扎根理论逐渐被国内研究者接受，

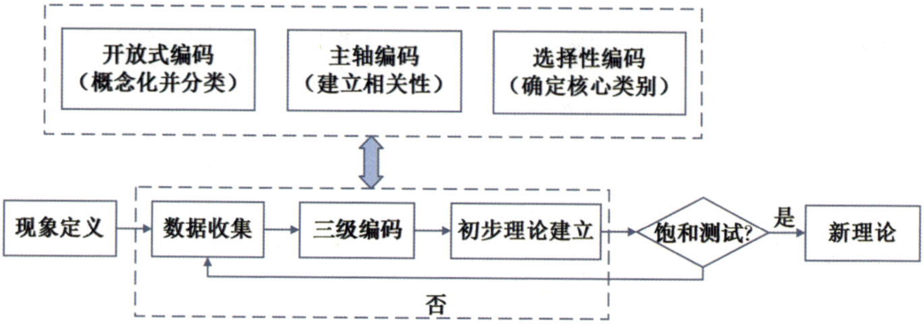

图 2-2　扎根理论分析流程

扎根理论作为一种识别风险因素的新方法，开始应用于风险管理领域。在核电领域，扎根理论已被应用于核电项目的社会稳定因素的研究，核电产业发展面临的机遇、风险及其对策的研究，以及核电协商治理的问题与对策研究。在高铁领域，邓丽珊[73]以新马泰高铁项目为例，研究了中国高铁在国际工程市场的政治风险管理问题。

从对扎根理论的相关论述及其目前的应用范围和发展趋势来看，扎根理论是一种风险识别的新型研究方法，对于丰富风险管理方法、优化风险因素的研究过程具有重要意义。虽然扎根理论是一种质性分析方法，但它深深扎根于原始数据，从现实中发现问题。在这种情况下，通过将扎根理论与事故致因分析模型相结合来确定船员不安全行为与状态及其风险因素，建立船员不安全行为与状态风险因素理论分析框架，是减少不确定性的可能途径。然而，扎根理论在海上交通运输人为因素风险研究领域的应用仍然十分有限。为了更加系统全面地认知船员不安全行为与状态，深入探究船员不安全行为与状态的致因机制，本书基于收集得到的海上交通事故调查报告，结合海事安全管理规定，运用扎根理论系统认知船员不安全行为与状态。

2.3.2　船员不安全行为与状态扎根分析过程

基于筛选后的 356 份海上交通事故调查报告，按照 Glaser 和 Strauss 在其著作《扎根理论之发现：质性研究的策略》中提出的扎根编码流程进行操作，以确保整个研究的可信性和可靠性。由于对资料进行编码是一个比较主观的操作过程，在此过程中可能会夹杂着一些个人的主观意见，进而对研究的结论产生不利影响。为了尽可能削弱主观性的影响，在运用个人编码方式的同时也结合使用专家咨询法，借助本领域专家的专业知识和经验能够最大限度降低编码的主观性，提高其科学性。此外，在进行扎根分析的过程中，引入改进的 HFACS 分析方法，对船员不安全行为与状态及其产生原因进行分类识别，具体类别如表 2-2 所示。

表 2-2　基于人为因素分析和分类系统的改进模型描述

层次	模型要素	描述
组织影响	资源管理	包括有关组织资产（如人员、资金、设备和设施）分配和维护的企业级决策领域
	组织氛围	组织内的工作氛围，包括组织文化、政策和结构
	组织过程	指管理组织内日常活动的公司决策和规则，包括建立、使用标准操作程序，以及维持对劳动力监督的正式方法
不安全监督	监督不充分	监督部门未能识别和控制风险，未提供指导、培训或监督，由此产生的不安全情况
	运作不适当	监管部门未能充分评估与操作相关的危险因素，并考虑到不必要的风险
	纠正错误失败	监管部门未能纠正以下已知缺陷因素的文件、流程或程序，或未能纠正个人的不适当或不安全行为而造成不安全情况
	监督违规	监督故意无视指示、指导管理组织资产时的规则或操作说明，造成不安全情况
环境因素	外部环境	影响个人行为的外部自然环境因素和技术环境因素
	内部环境	影响个人行为的内部环境因素
不安全行为前提条件	团队管理不充分	驾驶台团队协作、开航准备工作以及驾驶台资源利用不充分
	船员不安全状态	船员不安全状态包括生理和心理等因素
船员不安全行为	技能失误	当注意力、记忆力下降或存在技术缺陷时，因船员无意识或低水平操作而导致的技能失误
	决策失误	为实现目标，对设计的或正在进行的行为进行不当或不充分的规划
	感知失误	由于视觉、听觉、认知或注意力问题导致的错误感知而造成的事故
	违规	指规则和规定被忽视的行为

开放式编码作为扎根理论实施的第一个环节，在本环节中需要对原始事故调查报告资料进行适当的处理，将报告中一些明显赘余的成分、无实际意义的修饰性词语剔除。然后，对资料内容进行切割，对切割后的词汇、语句和段落逐一赋予一定的概念标签，再通过反复比较得出相关概念，进而对所得概念间的关系进行分析，试图找出它们的关联性和差异性，并以此对概念进行重新聚类组合形成相应的范畴。为了保证编码过程中尽可能减少主观性干扰，编码过程中生成的概念都是基于事故报告的原话，比如用原话命名概念，或是从原话中抽象出相应的概念。表

2-3 列出了原始事故报告中涉及船员不安全行为的概念化与范畴化的分析结果,共得到 32 个范畴。

表 2-3　船员不安全行为开放式编码结果

原始事故报告内容	概念化	开放式编码
交接班时,二副未准确告知大副对方船舶动态	交接班不充分	未按要求交接班
大副在遵守交接班规定方面存在严重疏忽	未遵守交接班规定	
在没有采取使用安全绳、穿工作鞋等适当的保护措施的前提下,穿着救生衣和拖鞋就前往主甲板左舷进行边舱作业	船舶作业时未采取适当的防护措施	船舶作业时未穿戴或正确使用防护用品
船员在甲板协助瞭望时未穿着救生衣	未穿着防护用品	
该船 AIS 设备未保持常开	助航仪器未保持常开	未保持助航仪器处于常开工作状态
该船起航后擅自关闭 AIS	擅自关闭助航仪器	
夜间值班员独自值班	夜间独自值班	驾驶台配员等级不满足值班要求
船长启动自动驾驶仪离开驾驶台,没有安排瞭望人员	驾驶台无人值班	
能见度不良时,未按照安全管理体系增加一名瞭望员	能见度不良时未按规定做好安全保障	能见度不良时未做好安全保障措施
未落实公司船舶停泊值班制度,未出船舱进行例行巡视	未落实停泊值班制度	未充分履行停泊值班安全职责
船长锚泊值班明显存在疏忽,没有及时发现船舶走锚	停泊值班疏忽	
船长在船上经常饮酒,违反公司规定	经常饮酒	酗酒或值班(作业)前 4 h 内饮酒
船长在出发前饮酒	出发前饮酒	
大副夜晚独自在温暖的驾驶台值班时睡着	值班人员在驾驶台睡着	值班人员在驾驶台睡着
值班人员可能间歇性睡着	值班人员睡着	
明火作业程序违反了安全管理体系文件规定	明火作业违反规定	违反船舶作业规程
船员未遵循《油船油码头安全作业规程》的规定	违反安全作业规程	
船舶在装载石脑油时,船员未将应关闭的泵舱右货油泵滤器前进口闸阀关闭	装载作业违反规定	

续表

原始事故报告内容	概念化	开放式编码
值班期间未进行船舶定位及航向调整 船长未谨慎驾驶，疏忽核对船位	未核对船位和航向 疏忽核对船位	值班人员未按规定核对航向、船位
大副在值班过程中未按照安全管理体系要求，及时核查船舶航行及计划航线情况	未及时核对计划航线	值班驾驶员未及时核对计划航线
值班水手操舵失误	值班水手操舵失误	值班水手操舵失误
未有效利用雷达等助航设施 电子海图使用失误，仅依赖电子海图进行方向辨别	未有效利用助航仪器 未正确使用助航仪器	未充分利用助航仪器
船长过分依赖于其中一个航迹绘图仪上的历史轨迹，以及单一助航设备 船长完全依赖 AIS 进行避碰分析	过度依赖助航仪器 完全依赖助航仪器	过度依赖助航仪器
“海神浚 2”轮显示错误的号灯 锚泊时仅在船头显示一盏由蓄电池供电的环照灯，甲板上无其他照明	显示错误号灯 未正确显示锚泊号灯	未正确显示号灯号型
未使用五短声的号笛信号对这种怀疑进行警示 该船未按规定发出灯光、声响信号	未发出声响信号 未发出声响和灯光信号	未正确发出声响和灯光信号
没有使用适合当时环境和情况的一切有效手段保持正规瞭望 未保持正规瞭望，对来船的动态没有保持连续的观察、观测	未使用有效手段保持正规瞭望 未保持正规瞭望	未保持正规瞭望
在航经弯头水域时控制船位不当 在起锚作业期间，也没有控制好船位和船首向	控制船位不当 未控制好船位	未控制好船位
两船并绑锚泊未与下游锚泊船保持安全距离 没有考虑到寒潮大风可能造成船舶走锚，选择的抛锚地点过于靠近岸边礁石	锚泊位置不当 抛锚地点选择不当	锚泊位置选择不当
大风浪中，货舱进水船长应急操纵不当 防台准备工作不到位，大风浪期间未采取必要的应急措施 主机发生故障失去动力，船长在岛礁区仍采取船舶漂航修理措施，并未及时采取抛锚等有效措施稳定船位	应急操纵不当 未采取必要的应急措施 未及时采取应急措施	应急处置措施不当

续表

原始事故报告内容	概念化	开放式编码
大副不听三副警告,改变航向	忽视警告	忽视报警信号或警告
未遵循上航船“右三左七”的习惯航法,过于靠近右岸航行	未遵循习惯航法	未遵循海员通常做法/习惯航法
大副未严格执行经批准的航线计划,未遵守船长对航线设计和夜航命令的批注要求	未严格执行航线计划	未严格执行计划航线
临时改变计划航线、不按规定航路航行	改变计划航线	
未能考虑当时通航密度情况采用安全航速	未采用安全航速	未采用安全航速
未采用安全航速,未能在适合当时环境和情况的距离以内把船停住	未采用安全航速	
未积极、及早采取避碰行动,也未充分考虑当时流速较急的因素及早采取减速、停车甚至倒车等措施	未及早采取避碰行动	未及早地采取有效的避碰行动
发现两船可能发生碰撞后,仅采取了小角度向右转向的方式避让他船	未采取大幅度避碰行动	
狭水道内未靠近其右舷的水道的外缘行驶	未遵守狭水道航行规则	未遵守狭水道等特殊水域航行规则
警戒区内航行,未谨慎驾驶	未遵守定线制航行规则	
船位控制不当,侵入长江口深水航道进口航道	未遵守定线制航行规则	
在船舶通过虎坑大桥前,未对船舶自水面距离船舶最高点的高度进行精确核准	未遵守桥区水域航行规则	
该船作为让路船,在发现他船距离本船仅0.5 n mile情况下,仍耗费较长的时间(2 min)对来船进行观察,未及早采取转向、减速或停车等避让行动	让路船未及早采取避让行动	未遵守船舶在互见中的行动规则
该船发现位于本船左前方约500 m处的“T”轮正在横越航行时,未能随时注意对方船动态,未能提前采取减速、停车等有效措施协助避让	未及早采取有效协助避让措施	

续表

原始事故报告内容	概念化	开放式编码
在能见度不良情况下航行，未采取鸣放雾号的雾航安全措施	能见度不良时未采取安全措施	未遵守船舶在能见度不良时的行动规则
在能见度不良的情况下，该船没有按规定鸣放声号，是发生事故的原因之一	能见度不良时未遵守规定	—
值班驾驶员对航经水域缺乏应有的谨慎	未尽到当时情况下应有的谨慎责任	未尽到当时特殊情况下所要求的戒备责任
通航环境较复杂、能见度不良，该船仍保持 11 kn多的速度航行，显然没有谨慎驾驶	未谨慎驾驶	
在新海港航道进港过程中，对当时海上风流影响估计不足，由南行转向东行时，转向操纵时机过早	未充分估计风流对船舶操纵的影响	未充分估计当前环境对船舶操纵的影响
未正确考虑董家渡弯头水域潮汐对航道水深、流向和流速的影响，以及这些影响对船舶的航行造成的后果	未充分考虑潮汐对船舶航行的影响	
船长根据不充分的资料做出没有碰撞危险的错误判断，是发生事故的原因之一	对危险局面判断错误	未能对当时危险局面做出充分估计
未进行雷达标绘或与其相当的系统观测，且直至碰撞前，未观测到来船的罗经方位没有明显变化的情况，进而未能对当时的局面和碰撞危险做出充分的估计	未对当时危险局面做出充分估计	

主轴编码在开放式编码的基础上，进一步分析和发现类别之间的逻辑联系，形成主要类别是主轴编码的关键内容。无法与其他概念分类的概念将被删除。通过反复比较和归纳，将开放式编码阶段得出的 32 个范畴进行整理和聚合，得到了 4 个主范畴。对各主范畴之间的关系进行深入分析，提取核心范畴，建立起主范畴与核心范畴之间的联系，进而生成抽象层次结构，如表 2-4 所示。

表 2-4　主轴编码过程及结果

子范畴	主范畴	核心范畴
未按要求交接班 船舶作业时未穿戴或正确使用防护用品 未保持助航仪器处于常开工作状态 驾驶台配员等级不满足值班要求 能见度不良时未做好安全保障措施 未充分履行停泊值班安全职责 酗酒或值班(作业)前 4 h 内饮酒 值班人员在驾驶台睡着 违反船舶作业规程 值班人员未按规定核对航向、船位 值班驾驶员未及时核对计划航线	违规	船员不安全行为与状态
值班水手操舵失误 未充分利用助航仪器 过度依赖助航仪器 未正确显示号灯号型 未正确发出声响和灯光信号 未保持正规瞭望	技能失误	
未控制好船位 锚泊位置选择不当 应急处置措施不当 忽视报警信号或警告 未遵循海员通常做法/习惯航法 未严格执行计划航线 未采用安全航速 未及早地采取有效的避碰行动 未遵守狭水道等特殊水域航行规则 未遵守船舶在互见中的行动规则 未遵守船舶在能见度不良时的行动规则	决策失误	
未尽到当时特殊情况下所要求的戒备责任 未充分估计当前环境对船舶操纵的影响 未能对当时危险局面做出充分估计	感知失误	

在扎根理论中，理论是否达到饱和是判断模型的构建是否完成的依据，理论饱和就是指在对新资料进行分析时无法发掘额外的信息来发展出新的理论。为此，将先前随机抽取剩下的 30 份海上交通事故调查报告用于饱和度检验。在对剩余 30 份海上交通事故调查报告重复上述的操作后发现并没有发现新的范畴和因果路径关系，由此可以认为生成的范畴已经相对清晰、丰富，基于扎根理论获得的船员不安全行为已经达到了理论上的饱和。

2.3.3　船员不安全行为与状态及其影响因素

本书运用扎根理论方法，基于收集到的 356 份海上交通事故调查报告，确定了 31 种船员不安全行为与状态、42 个影响因素，具体内容见表 2-5 和表 2-6。在这一过程中，参考了《国际海上避碰规则》《海员培训、发证和值班标准国际公约》《国际海上人命安全公约》，对船员不安全行为与状态的表述进行规范化处理。

表 2-5　31 种船员不安全行为

序号	不安全行为与状态	描述
1	未按要求交接班(U1)	值班人员交接班时信息传达不充分，未按时交接班
2	船舶作业时未穿戴或正确使用防护用品(U2)	船舶作业时未穿戴或正确使用救生衣、安全帽、安全绳等防护用品
3	未保持助航仪器处于常开工作状态(U3)	在航船舶未保持 AIS、雷达等助航仪器处于常开工作状态
4	驾驶台配员等级不满足值班要求(U4)	驾驶台配员等级不满足值班要求，例如无人值班、夜间独自值班或值班缺少瞭望员等
5	能见度不良时未做好安全保障措施(U5)	能见度不良时，未按规定做好安全航行保障措施，例如增加瞭望员等
6	未充分履行停泊值班安全职责(U6)	船舶处于停泊状态时，值班人员未按规定履行安全值班职责，存在值班疏忽行为
7	酗酒或值班(作业)前 4 h内饮酒(U7)	船员长期饮酒或值班(作业)前 4 h 内饮酒，处于警觉性降低状态
8	值班人员在驾驶台睡着(U8)	值班人员由于缺少外部刺激或疲劳等原因，在驾驶台睡着
9	违反船舶作业规程(U9)	针对火灾事故，船员在装载、洗舱作业等船舶作业过程中，违反相关作业规程造成事故发生
10	值班人员未按规定核对航向、船位(U10)	值班期间未使用可用的、必要的助航仪器，以足够频繁的时间间隔对所航行的航向、船位进行核对，以确保本船沿着计划航线航行

续表

序号	不安全行为与状态	描述
11	值班驾驶员未及时核对计划航线(U11)	值班期间未使用可用的、必要的助航仪器,及时核对计划航线,以确保计划航线的安全性
12	值班水手操舵失误(U12)	值班水手未按要求正确操舵
13	未充分利用助航仪器(U13)	未正确使用助航仪器,如AIS、雷达等,或依赖单一助航仪器
14	过度依赖助航仪器(U14)	完全依赖助航仪器,未运用目视、听觉以及当时情况下的一切可用的合适手段
15	未正确显示号灯号型(U15)	未按规定正确显示适合当时情况下的号灯号型
16	未正确发出声响和灯光信号(U16)	未按规定正确发出适合当时情况下的声响和灯光信号
17	未保持正规瞭望(U17)	未使用视觉、听觉以及当时环境和情况下的一切可用的合适手段保持正规的瞭望,以便对局面和碰撞危险做出充分的估计
18	锚泊位置选择不当(U18)	未充分考虑当时天气情况,锚地选择错误或锚泊位置不当
19	应急处置措施不当(U19)	船舶突发故障时,应急处置不及时或处置措施不当
20	未控制好船位(U20)	值班驾驶员船舶操纵不当,未控制好船位
21	忽视报警信号或警告(U21)	值班驾驶员忽视报警信号或VTS中心(船舶交通管理中心)、其他值班人员的警告
22	未遵循海员通常做法/习惯航法(U22)	未遵循海员通常做法或习惯航法,例如,未遵循上航船"右三左七"的习惯航法,过于靠近右岸航行
23	未严格执行计划航线(U23)	值班驾驶员未严格执行计划航线导致事故发生
24	未采用安全航速(U24)	未采用安全航速导致未能采取适当而有效的避碰行动,并在适合当时环境和情况的距离以内把船停住
25	未及早地采取有效的避碰行动(U25)	未在情况许可时,及早地采取大幅度有效的避碰行动,未认真核查避让行动的有效性,直到最后驶过让清他船为止
26	未遵守狭水道等特殊水域航行规则(U26)	未遵守狭水道、分道通航制、定线制等特殊水域航行规则

续表

序号	不安全行为与状态	描述
27	未遵守船舶在互见中的行动规则(U27)	未遵守互见中的让路船或直航船的行动规则,包括追越、对遇、交叉相遇等局面
28	未遵守船舶在能见度不良时的行动规则(U28)	未充分考虑到当时能见度不良的环境和情况,未以安全航速行驶
29	未尽到当时特殊情况下所要求的戒备责任(U29)	未按当时特殊情况的要求而产生任何戒备上的疏忽导致各种后果发生
30	未充分估计当前环境对船舶操纵的影响(U30)	未充分估计当前风浪或潮汐流对船舶操纵的不利影响
31	未能对当时危险局面做出充分估计(U31)	未使用适合当时环境和情况的一切可用手段判断是否存在危险,如有任何怀疑,则应认为存在这种危险

表 2-6 船员不安全行为影响因素

序号	影响因素	描述
1	设备配置不充分(O1)	船上未配备必要的设备或设备有缺陷
2	船舶适航证书不合规(O2)	船舶无适航证书或证书已过期
3	教育培训不足(O3)	船公司对船员的安全教育和培训不足
4	不熟悉避碰规则(O4)	船员不熟悉避碰规则以至于发生碰撞风险时未采取正确的避碰措施
5	不熟悉事发水域(O5)	船员不熟悉航行区域
6	缺少航行经验(O6)	船员缺乏航行经验
7	配员数量不足(O7)	未能满足船上最低人员配备要求
8	适任能力不足(O8)	未取得操作船上设备的资格证书或未受过适当培训的船员
9	公司信息传递不畅(O9)	公司信息传递不畅、不及时
10	缺少标准操作程序(O10)	公司的操作规程、规章制度不规范
11	未审核航线计划(S1)	船长未能及时审查航线计划
12	船上缺少监督指导(S2)	对船上船员的监督和指导不足
13	超核定航区航行(S3)	内陆船只非法航行到航行条件完全不同的沿海地区
14	安全管理不到位(S4)	船公司未能对安全管理的实施进行监督和评估
15	检查维护不当(S5)	船上设备检查和维护不足

续表

序号	影响因素	描述
16	航线计划不当(S6)	航线计划设计不当,存在航行风险
17	货物条件问题(S7)	货物超载或装载不当
18	未纠正错误(S8)	管理人员未能及时纠正错误,忽视错误
19	管理人员无视法规或作业规程(S9)	船上管理人员无视规章制度
20	船舶间沟通不畅(P1)	由于通信设备故障或用语失误导致船舶之间沟通协调不畅
21	船岸沟通不畅(P2)	岸上机构未能及时提供航行所需信息
22	团队沟通不畅(P3)	驾驶台团队未能充分沟通和合作
23	未通知船长上驾驶台(P4)	如遇险情,值班人员未及时通知船长
24	驾驶台资源未充分利用(P5)	船员未能充分利用驾驶台资源
25	未充分做好开航准备工作(P6)	船员在航行前没有做好充分准备
26	身体状况(突发)(P7)	船员突然出现身体状况
27	健康状况(疾病)(P8)	船员健康状况不良
28	情绪状态不良(P9)	船员情绪状态不良
29	酒精药物(P10)	航行前饮酒或服用药物,影响决策
30	安全意识淡薄(P11)	船员缺乏安全意识导致不安全行为
31	态势感知缺失(P12)	船员不确定或不知道当前存在危险情况
32	注意力不集中(P13)	值班人员被非航行任务分散了注意力
33	疲劳(P14)	船员由于缺乏休息时间而产生的疲劳
34	盲目自信(P15)	船员过于自信
35	设备故障(E1)	船上设备发生故障,失去动力
36	船舶进水(E2)	甲板上浪或船舶内部进水
37	通航环境复杂(E3)	危险的航行环境
38	交通量密度大(E4)	本船附近船舶较多,处于通航密集区
39	能见度不良(E5)	恶劣的天气条件,如雾、雨等,导致能见度受限
40	大风浪(E6)	大风浪天气影响船舶操纵
41	潮汐流作用(E7)	强流、急流等影响船舶操纵
42	外部技术环境缺陷(E8)	码头公司等外部组织管理不善,使得当前环境存在潜在危险

在扎根理论编码过程中,结合改进的 HFACS 模型,对船员不安全行为与状态

及其影响因素进行了分类整理,结果如图 2-3 所示。

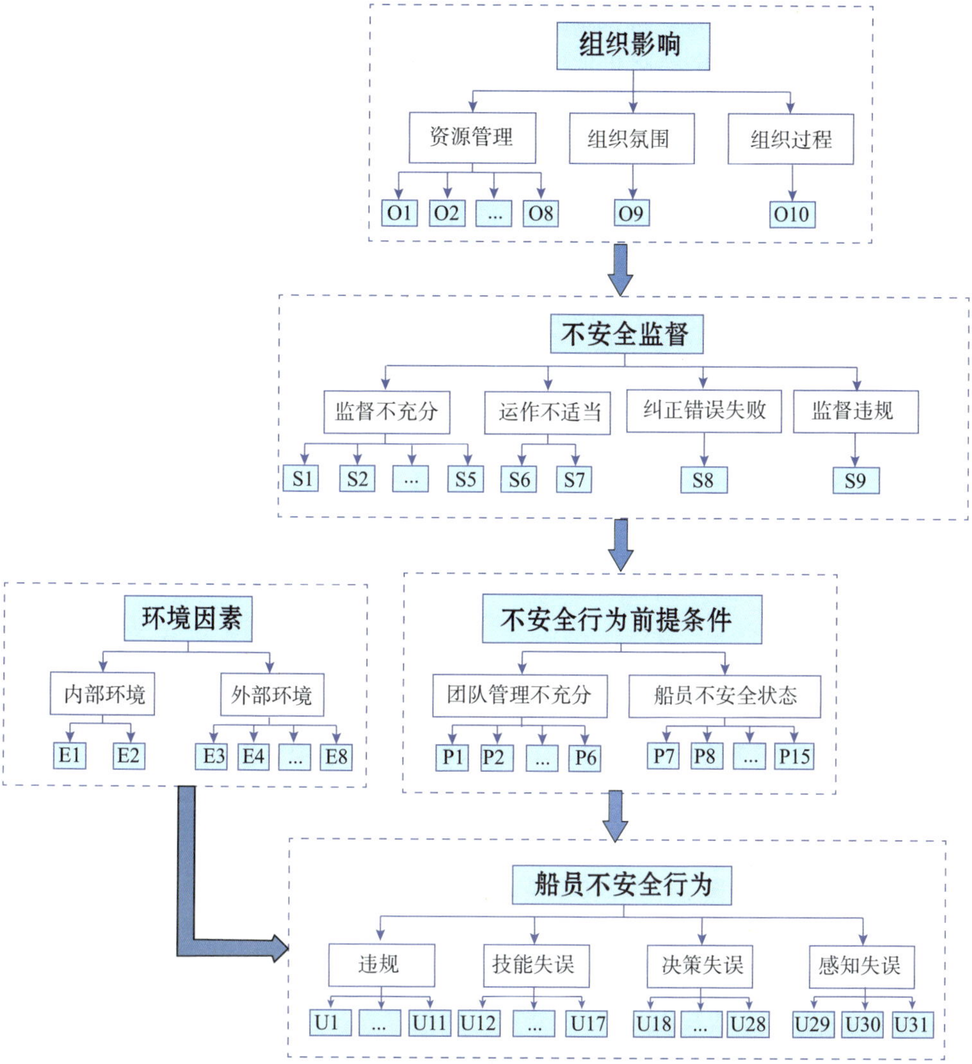

图 2-3 基于 HFACS 模型的船员不安全行为与状态及其影响因素

2.3.4 船员不安全行为与状态及其影响因素特征统计分析

面向船舶碰撞、搁浅、触碰、自沉、火灾/爆炸等 5 种海上交通事故类型,基于收集到的海上交通事故调查报告,对确定的 31 种船员不安全行为与状态进行统计分析,结果如图 2-4 所示。在所有船员不安全行为与状态中,U17 出现频率最高,其次是 U25、U31、U27 和 U24。可以看出排名前五的船员不安全行为与状态都是在船舶碰撞事故中频繁出现的,可能的原因是碰撞事故是出现次数最多的海上交通事故类型，导致与船舶碰撞事故相关的不安全行为与状态出现次数较多。此外，搁浅事故涉及的不安全行为与状态种类也较多，约 67%的船员不安全行为与装备在船舶搁浅事故中均有出现，这也证明了船员不安全行为与状态的风险耦合机制的复杂性。触碰、自沉以及火灾/爆炸事故所涉及的不安全行为与状态种类较少，一部分原因是这些类型的海上交通事故数量较少，但同时也突显了此类海上交通事故是由特定船员不安全行为与状态引起的，例如自沉事故的不安全行为集中在 U19 和 U31。从整体分布来看，可以发现不同类型的海上交通事故会涉及不同的船员不安全行为与状态，这意味着不同类型的海上交通事故，船员不安全行为与状态存在较大差异，应该采取不同的事故预防措施。

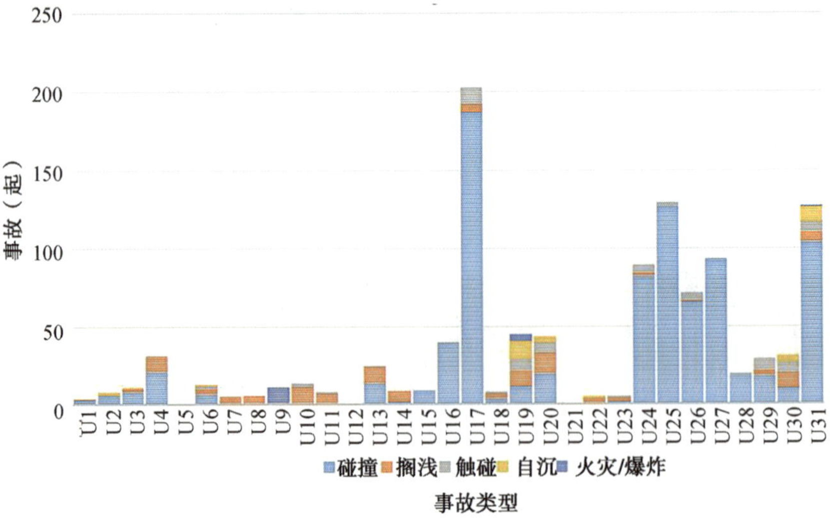

图 2-4　31 种船员不安全行为与状态的频率分布

根据对船员不安全行为与状态影响因素的分类，按照组织影响、不安全监督、环境因素以及不安全行为前提条件等 4 个层次，绘制 42 个影响因素频率分布雷达图，如图 2-5 所示。可以发现，作为导致不安全行为与状态出现的深层次因素，不安全监督和组织影响层面出现的因素次数要比不安全行为前提条件层面的次数多。船舶碰撞事故依然是出现影响因素最多的海上交通事故类型。在组织影响层面，可以发现教育培训不足（O3）是 5 种海上交通事故类型都涉及的影响因素。对于不安全监督方面的影响因素，安全管理不到位（S4）的影响作用较为广泛，出现在了5 种海上交通事故类型中。在环境因素中，不同的事故类型具有明显的因素差异，船舶碰撞和搁浅事故主要集中在 E3、E4、E5，这些因素涉及通航环境、交通流量和能见度问题，都是可能增加在航船舶航行风险的重要环境因素；船舶自沉事故主要涉及 E2 和 E6，即船舶进水和大风浪天气，这两个因素都是影响船舶自沉的客观因素；触碰和火灾/爆炸事故中涉及的环境因素较少，可能与事故本身特性有关。对于不安全行为前提条件，安全意识淡薄（P11）的影响作用较为广泛，出现在了

5 种海上交通事故类型中。

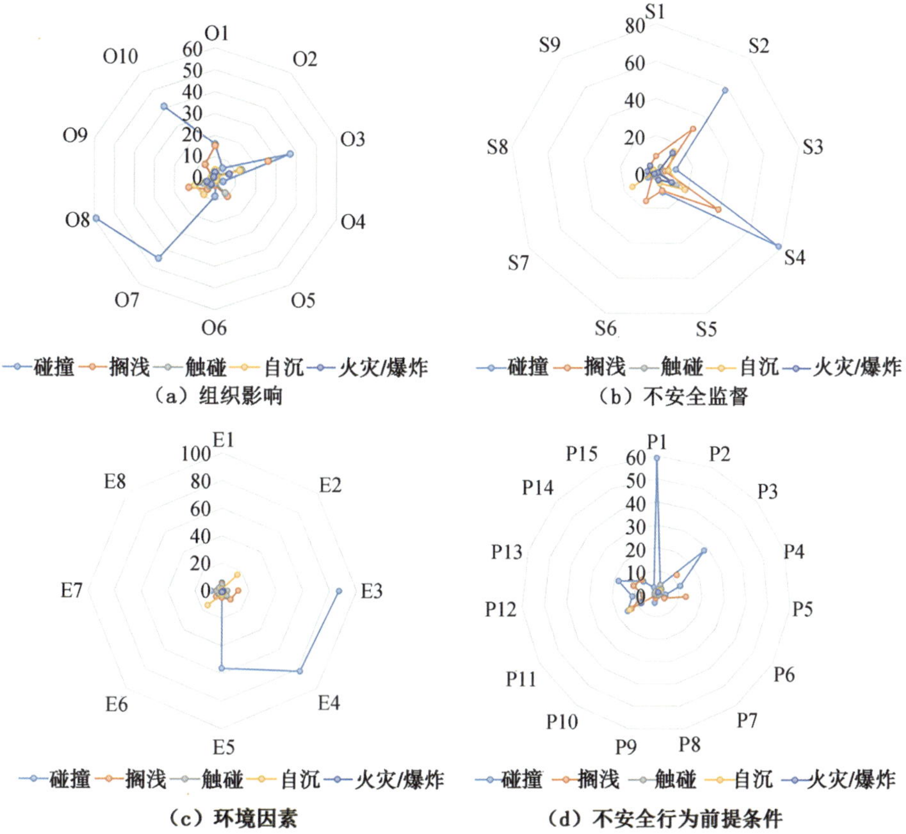

（a）组织影响　（b）不安全监督

（c）环境因素　（d）不安全行为前提条件

图 2-5　42 个影响因素频率分布雷达图

2.4　船员不安全行为与状态关联规则挖掘

2.4.1　关联规则分析方法

关联规则(Association Rule,AR)是数据挖掘中的重要组成部分,运用关联规则的主要目的在于揭示隐藏在大量数据间的相互关系。为了描述和提取数据中的未知关系,关联规则被广泛应用于地铁工程[32]、航空[43]和道路交通事故。样本关联规则挖掘技术具有更强的适应性,因为它并不依赖于数据是否服从正态分布或是否满足相关检验要求[43]。

关联规则分析的相关概念如下：假设 $I=\{i_1,i_2,\cdots,i_n\}$ 是项（item）的集合，项集的长度是指一个项集中包含的项目个数，长度为 k 的项集被称作 k 项集。给定一个事务数据库 $T=\{t_1,t_2,\cdots,t_n\}$，其中每个 t 是 I 的非空子集。关联规则表示为：$X \rightarrow Y$，其中 $XI, YI, X \cap Y = \varnothing$。$X$ 为前置条件，Y 为后置条件。每个关联规则通过支持度（support）、置信度（confidence）和提升度（lift）进行识别，计算公式如下：

$$\text{support}(X \rightarrow Y) = P(X \cup Y) \tag{2.1}$$

$$\text{confidence}(X \rightarrow Y) = P(Y/X) \tag{2.2}$$

$$\text{lift}(X \rightarrow Y) = \text{confidence}(X \rightarrow Y)/\text{support}(Y) \tag{2.3}$$

支持度表示在数据集中同时包含项集 X 和 Y 的概率。置信度用于衡量在 X 发生的条件下 Y 发生的概率，即 $X \rightarrow Y$ 的条件概率。置信度是一种评估关联规则可靠性的方法。如果某条规则的支持度和置信度分别达到或超过最小支持度和最小置信度的要求，则该规则可以被视为有效的关联规则。提升度考虑了 X 发生时 Y 发生变化的概率，用以表征先导项和后继项的关联程度，为了避免伪强关联规则的干扰，防止无效关联规则出现在最终结果中。当提升度大于 1 时，关联规则才被认为是有效的强关联规则。这三个阈值是根据数据挖掘的需要人为设置的。

关联规则挖掘算法按照不同分类方式，有多种类别：根据处理变量的类别可以分为布尔型与数值型；根据样本数据涉及的层次分类，可分为单层关联规则与多层关联规则；根据处理数据的维度可分为单维和多维关联规则。典型的关联规则挖掘算法主要有 Apriori、FP-Growth、Éclat 三类。然而不管是哪一种算法，基本的关联规则挖掘步骤都是一致的，主要分为两个步骤：挖掘频繁项集和生成关联规则。首先，从数据库中找出所有频繁项集。如果一个项集的支持度大于或等于最小支持度，则称为频繁项集（Large itemset）。一个满足上述条件的 k 项集，称为频繁 k 项集（Large k）。然后，计算频繁项集的置信度，若置信度大于或等于最小置信度，则称为强关联规则。

Éclat 关联规则挖掘算法是探索垂直布局数据频繁项集的典型算法，基于深度优先搜索策略的算法，将事务数据库读入内存，然后转换为垂直数据结构存储，每一条记录都由一个项目及其所出现过的所有事务记录的列表（TID_Set 表）构成，如图 2-6 所示。

TID	Item
1	A C
2	A B D
3	B E
4	A B D F
5	B C D E F

A	B	C	D	E	F
1	2	1	2	3	4
2	3	5	4	5	5
4	4		5		
	5				

图 2-6　垂直数据结构表示

Éclat 关联规则挖掘算法的核心思想是，在概念格理论的基础上，利用基于前缀的等价关系将搜索空间（概念格）划分为较小的子空间（子概念格），各子概念格采用自下而上的搜索方法独立产生频繁项集。根据 Bernus 等人[75]的研究，当研究集中在数据中的长模式时，Éclat 关联规则挖掘算法更好。因此，本书采用 Éclat 关联规则挖掘算法来深入认知船员不安全行为及其影响因素。算法的主要流程如图 2-7 所示。

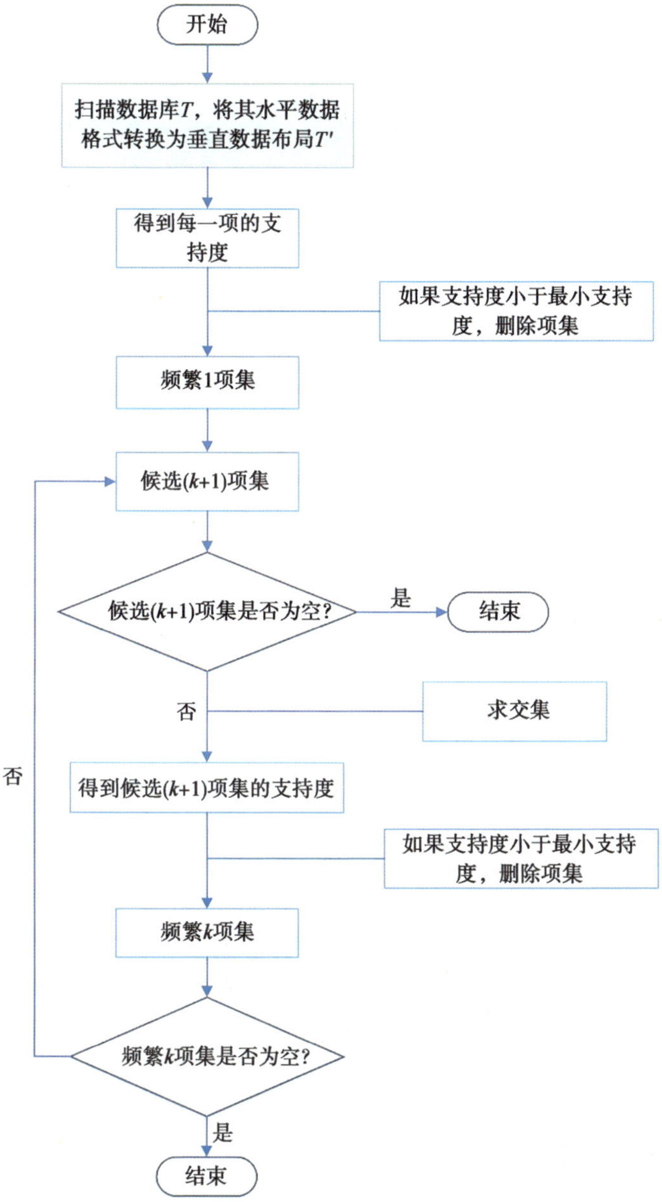

图 2-7　Éclat 关联规则挖掘算法流程图

(1)首先扫描数据库 T 并将其转换为垂直数据布局 T' 来存储数据，并得到候选项集；

(2)统计候选项集的 TID_Set 长度，将其作为支持度，并根据设定的最小支持度，得到频繁 1 项集；

(3)挖掘频繁 k 项集；

(4)然后自下而上找到频繁 k 项集的交集，得到候选 $(k+1)$ 项集，删除支持度小于最小支持度的候选 $(k+1)$ 项集，得到频繁 $(k+1)$ 项集；

(5)重复执行(3)步骤，直到交集为空，算法结束。

2.4.2 影响因素和船员不安全行为与状态关联规则分析

定义适当的最小支持度和最小置信度将生成有趣的规则。本书选取了两组最小支持度、置信度和提升度阈值对船舶碰撞事故的数据资料进行关联规则挖掘，分别为 0.02、0.5、1，以及 0.2、0.8、1。LHS 设定为影响因素，RHS 为船员不安全行为与状态。当使用第一组阈值(0.02、0.5、1)时，该算法生成 8 551 条规则。第二组阈值只生成了 11 条规则。这些结果无法提供显著的关联规则，并且难以提取导致船员不安全行为与状态的因果模式。

为了关注强关联并限制生成规则的数量，经过反复试验，对 5 种海上交通事故类型的阈值进行了分别定义。船舶碰撞事故和搁浅事故的最小支持度和最小置信度一致，分别为 0.02 和 0.8；船舶触碰事故的最小支持度和最小置信度分别为0.04 和 0.5；船舶自沉事故的设置分别是 0.1 和 0.8；船舶火灾/爆炸事故为 0.05 和0.1。所有事故类型的最小提升度设置为 1。此外，为了探索影响因素对船员不安全行为与状态的关联模式，将 LHS 设定为影响因素，RHS 为船员不安全行为与状态。

使用 R 语言实施关联规则挖掘。首先，利用散点图全面展示 5 种海上交通事故类型生成的关联规则，如图 2-8 所示，描述了所生成规则的置信度、支持度和提升度之间的关系。在图 2-8 中，每个点代表一条规则，颜色的深浅表示提升度的大小。船舶碰撞事故共生成 958 条关联规则，大多数关联规则的置信度在 0.8 和 0.9 之间，支持度大多位于 0.02 和 0.05 之间；船舶搁浅事故共生成 536 条关联规则，大多数关联规则的置信度在 0.95 和 1 之间，支持度大多位于 0.03 和 0.09 之间；船舶触碰事故共生成 133 条关联规则，大多数关联规则的置信度在 0.65 和 1 之间，支持度大多位于 0.07 和 0.08 之间；船舶自沉事故共生成 871 条关联规则，大多数关联规则的置信度在 0.8 和 1 之间，支持度大多位于 0.1 和 0.2 之间；船舶火灾/爆炸事故共生成 126 条关联规则，大多数关联规则的置信度在 0.6 和 1 之间，支持度大多位于 0.05 和 0.2 之间。

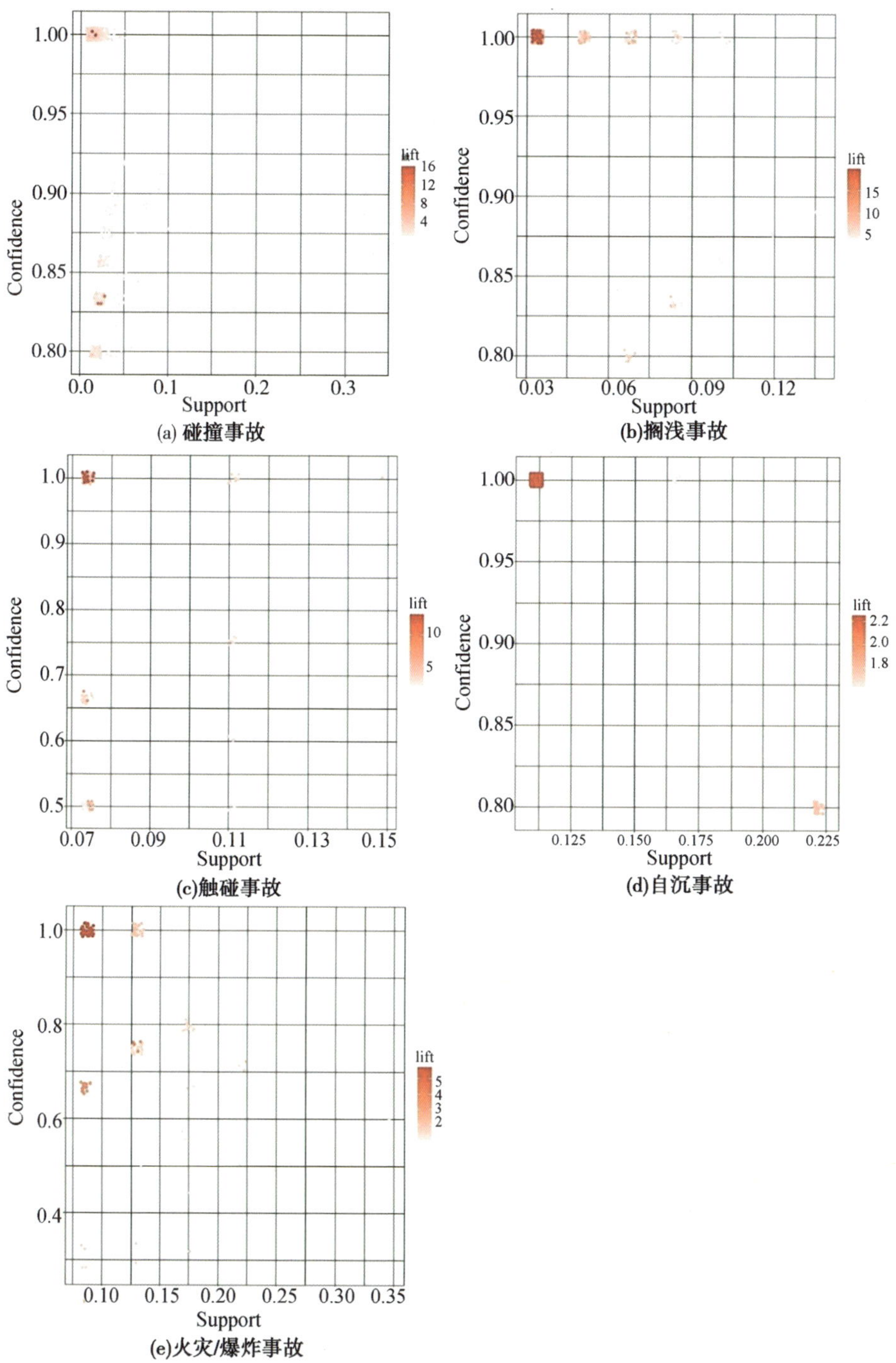

图 2-8 “影响因素-船员不安全行为与状态”关联规则散点图

基于上述规则，绘制分组矩阵图以显示具有代表性的 LHS 与 RHS 之间的关系，结果如图 2-9 所示。每一行代表 RHS，即船员不安全行为与状态，而列代表分

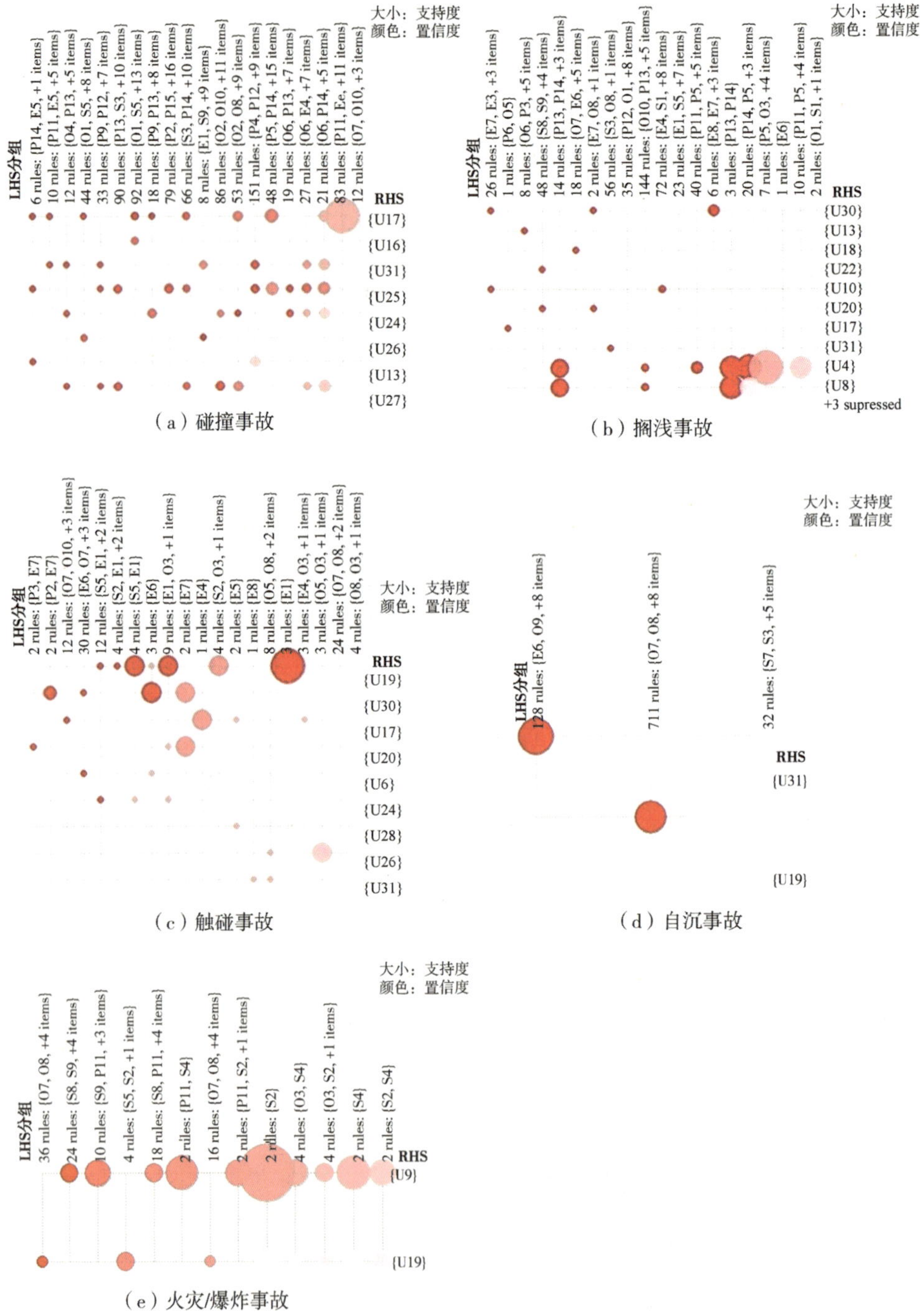

（a）碰撞事故

（b）搁浅事故

（c）触碰事故

（d）自沉事故

（e）火灾/爆炸事故

图 2-9 “影响因素-船员不安全行为与状态”关联规则分组矩阵图

组 LHS，即影响因素中最常见的项。气球颜色的深浅表示具有更高的置信度的关联规则组，气球大小表示支持度。图 2-9(a) 显示，船舶碰撞事故相关的 958 条关联规则共涉及 8 种不安全行为与状态，其中出现次数较多的是 U17、U31 和 U25。支持度最高的关联规则组位于右上角；LHS 涉及 P11 和 E3 等影响因素，RHS 为 U17。图 2-9(b) 显示，船舶搁浅事故生成的 536 条关联规则共涉及 13 种船员不安全行为与状态，其中置信度和支持度较高的规则集中于 U4 和 U8 两种不安全行为与状态；结果显示置信度最高的关联规则组涉及 P14 和 P5 等影响因素，RHS 为 U4。图 2-9(c) 显示，船舶触碰事故生成的 133 条关联规则共涉及 9 种船员不安全行为与状态，其中置信度和支持度较高的规则集中于 U19 和 U30 两种不安全行为与状态。图 2-9(d) 显示，船舶自沉事故生成的 871 条关联规则共涉及 2 种不安全行为与状态，U19 和 U31；其中具有代表性的影响因素包括 E6、O9、O7、O8、S3 和 S7。图 2-9(e) 显示，船舶火灾/爆炸事故生成的 126 条关联规则共涉及 2 种不安全行为与状态，U9 和 U19，其中置信度和支持度较高的规则集中于 U9。

2.4.3 船员不安全行为与状态关联规则分析

为了进一步研究不同船员不安全行为与状态之间的风险关联问题，在关联规则分析过程中，要求 LHS 必须包括不安全行为与状态，RHS 设定为不安全行为与状态。经过反复试验，对 5 种事故类型的最小支持度和置信度进行设定：船舶碰撞、触碰、火灾/爆炸事故的最小支持度和最小置信度一致，分别为 0.05 和 0.8；船舶搁浅事故的最小支持度和最小置信度分别为 0.06 和 0.7；船舶自沉事故的最小支持度和最小置信度分别为 0.12 和 0.8。所有事故类型的最小提升度设置为 1。最终，船舶碰撞事故共计生成 154 条规则；船舶搁浅事故共计生成 122 条规则；船舶触碰事故共计生成 111 条规则；船舶自沉事故共计生成 216 条规则；船舶火灾/爆炸事故共计生成 32 条规则。

绘制分组矩阵图显示每种事故类型所生成的关联规则，结果如图 2-10 所示。每一行代表 RHS，即船员不安全行为与状态，而列代表分组 LHS，即涉及不安全行为与状态及其影响因素的常见项。气球颜色的深浅表示具有更高的置信度的关联规则组，气球大小表示支持度。结果显示，影响因素与船员不安全行为与状态相互作用会导致其他不安全行为的产生，具有一定程度上的关联性。为了进一步认知船员不安全行为与状态之间的相互关系，提取每种事故类型提升度排名前 5 位的关联规则进行分析，如表 2-7 所示。船舶碰撞事故主要涉及 U27、U25 和 U31 四种船员不安全行为与状态之间的相互作用，影响因素包括 P1、S2、O3 和 O7。其中，置信度最高的规则显示在教育培训不足(O7)和未能对当时危险局面做出充分估计(U31)同时出现的情况下，有 88%的可能性导致船员“未及早地采取有效的避碰行动(U25)”出现。搁浅事故涉及 U4、U8 和 U14 3 种船员不安全行为与状态之间的

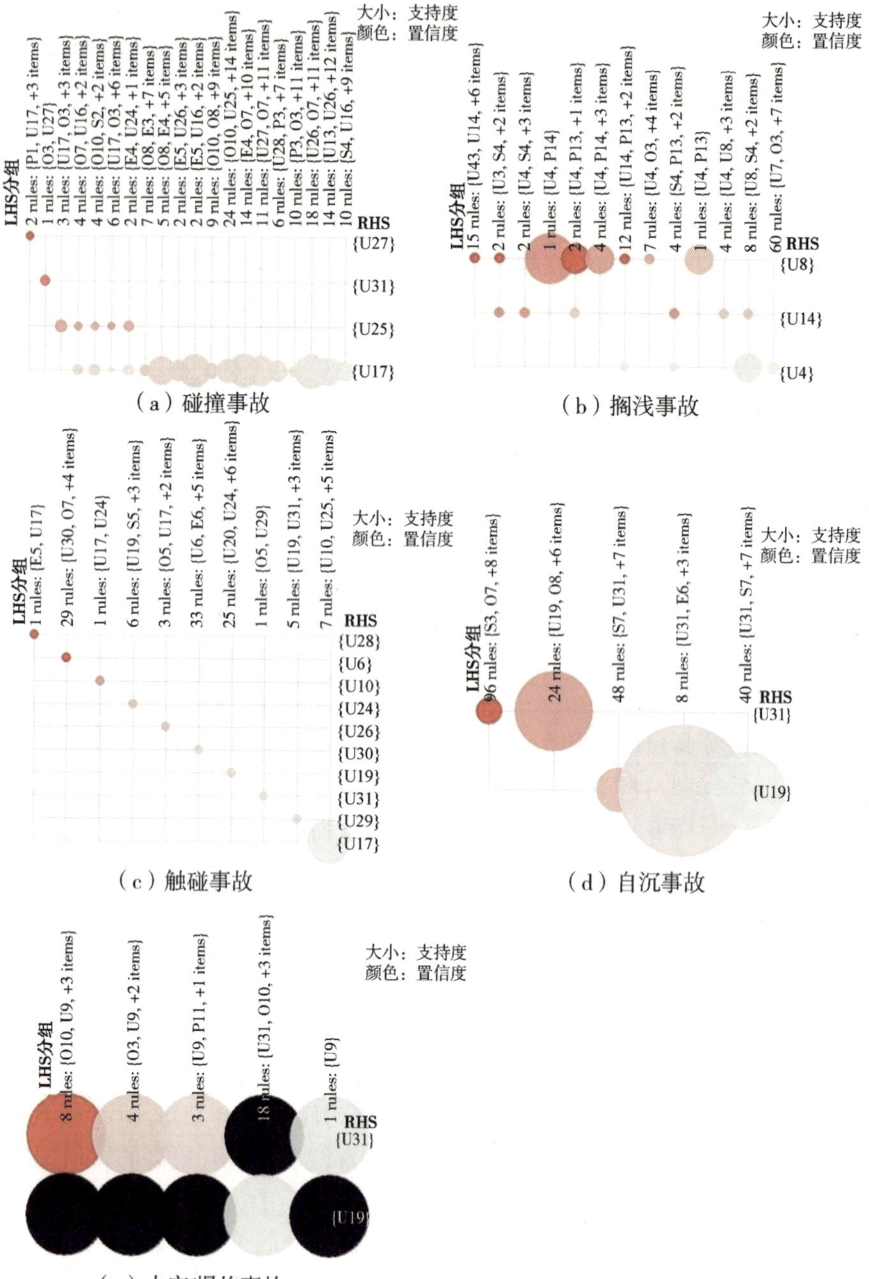

（a）碰撞事故　（b）搁浅事故　（c）触碰事故　（d）自沉事故　（e）火灾/爆炸事故

图 2-10　船员不安全行为与状态关联规则分组矩阵图

相互关联，影响因素包括 P13、P14 和 S4，可以发现这五条关联规则相似度较高，属于典型的船舶搁浅事故事件链条。船舶触碰事故涉及 U17、U28、U30 和 U6 4 种船员不安全行为与状态之间的相互关联，影响因素包括 E5、E6、O3、O7、O8 和 S4。船舶自沉事故涉及 U19 和 U31 两种船员不安全行为与状态之间的相互关联，影响因素包括 E2、E6、S3、S4、O7、O8 和 P11。可以发现这 5 条关联规则相似度较高，都是在因素耦合作用下 U19 可能导致 U31 的出现。船舶火灾/爆炸事故涉及 U9 和 U31 两种船员不安全行为与状态，影响因素包括 O3、O10、P11 和 S4。这五条关联规则相似度较高，突出显示了 U9 和 U31 之间存在关联关系。

表 2-7　提升度排名前 5 位的关联规则

序号	规则	支持度	置信度	提升度
船舶碰撞事故				
1	{P1,S2,S4,U17} => {U27}	0.06	0.81	1.98
2	{P1,S2,U25} => {U27}	0.06	0.81	1.98
3	{O3,U27} => {U31}	0.06	0.82	1.79
4	{O7,U31} => {U25}	0.06	0.88	1.57
5	{O7,U17,U31} => {U25}	0.06	0.87	1.55
船舶搁浅事故				
6	{P13,P14,S4,U14,U4} => {U8}	0.07	1.00	9.83
7	{P14,S4,U14,U4} => {U8}	0.07	1.00	9.83
8	{P13,P14,U14,U4} => {U8}	0.07	1.00	9.83
9	{P13,P14,S4,U14} => {U8}	0.07	1.00	9.83
10	{P14,S4,U14} => {U8}	0.07	1.00	9.83
船舶触碰事故				
11	{E5,U17} => {U28}	0.07	1.00	13.50
12	{E6,O3,O7,O8,S4,U30} => {U6}	0.07	1.00	13.50
13	{E6,O3,O7,O8,U30} => {U6}	0.07	1.00	13.50
14	{E6,O7,O8,S4,U30} => {U6}	0.07	1.00	13.50
15	{E6,O3,O7,S4,U30} => {U6}	0.07	1.00	13.50
船舶自沉事故				
16	{E2,E6,O7,O8,P11,S3,S4,U19} => {U31}	0.17	1.00	2.25
17	{E6,O7,O8,P11,S3,S4,U19} => {U31}	0.17	1.00	2.25
18	{E2,E6,O7,O8,P11,S3,U19} => {U31}	0.17	1.00	2.25
19	{E2,E6,O7,O8,S3,S4,U19} => {U31}	0.17	1.00	2.25
20	{E6,O7,O8,S3,S4,U19} => {U31}	0.17	1.00	2.25

（续表）

序号	规则	支持度	置信度	提升度
	船舶火灾/爆炸事故			
21	{O10,O3,P11,S4,U9} => {U31}	0.04	1.00	23.00
22	{O10,O3,S4,U9} => {U31}	0.04	1.00	23.00
23	{O10,O3,P11,U9} => {U31}	0.04	1.00	23.00
24	{O10,P11,S4,U9} => {U31}	0.04	1.00	23.00
25	{O10,S4,U9} => {U31}	0.04	1.00	23.00

2.5 船员不安全行为与状态致因网络分析

2.5.1 致因网络分析方法

复杂网络是由一定数量的点集 V 和边集 E 构成的简单图 $G=(V,E)$，其中，点的数量和边的数量分别表示为 $N=|V|$ 和 $M=|E|$。以 $i,j\in N$ 表示网络中的任意两个节点，$a_{ij}\in E$ 对应于网络中节点 i 指向节点 j 的边。邻接矩阵为对称时，则该网络为无向网络，反之就是有向网络。w_{ij} 表示网络中相邻节点 i 和 j 之间的边的权值，即由事件 i 触发的事件 j 的频率。如果网络中 w_{ij} 不全相等，这类网络就可以被视为加权网络，否则被视为无权网络。

（1）复杂网络的拓扑特征

复杂网络中节点的度（Degree）是最基本的网络拓扑特征。节点的度代表节点与其他节点连接的边数。在有向网络中，节点的度可以分为出度 $d_{\text{out}}(i)$ 和入度 $d_{\text{in}}(i)$。节点的出度由节点 i 到其他节点的边的数量来计算，而节点的入度表示从其他节点到节点 i 的边的数量，计算公式为：

$$d_{\text{out}}(i)=\sum_{j\in V}a_{ij} \tag{2.4}$$

$$d_{\text{in}}(i)=\sum_{j\in V}a_{ji} \tag{2.5}$$

$$d(i)=\sum_{j\in V}a_{ji}+\sum_{j\in V}a_{ij} \tag{2.6}$$

网络中所有节点的度的平均值称为网络的平均度，用 $[d(i)]$ 表示，计算公式为：

$$[d(i)]=\frac{1}{V}d(i) \tag{2.7}$$

平均路径长度(Average path length)是指网络中所有可能节点对之间的最短路径的平均值,可以量化网络的距离级别,计算公式为:

$$L = \frac{1}{N(N-1)} \sum_{i<j} l_{i,j} \tag{2.8}$$

其中,N 表示网络中节点的总数;$l_{i,j}$ 是节点 i 和 j 之间最短路径的边数。网络直径(D)是指网络中任意两个节点之间的最大距离,即所有 $l_{i,j}$ 中的最大值。网络直径用于衡量网络的紧凑程度,直径越小,网络连接越紧密。

聚类系数(Clustering coefficient)是指节点的邻接节点也相互连接的概率,可以用于测量网络节点之间的聚合情况,计算公式为:

$$C_i = \frac{2d'_i}{d_i(d_i - 1)} \tag{2.9}$$

其中,d'_i 表示节点 i 的邻接节点之间相连的边,d_i 代表节点 i 与其他节点连接的边数。节点的聚类系数越高,其他节点围绕其聚类的可能性越大。整个网络的聚类系数是所有节点的聚类系数的平均值。

在有向加权网络中,聚类系数还需要考虑边的权重,加权聚类系数的计算公式为:

$$Cw_i = \frac{1}{s_i(d_i - 1)} \sum_{j,h} \frac{w_{ij} + w_{ih}}{2} a_{ij} a_{ih} a_{jh} \tag{2.10}$$

其中,s_i 是节点 i 的所有相邻边的权重之和,a_{ij} 是邻接矩阵的元素,d_i 是节点 i 的度,w_{ij} 是权重。

节点的介数(Betweenness)是指网络中的所有最短路径经过该节点的次数,用于描述节点在全局网络中的影响力,计算公式为:

$$B_i = \sum_{j \neq i \neq h \in N} \frac{N_{jh}(i)}{N_{jh}} \tag{2.11}$$

其中,N_{jh} 是连接节点 j 和 h 的最短路径数量,$N_{jh}(i)$ 是连接节点 j 和 h 且经过节点 i 的最短路径的数量,N 表示网络中节点的总数。

节点的介数中心性是指节点的归一化介数,计算公式为:

$$C_{B(i)} = \frac{2B_i}{(N-1)(N-2)} \tag{2.12}$$

网络的结构与功能联系紧密,拓扑结构决定功能,功能影响拓扑结构演化。基于已有网络模型的缺陷与真实网络研究的需求,学者们提出了几种典型的复杂网络特性:①小世界特性。社交网络中任意两个人若想取得联系,则通过的“中间人”人数不超过6人,该特性也被称为六度空间理论。②无标度特性。实际生活中经常可见网络中少量节点与其他大部分节点存在着连接关系,而大部分节点有很少的连边,无标度特性就是用来描述复杂系统中这种分布极不均衡的现象。若复杂网络的度分布具有幂律分布特性,则可称之为无标度网络。③社区结构特性。

主要用来描述网络节点集聚的现象。该现象常见于社交网络中个体与个体之间联系并不均匀,通常以一个个群体的形式分布,群体之间的连接关系是通过各个群体中的少数个体相互联系来实现的[76]。

(2)节点重要度

关键节点挖掘是复杂网络研究中的重要内容。一般来说,节点的重要度取决于节点所在的网络模型和拓扑结构。目前,学者们从不同的研究角度出发,提出了多种节点重要度评估方法,例如,中心性算法[29]、页面排序法和 K 壳分解法。本书将采用 K 壳分解法进行网络节点重要性分析。K 壳分解法是基于节点在网络中的位置来衡量节点的重要性的,通过递归地剥离外层节点将网络划分成了从核心到边缘的几个层次,节点所处的层次就是它的核数,越靠近核心的节点核数越大,同时它就处于越重要的位置。图 2-11 给出了 K 壳分解法示意图,K 壳分解法的核心思路如下:

①首先将网络中所有度数为 1 的节点及其连边删除,之后在剩下的网络中继续查找由于删除节点导致度重新变为 1 的节点,如果有,则继续删除,直至网络中剩余节点的度均不小于 1,将删除的所有度为 1 的节点作为一层,该层称为网络的 1-壳。

②在剩下的网络中,每个节点的度最小为 2,继续按上述方法删除所有度数为 2 的节点,并将这些节点作为第二层,该层称为网络的 2-壳。

③依此类推,不断重复上述操作,直到网络中没有节点剩余。

通过这种方式可以得到网络中其他所有节点的核数。K 壳分解法使用难度较低,可以应用于大型网络分析中。但是该方法将处于同一核数的节点定义为具有相同的重要性,这种方法弱化了节点的区分度,过于粗粒化。为此,本研究提出了一种改进型 K 壳分解法进行节点重要性评估,具体内容详见 3.3 节。

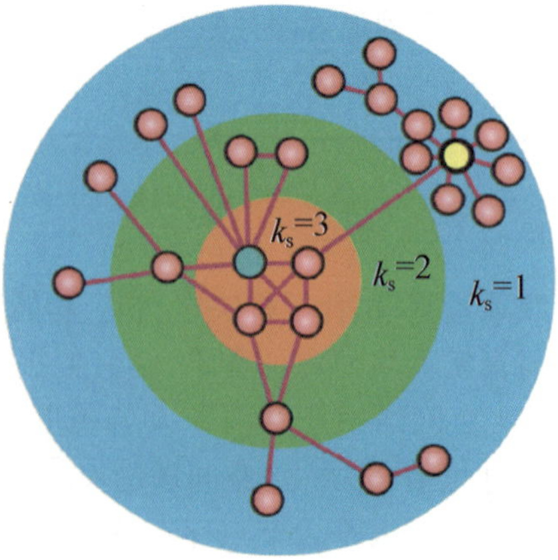

图 2-11 K 壳分解法示意图[159]

2.5.2 致因网络的构建

海上活动涉及的多种因素对船员不安全行为与状态的发生有不同的影响，即船员不安全行为与状态的致因网络属于有向加权网络。在有向加权网络中，节点、有向边和边的权重分别表示目标因素、因素之间的相互作用及其强度。基于复杂网络理论，引入关联规则技术，将关联规则结果映射到有向加权网络中来构建船员不安全行为与状态的致因网络。映射过程如图 2-12 所示，该过程主要包括三个步骤：

(1)关联规则中的每一个影响因素、船员不安全行为与状态代表网络的一个节点。

(2)关联规则中的 LHS 和 RHS 分别表示两个相邻节点 i 和 j，每条关联规则形成网络的有向边。

(3)关联规则的置信度作为边的权重 w_{ij}。

LHS	RHS	Confidence
R1	R3	1.00
R3	R5	0.95
R2	R3	0.91
R2	R4	0.88
R1	R4	0.85

	R1	R2	R3	R4	R5
R1		0	1.00	0.85	0
R2	0		0.91	0.88	0
R3	0	0		0	0.95
R4	0	0	0		0
R5	0	0	0	0	

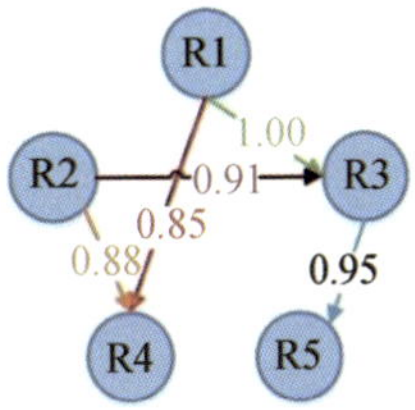

图 2-12　关联规则结果映射到有向加权网络中示意图

基于上述方法，首先，挖掘影响因素与船员不安全行为与状态之间的关联规则。采用试错法设置阈值，经过反复试验后，设定最小支持度为 0.02，最小置信度为 0.1，提升度大于 1，共生成 475 条关联规则。然后，进一步分析这些关联规则中前置条件和后置条件之间的交互关系，删除具有反向或不合理关系的规则。最后，保留了 277 条关联规则，如图 2-13 所示。每个点代表一条关联规则，颜色的深浅

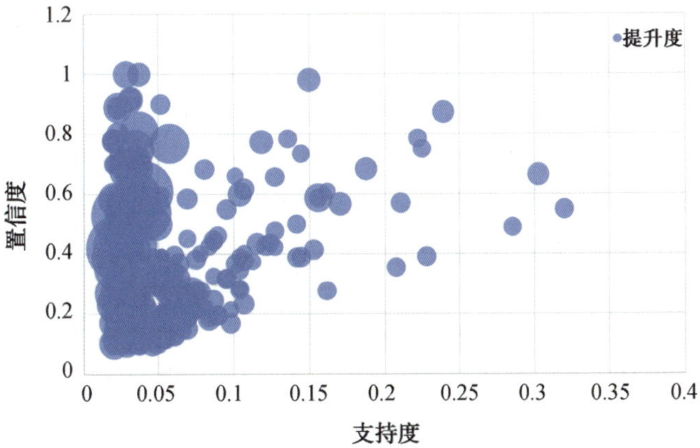

图 2-13　277 条关联规则气泡图

表示提升度的大小。可以发现,大多数关联规则的置信度在 0.2 和 0.6 之间,支持度大多位于 0.02 和 0.1 之间。

根据生成的 277 条关联规则,将关联规则中的 LHS 和 RHS 分别表示为两个相邻节点 i 和 j,每条关联规则形成网络的有向边,关联规则的置信度作为边的权重 w_{ij}。最终,开发了具有 49 个节点和 277 条有向边的船员不安全行为与状态的致因网络,如图 2-14 所示。

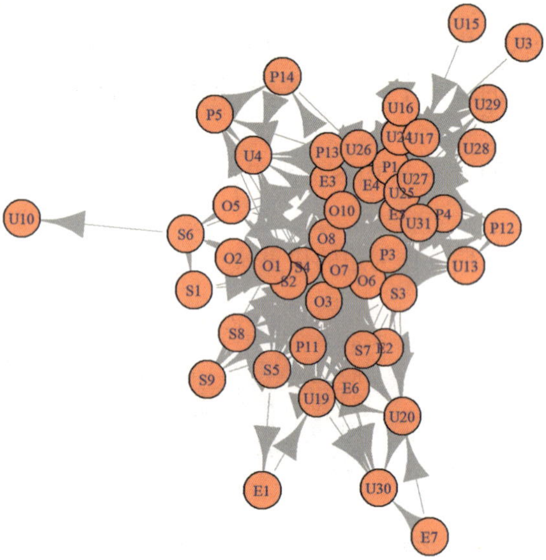

图 2-14　船员不安全行为与状态致因网络

2.5.3　网络拓扑特征分析

复杂网络理论为分析船员不安全行为与状态的致因网络提供了一系列特征指标,有助于深入了解船员不安全行为与状态的发生过程,认识不同船员不安全行为与状态之间的演化规律。因此,基于复杂网络理论,从度、介数、平均路径长度、聚类系数等方面对船员不安全行为与状态的致因网络进行拓扑特征分析,对降低船员相关人为因素风险以及预防海上交通事故的发生具有一定的指导意义。

复杂网络中节点的度是网络拓扑结构最重要和最基本的特征之一。在第 2.5.2 节中构建的船员不安全行为与状态的致因网络中,节点的度是指与影响因素、不安全行为与状态直接关联的其他影响因素、不安全行为与状态的数量。节点的度反映了节点在网络中的直接影响力,一个节点的连接越多,该节点在网络中的影响就越大。船员不安全行为与状态的致因网络的入度、出度和总度值如图 2-15 所示。可以看出,入度较高的节点包括未能对当时危险局面做出充分估计(U31)、未及早地采取有效的避碰行动(U25)、安全意识淡薄(P11)等,这些节点受到相邻节点的显著影响,并可能导致严重后果。其中,未能对当时危险局面做出充分估计(U31)的入度值最大,值为 18,但是出度值只有 4,这表明在船员不安全行为与状态的致因网络中有 18 种影响因素和不安全行为与状态可以导致船员未能对当时危险局面做出充分估计。另一方面,具有高出度的节点包括教育培训不足(O3)、船上缺少监督指导(S2)、安全管理不到位(S4),这些节点对相邻节点的直接影响更高。总度值最高的节点是安全管理不到位(S4),值为 29,其次是船上缺少监督指导(S2)、教育培训不足(O3)。这些总度值较高的节点是船员不安全行为与状态致因网络中的关键节点,对这些影响因素和不安全行为与状态进行主动预防,可以有效降低网络的连通性。此外,网络的平均度值为 11.31,这表明网络中每一个节点平均与 11.31 个其他节点有密切联系,即平均而言,网络中每个节点的变化可引起与该节点有直接影响和作用关系的 11.31 个节点发生变化。

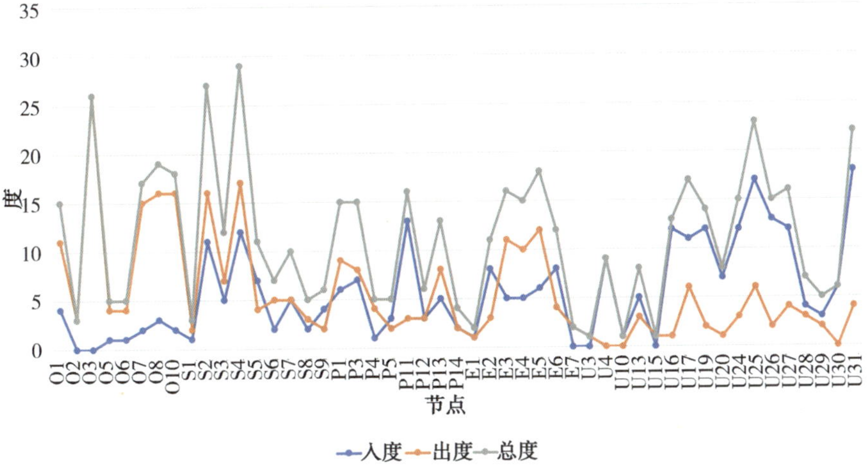

图 2-15　致因网络的入度\出度和总度值

网络的平均路径长度是指网络中所有节点对之间最短路径长度的平均值。在第 2.5.2 节构建的船员不安全行为与状态的致因网络中,平均路径长度可以表示影响因素和不安全行为与状态在网络中的传播速率。如果网络的平均路径长度越短,说明节点之间所需经过的中间节点越少,表明影响因素和不安全行为与状态在网络中的传播速率越快。该致因网络的平均路径长度为 2.090 1,这表示网络中任何一个影响因素或不安全行为与状态发生变化平均仅通过 2.090 1 步就能够引起非邻接的其他影响因素或不安全行为与状态发生变化。此外,该网络的直径为 6,是检查维护不当(S5)到未及早地采取有效的避碰行动(U25)之间的距离,这表明致因网络中一个影响因素或不安全行为与状态影响到另外一个影响因素或不安全行为与状态最多需要 6 步。

聚类系数指的是网络中节点的邻接点之间也互相连接的比例。在第 2.5.2 节构建的船员不安全行为与状态的致因网络中，利用加权聚类系数来反映影响因素和不安全行为与状态的聚集性，结果如图 2-16 所示。船舶适航证书不合规（O2）、未审核航线计划（S1）、未纠正错误（S8）、设备故障（E1）、潮汐流作用（E7）、未遵守船舶在能见度不良时的行动规则（U28）、未尽到当时特殊情况下所要求的戒备责任（U29）的加权聚类系数为 1，这表明在致因网络中这些影响因素或不安全行为与状态一旦发生变化，极易导致其相邻的影响因素或不安全行为与状态发生连锁反应甚至引起系统内较大范围的灾变，因此有必要加强对这些影响因素和不安全行为与状态的预控，以减少随之带来的连锁反应。

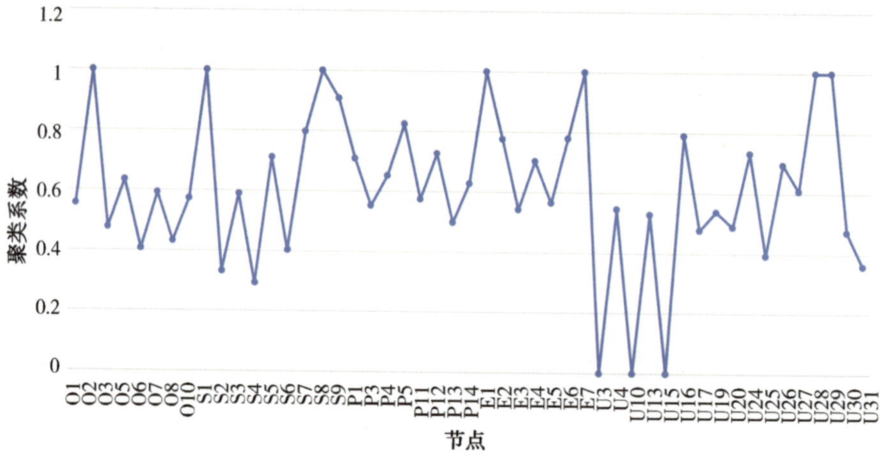

图 2-16 节点的聚类系数

介数是指网络中的所有最短路径经过该节点的次数。在第 2.5.2 节构建的船员不安全行为与状态的致因网络中，介数能够反映影响因素和不安全行为与状态在风险传播过程中起到的媒介作用。节点的介数值越高，那么节点在网络中作为媒介的作用就越大。节点的介数中心性是指节点的归一化介数，结果如图 2-17 所

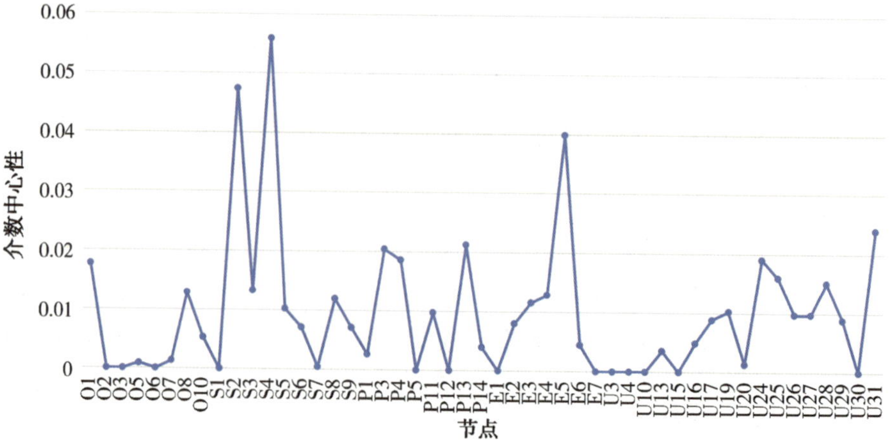

图 2-17 网络节点的介数中心性

示。致因网络中有13个节点的介数中心性为0,这表明这13个节点在网络中没有起到与其他节点之间的媒介作用。安全管理不到位(S4)的介数中心性值最大,约为0.055 9,这表明网络中经过该节点的最短路径数目最多。其次是船上缺少监督指导(S2)、能见度不良(E5),其介数中心性值分别为0.047 4和0.039 9。在该致因网络中,若能有效阻止这些影响因素和不安全行为与状态的发生,可以有效增大网络的平均路径长度和直径,减少网络中影响因素和不安全行为与状态之间的连通性,从而有助于降低网络中影响因素和人为因素相关风险的传播速率。

第3章 船员不安全行为与状态动态演化分析模型

3.1 整体分析思路

为了更深入地研究各种船员不安全行为与状态的耦合机制并厘清人为因素风险传播过程，本书基于有向复杂网络理论，结合事件树分析法（ETA）、K 壳分解法和 SIR 仿真技术，提出了一种针对海上交通事故中船员不安全行为与状态的动态演化分析模型，总体技术路线如图 3-1 所示。

在如图 3-1 所示的船员不安全行为与状态的动态演化分析模型中，共分 3 个步骤：

（1）CN 的开发与拓扑属性分析。基于 ETA 方法识别风险事件和事件间的定向逻辑，分别抽象为节点和有向边，联结成复杂网络；提取与 CN 中节点的度和权重的相关特征，以表征网络的基本拓扑特征。

（2）基于风险评估模型实施静态分析，评估每个目标节点的风险重要度。基于 CN 的拓扑特性，开发了一种改进的 K 壳分解法，量化评估有向 CN 中风险事件的重要度。

（3）基于 SIR 方法实施动态分析，评估不同风险状态下节点的重要度。采用 SIR 模型模拟风险传播过程，研究不同感染率和恢复率下节点重要度的敏感性。

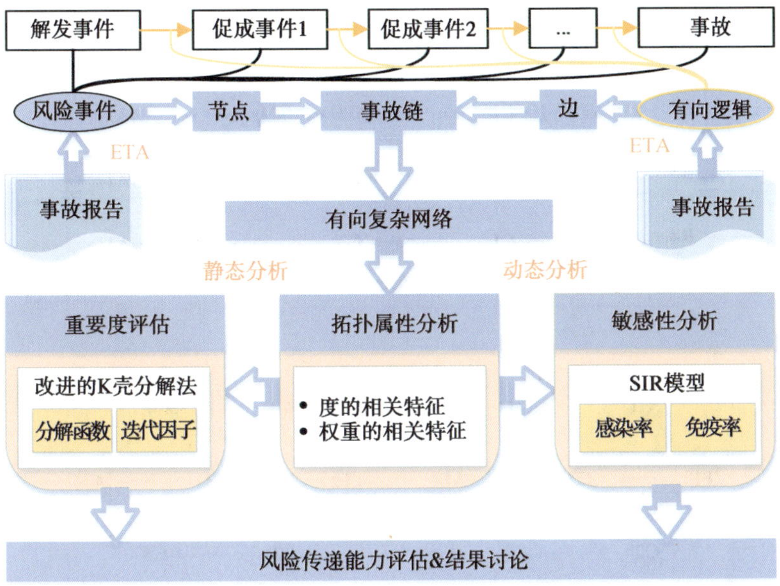

图 3-1 船员不安全行为与状态的动态演化与分析模型总体技术路线图

3.2 复杂网络的开发及其拓扑参数分析

3.2.1 复杂网络的建立

利用 ETA 开发有向 CN 的方法如图 3-2 所示。基于海上交通事故调查报告中的内容，根据 ETA 原理识别风险事件，确定事故路径。将所有风险事件（包括触发事件、不安全行为或不安全状态构成的促成事件、顶级事故）视为 CN 中的节点，事件之间的逻辑关系视为有向边，共同构成事件链。风险事件具有多样性与复杂性，为了提高复杂网络的适用能力，将相似事件进行合并，减少节点冗余。节点的命名尽量使用报告中的原句或对原句的简要概括。

表 3-1 展示了基于 ETA 的事件链梳理过程。然后，基于事件链集合，刻画船员不安全行为与状态的有向 CN。其中，源自不同事故调查报告的相同风险事件共享一个节点。对于节点之间出现多重边的情况，删除复杂网络的拓扑图中的冗余有向边。至此，船员不安全行为与状态的动态演化网络构建完成。

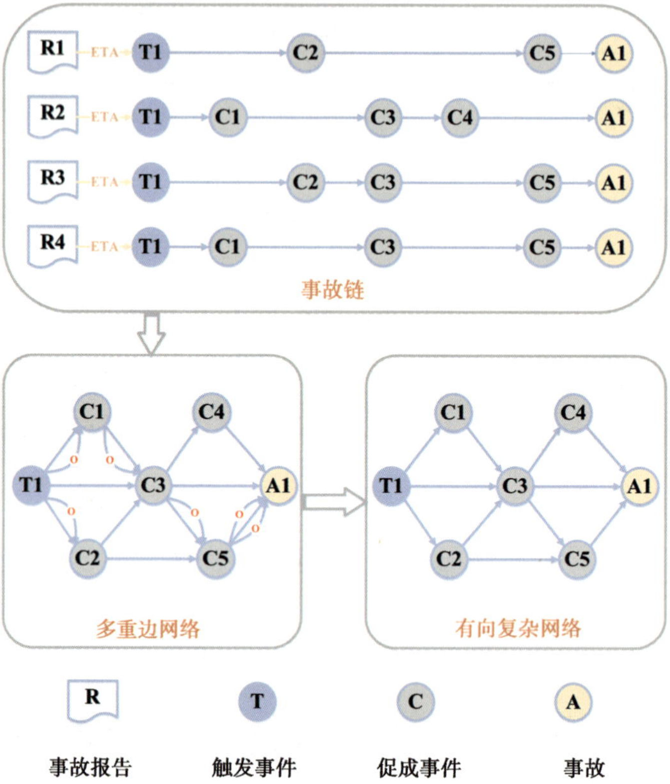

图 3-2　基于 EIA 的 CN 拓扑结构刻画方法

表 3-1　基于 ETA 的事件链梳理过程

事故调查报告中的内容摘录	事故路径	最终事件链
大副值班期间,……曾肉眼发现过该浮标,大副未引起应有的警觉,……未经仔细辨认、核对就将其判断为沉船浮标,认为两侧均可通过;此后,……也未再通过视觉或其他手段对该浮标进行正确辨认,以致未能及时发现该浮标为东方位标和附近暗礁的存在,直接导致船舶触礁事故发生。大副此前工作……,大副到船任职后未对船舶计划航线及航线水域通航环境进行查阅了解,不熟悉掌握绿华山水道通航环境……,是事故发生的间接原因	发现浮标,未引起警觉(不熟悉通航环境)→未经仔细辨认、核对就将其判断为沉船浮标,认为两侧均可通过→未再通过视觉或其他手段对该浮标进行正确辨认→未能及时发现附近暗礁的存在→触礁	(不熟悉通航环境)→未重视可疑事件→未保持正规瞭望→未发现潜在风险→搁浅

续表

事故调查报告中的内容摘录	事故路径	最终事件链
本起事故中，“PACIFIC BRIDGE”轮临时改变计划航线、不按规定航路航行，驶入非通航水域是事故发生的重要原因。驾驶室人员信息沟通不畅是事故发生的原因之一。……“PACIFIC BRIDGE”轮驾驶室资源未得到有效利用。……雷达因增益调整，无法发现潮位站物标，……人工海图作业没有起到实际作用。ECDIS 没有配备，造成船长或三副没有发现本船正朝向潮位站驶去，没有采取任何避让措施，发生碰撞	临时改变计划航线→驶入非通航水域→未充分利用助航仪器→未发现当前存在触碰风险（未配备电子海图，团队缺少信息沟通）→未采取避碰措施→触碰	未严格执行计划航线→偏离既定航道/航线→未充分利用助航仪器→未发现潜在风险→未及早地采取有效的避碰行动→触碰； （未配备设备资源）→未发现潜在风险； （驾驶台沟通协调不当）→未发现潜在风险
船舶装完货后，大副……，没有按照体系要求检查舱盖板是否使用货舱盖短杆压紧器固定好舱盖板。0200 时船长观察到现场实际风力变大的情况，没有预判到可能会影响船舶航行安全，没能及时发现货舱盖没有用短杆压紧器锁紧……在 0300 时开始遇到 7~8 级，阵风 9 级大风，没有及时调整航向，导致船舶在大风浪中航行，……货舱盖移位错位，船员无法采取措施将货舱盖复位，……，甲板上浪后大量海水进入货舱，排水速度跟不上进水速度	船长对大风浪的危害估计不足→没能及时发现货舱盖没有用短杆压紧器锁紧→货舱盖移位（大风）→应急措施不当→甲板上浪海水进入货舱→船舶稳性不足→自沉	未充分估计当前环境对船舶操纵的影响→货舱舱盖未关闭→货舱舱盖板滑动移位→应急措施不当→船舶进水/甲板上浪→船舶稳性丧失→自沉； 风浪→货舱舱盖板滑动移位

3.2.2 复杂网络的拓扑参数

以 $G=(V,E)$ 表示有向和加权的复杂网络，其中 $V=\{v_1,v_2,\cdots,v_n\}$ 和 $E=\{e_1,e_2,\cdots,e_m\}$ 分别表示所有节点和边的集合。V 和 E 中的元素数用 N 和 M 表示，可以用大小为 $N*N$ 的邻接矩阵描述网络 $G=(V,E)$，定义为 A，矩阵元素的计算公式为：

$$A_{ij}=\begin{cases}a_{ij}\times w_{ij},i\to j\\0,\text{否则}\end{cases} \tag{3.1}$$

式中，当事件 j 被事件 i 触发时，$a_{ij}=1$，$(i,j\in V)$，否则 $a_{ij}=0$。定义 w_{ij} 为两

个相邻节点 i 和 j 之间的边的权重，即由事件 i 触发的事件 j 的频率。邻接矩阵的对角线元素值为 0。权分为出权和入权，分别用 w_{ij} 和 w_{ji} 表示。节点 i 的出权表示事件 i 触发事件 j 的频率，节点 i 的入权表示事件 j 触发事件 i 的频率。

节点强度和通过权重计算的交叉权重被广泛用于研究有向加权 CN 的表征，可以通过以下方式计算：

$$T_w(i) = S_{\text{in}}(i) + S_{\text{out}}(i) = \sum_{j \in V} w_{ji} + \sum_{j \in V} w_{ij} \tag{3.2}$$

$$C_w(i) = S_{\text{in}}(i) \times S_{\text{out}}(i) = \sum_{j \in V} w_{ji} \times \sum_{j \in V} w_{ij} \tag{3.3}$$

式中，$T_w(i)$ 是节点 i 的节点强度，$S_{\text{in}}(i)$ 和 $S_{\text{out}}(i)$ 分别代表节点 i 的入强度和出强度，$C_w(i)$ 代表节点 i 的交叉权。

将节点 i 与其他节点连接的边数定义为节点的度，由 $d(i)$ 表示。类似地，在有向加权网络中，节点的度可以分为出度 $d_{\text{out}}(i)$ 和入度 $d_{\text{in}}(i)$ 。节点的出度由 i 到其他节点的边数来计算，而节点的入度表示从其他节点到 i 的边数。节点 i 的总度数可以表示与其他节点连接的边数，可以通过以下方式计算：

$$T_d(i) = d_{\text{in}}(i) + d_{\text{out}}(i) = \sum_{j \in V} a_{ji} + \sum_{j \in V} a_{ij} \tag{3.4}$$

但是，式(3.4)无法确定具有相同总度数的节点之间的差异。因此，引入交叉度的概念来识别总度相同的节点，表示为：

$$C_d(i) = d_{\text{in}}(i) \times d_{\text{out}}(i) = \sum_{j \in V} a_{ji} \times \sum_{j \in V} a_{ij} \tag{3.5}$$

3.3 基于改进的 K 壳分解法的静态分析

当采用 CN 进行风险评估时，节点重要度的量化方法是重中之重。现有研究中，涵盖了大量用于评估节点重要度的指标，例如基于路径的方法[77]、H 指数法[78]和 K 壳分解法。然而，现有方法无法描述 CN 内不同节点之间的风险转移特征，限制了有向 CN 在风险评估中的进一步应用。基于此，本节提出了一种改进的 K 壳分解法，旨在评估目标节点对于事故的贡献程度，定义为风险流通重要度(以下简称为重要度)，如图 3-3 所示。为了获取有向 CN 中节点的重要度，需要基于度和权重的平衡思想进行建模。引入传统的 K 壳分解法，通过设计迭代因子对其进行进一步改进，从而开发了改进的 K 壳分解法。

3.3.1 风险流传播模型

为了更好地理解风险传播过程，将其类比为输水管道并对其进行了建模，如图 3-4 所示。风险在 CN 中的传播过程与管道中的水流类似，相应地，将管道间的接

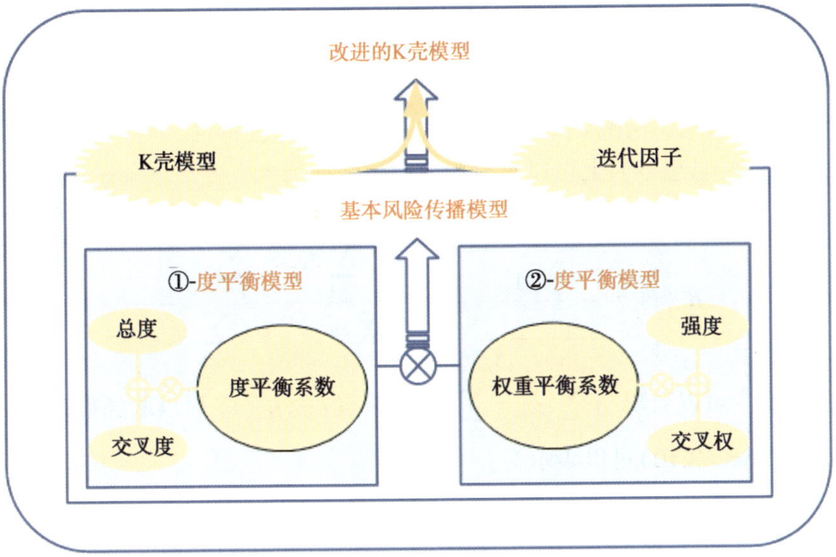

图 3-3 改进的 K 壳模型的示意图

口作为有向 CN 中的节点,沿固定方向驱动管道中的水流的水压视为有向 CN 中的有向边,压力源视为触发节点(事件)。

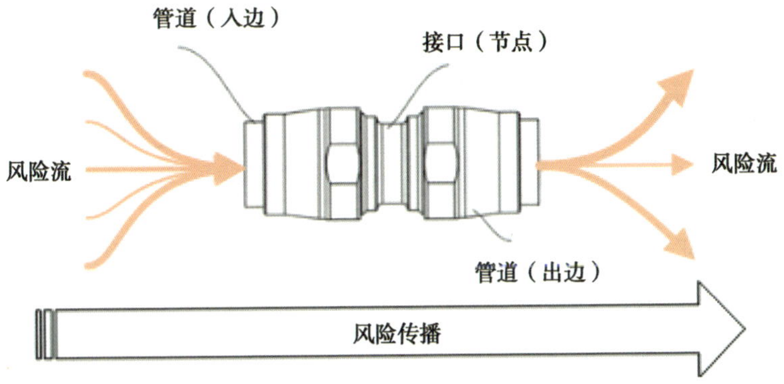

图 3-4 风险传播的基本原理图

显然,节点所对应的接口的性质对于风险传播至关重要。接口两端的半径限制了有向 CN 中的风险的流通程度,即半径越大,风险传播得越容易。因此,对权重和度的控制方程分别定义如下:

$$f_1(w_{ij},w_{ji}) = \left|\sum_{j\in V} w_{ij} - \sum_{j\in V} w_{ji}\right| \tag{3.6}$$

$$f_2(w_{ij},w_{ji}) = \left|\sum_{j\in V} w_{ij} + \sum_{j\in V} w_{ji}\right| \tag{3.7}$$

$$f_3[d_{\text{in}}(i),d_{\text{out}}(i)] = |d_{\text{in}}(i) - d_{\text{out}}(i)| \tag{3.8}$$

$$f_4[d_{\text{in}}(i),d_{\text{out}}(i)] = |d_{\text{in}}(i) + d_{\text{out}}(i)| \tag{3.9}$$

其中,式(3.6)和式(3.8)的值越小,且式(3.7)和式(3.9)的值越大,节点的风险传播能力越强,因此应注重相应的风险管理举措。

权重和度是上述有向 CN 分析的两个基本性质。在本书中,定义平衡系数,并建立平衡模型,以描述出权和入权、出度、入度间的综合特性。对于节点的权重来说,上述的建模思想本质上可以映射为节点出强度与入强度之间的平衡。因此,建立如式(3.10)所示的权重平衡系数:

$$B_w(i)=\frac{1}{\dfrac{1}{S_{\text{in}}(i)}+\dfrac{1}{S_{\text{out}}(i)}}=\frac{\sum\limits_{j\in V}w_{ij}\times\sum\limits_{j\in V}w_{ji}}{(\sum\limits_{j\in V}w_{ij})^2+(\sum\limits_{j\in V}w_{ji})^2}\tag{3.10}$$

从模型中可以看出当 $\sum\limits_{j\in V}w_{ij}=\sum\limits_{j\in V}w_{ji}$ 时节点 i 的 $B_w(i)$ 可以取到最大值。为了方便计算,公式(3.10)可以表示为:

$$B_w(i)=\left[1-\left(\frac{\sum\limits_{j\in V}w_{ij}}{\sum\limits_{j\in V}w_{ij}+\sum\limits_{j\in V}w_{ji}}-0.5\right)^2\right]\tag{3.11}$$

系数 $B_w(i)$ 可用于衡量节点平衡入强度和出强度的能力,特别是在风险分析领域中,可用 $B_w(i)$ 来描述被触发的节点继续触发其他节点的能力。

考虑到节点的重要度对接口(节点)的半径所呈现的正相关性,有必要将 $T_w(i)$ 和 $C_w(i)$ 嵌入权重平衡分析过程。最终,将权重平衡模型定义如下:

$$\Psi_w(i)=B_w(i)\times[T_w(i)+C_w(i)]=\left[1-\left(\frac{\sum\limits_{j\in V}w_{ij}}{\sum\limits_{j\in V}w_{ij}+\sum\limits_{j\in V}w_{ji}}-0.5\right)^2\right](\sum_{j\in V}w_{ji}+\sum_{j\in V}w_{ij}+\sum_{j\in V}w_{ji}\times\sum_{j\in V}w_{ij})\tag{3.12}$$

式(3.12)中的权重平衡模型 $\Psi_w(i)$ 在一定程度上反映了风险流经该节点后可以继续传递的流畅程度。

除了上面讨论的权重之外,度也能够评价节点的风险传递能力。类似地,将度平衡系数和度平衡模型分别定义如下:

$$B_d(i)=\left\{1-\left[\frac{d_{\text{in}}(i)}{d_{\text{in}}(i)+d_{\text{out}}(i)}-0.5\right]^2\right\}\tag{3.13}$$

$$\Psi_d(i)=B_d(i)\times[T_d(i)+C_d(i)]=\left\{1-\left[\frac{d_{\text{in}}(i)}{d_{\text{in}}(i)+d_{\text{out}}(i)}-0.5\right]^2\right\}[d_{\text{in}}(i)+d_{\text{out}}(i)+d_{\text{in}}(i)\times d_{\text{out}}(i)]\tag{3.14}$$

目标节点的重要度可以看作是权重平衡模型和度平衡模型的耦合函数,则节点 i 的风险评估模型可以表示为:

$$\Psi_B(i)=\Psi_d(i)\times\Psi_w(i)=\left\{1-\left[\frac{d_{\text{in}}(i)}{d_{\text{in}}(i)+d_{\text{out}}(i)}-0.5\right]^2\right\}$$

$$[d_{\text{in}}(i)+d_{\text{out}}(i)+d_{\text{in}}(i)\times d_{\text{out}}(i)]\times$$

$$\left[1-\left(\frac{\sum\limits_{j\in V}w_{ij}}{\sum\limits_{j\in V}w_{ij}+\sum\limits_{j\in V}w_{ji}}-0.5\right)^2\right](\sum_{j\in V}w_{ji}+\sum_{j\in V}w_{ij}+\sum_{j\in V}w_{ji}\times\sum_{j\in V}w_{ij}) \tag{3.15}$$

接下来以一个例子来说明上述基本风险评估模型的应用。设 V_4 为事件集 $V_2=\{V_4,V_6,V_7\}$ 的触发事件，而导致 V_4 的触发事件包含在集合 $V_1=\{V_1,V_2,V_3\}$ 中。如表 3-2 所示，本节进行了三个数值实验，分别对应于不同的有向 CN 结构。$\Psi_B(V_4)$ 的值表示一旦 V_4 由 V_1 触发，V_2 中的事件也将被触发的可能性。$\Psi_B(V_4)$ 的值越大，则 V_4 越容易被触发，表明 V_4 可以轻松地传递风险流。

表 3-2　不同场景下应用基本风险评估模型的示例

编号	平衡类型	结构	$d_{\text{in}}(V_4)$	$d_{\text{out}}(V_4)$	$\Psi_d(V_4)$	$S_{\text{in}}(V_4)$	$S_{\text{out}}(V_4)$	$\Psi_w(V_4)$	$\Psi_B(V_4)$
S_1	平衡度	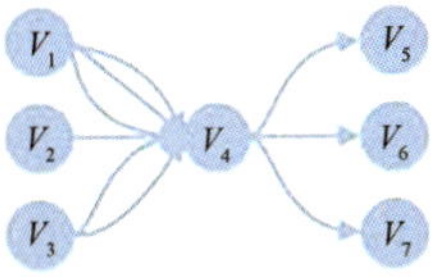	3	3	15.00	6	3	26.25	393.95
S_2	平衡权重	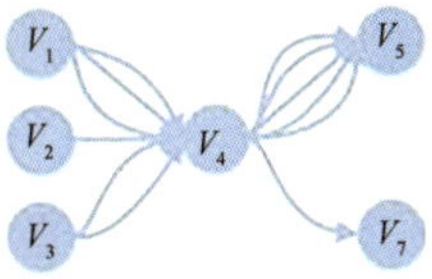	3	2	10.89	6	6	48.00	522.72
S_3	平衡度和	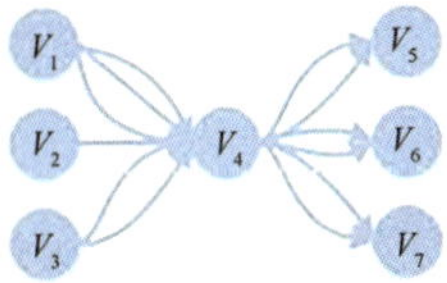	3	3	15.00	6	6	48.00	720.00

表 3-2 给出了通过数值计算获得的结果，可以发现，第三种结构对风险流的传递能力更强。然而，基于本节提出的基本风险评估模型得到的节点重要度很容易受到目标节点的邻居节点的影响，所得的重要度评估结果为充要条件，因此，需要引入基于 CN 全局信息的 K 壳分解法确定目标节点重要度的唯一性。

3.3.2　改进的 K 壳分解法

在本节中，采用了 K 壳分解法来分离其他节点对目标节点的绝对重要度的影响。基于现有文献，K 壳分解法被广泛应用于分析 CN 的拓扑结构，尤其是在节点评估方面[79]。通常，经典的 K 壳分解法适用于无向无权网络，旨在基于节点中心度将节点集分解为子集。同时，根据每个节点在网络中的中心值为每个节点分配一个层序列号 ξ_K，基于 ξ_K 得到目标节点的重要度排序。ξ_K 较小的节点位于 CN 的外围，而 ξ_K 较大的节点接近 CN 的中心。通过调整分解函数的计算方法，可以将基本的 K 壳分解法改进为适用于有向加权 CN 的方法。本节采用的改进的 K 壳分解法如图 3-5 所示。

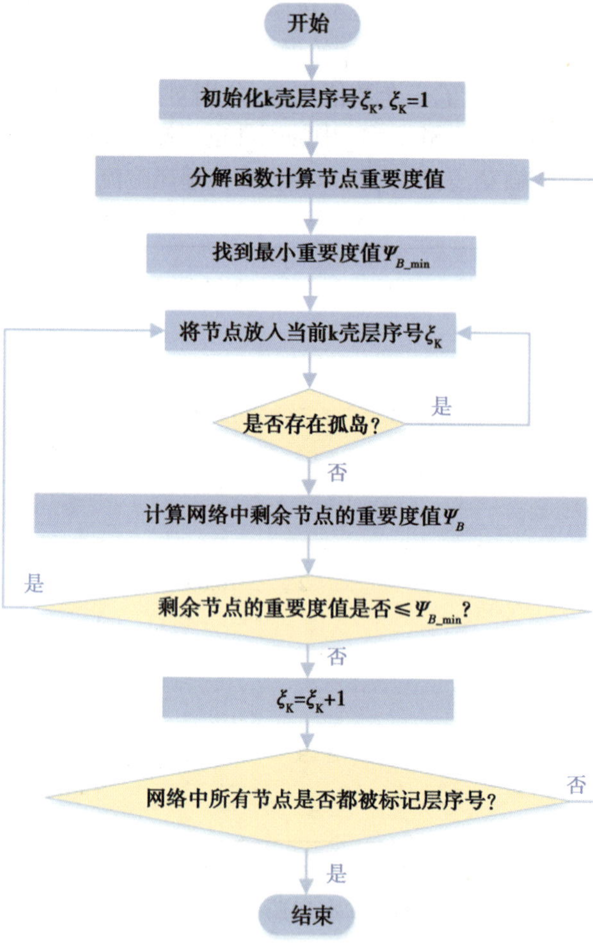

图 3-5　改进的 K 壳分解法的实现过程

基于上述 K 壳分解法流程，很难区分同一层中节点的重要度，因此，定义迭代因子解决这一问题。在本节中，迭代因子用于区分位于同一层序号的节点，计算如下：

$$\Gamma_{\xi_K}(i)=\frac{(i-1)}{\gamma} \tag{3.16}$$

$$\Psi_{Ki}(i)=\xi_K(i)+\Gamma_{\xi_K}(i) \tag{3.17}$$

式中，$\Gamma_{\xi_K}(i)$ 表示层 ξ_K 中目标节点 i 的迭代因子，γ 表示层 ξ_K 中包含的节点数。$\Psi_{Ki}(i)$ 是基于改进的 K 壳分解法的节点的重要度，相应的层序号用 ξ_{Ki} 表示。

3.4　基于 SIR 仿真推演的节点敏感性分析

风险被广泛定义为对事故可能性和后果严重性的综合描述。基于 CN 理论，风险可以描述为节点和有向边的协同效应。具体而言，可能性对应于风险事件（节点）触发另一事件的频率，可以通过边的权重来量化；严重性可以抽象为节点对的风险削弱或放大能力。本节考虑严重的动态变化对节点重要度的影响，采用具有可调参数的 SIR 模型来对 CN 中涉及的目标节点进行敏感性分析。

SIR 是一种基于传播动力学模型的评估排名算法。在该模型中，节点的风险传递能力通过目标节点的平均传播范围进行量化。SIR 模型由于具有高精度的优点而被广泛应用，但是，与其他数值方法相比，其缺点是时间复杂度高。因此，已有研究倾向于将 SIR 作为测试模型准确性验证方法或 CN 节点敏感性的分析方法，而非决策模型。在本节中，SIR 中涉及的两个可调参数分别称为感染率和恢复率，用于描述风险事件的严重性，图 3-6 展示了使用 SIR 进行风险评估的技术原理。

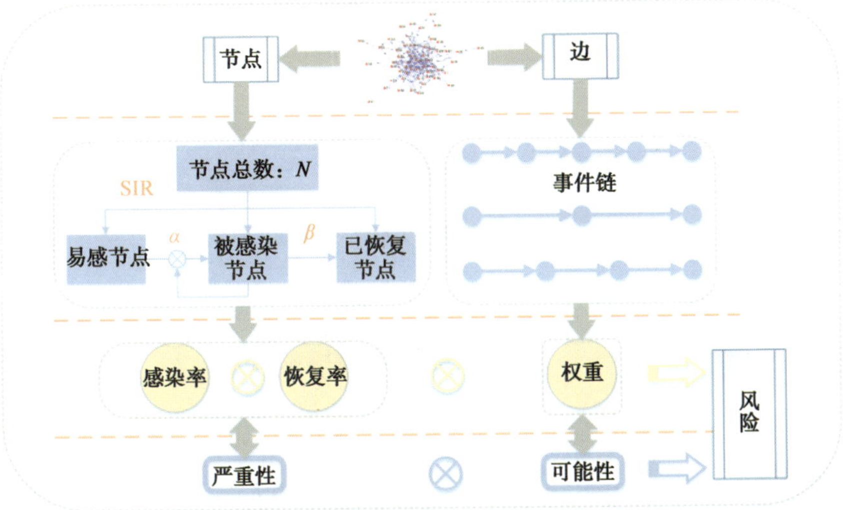

图 3-6　基于有向加权 CN 的 SIR 风险评估技术原理

在 SIR 的框架中，节点的敏感性取决于权重、感染率和恢复率。SIR 中涉及的所有节点被标记为三种不同的状态：S –易感（Susceptible），I –被感染（Infected）和 R–已恢复（Recovered）。用 α 表示节点的感染率，用 $S(i) \to I(i)$ 表示从状态 S 转换为状态 I 。类似地，从状态 I 转换为 R 可以标记为 $I(i) \to R(i)$ ，这一过程的概率被定义为恢复率 β 。节点一旦恢复，受感染的节点将获得终生免疫，不再感染其他节点。在本节中,目标节点的感染率用于评估节点的风险防御能力,而恢复率用于表征节点对风险的削弱能力。从理论上讲,SIR 的感染率和恢复率对应于节点的不同风险状态,可以用于模拟与有向加权 CN 相关的不同场景。本书中设计的 SIR 算法的实现流程如图 3-7 所示。

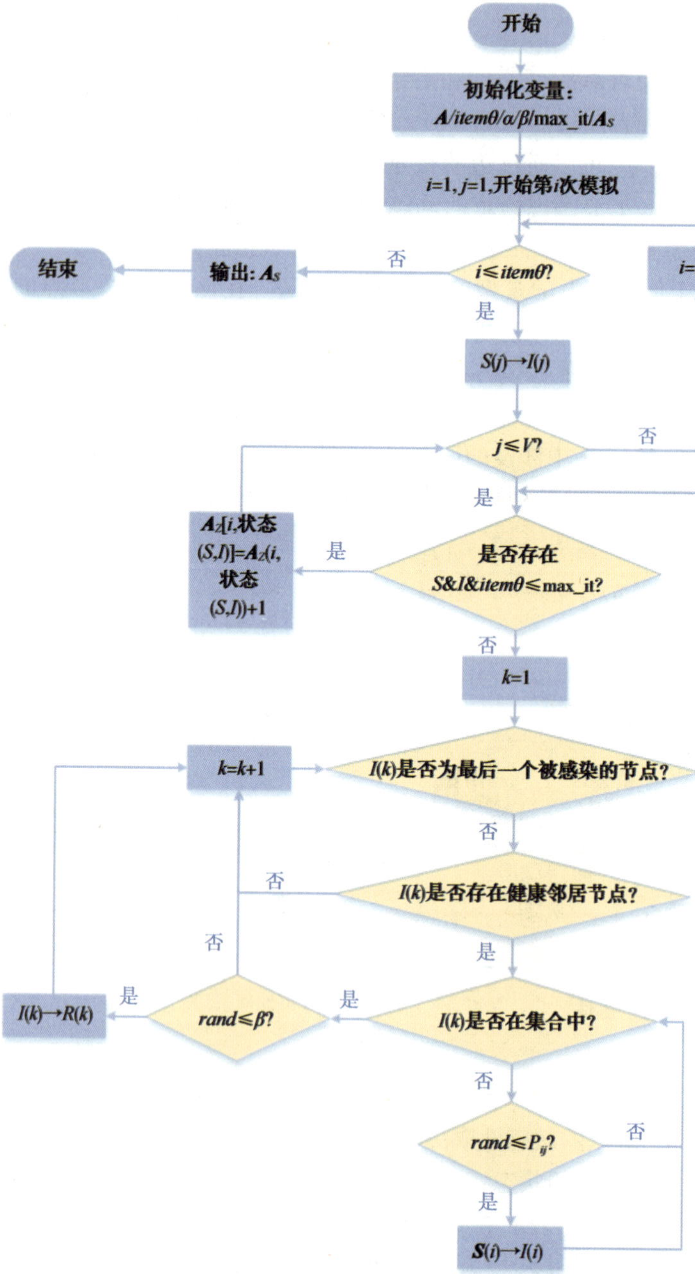

图 3-7　SIR 算法的实现流程

图 3-7 中所涉及的变量及含义如表 3-3 所示。

表 3-3 SIR 算法中涉及的变量及含义的说明

参数	注释	含义	参数	注释	含义
$\boldsymbol{A}$	输入	邻接矩阵	$\boldsymbol{A}_Z$	中间变量	状态统计矩阵
$item\theta$	输入	采样次数	$state(S,I)$	中间变量	节点状态为 S 或 I
$\alpha\in(0,1]$	输入	感染率	$rand$	中间变量	介于 0 和 1 之间均匀生成的随机数
$\beta\in(0,1]$	输入	恢复率	P_{ij}	中间变量	加权网络的感染率
max-it	输入	最大迭代次数	$.\boldsymbol{A}_S$	输出	影响力矩阵

有向加权 CN 中目标节点的感染率可以通过下式计算得出：

$$P_{ij}=\alpha\times\frac{w_{ij}}{S_{in}(j)} \tag{3.18}$$

式中，P_{ij} 是节点 j 被节点 i 传染的概率，α 是节点 i 对邻居节点的传染率，w_{ij} 是节点 i 到 j 的权重之和，$S_{in}(j)$ 是网络中其他节点到节点 j 的入权之和。SIR 的仿真流程为：

(1)所有节点的初始状态定义为 S 。

(2)统一生成一个介于 0 到 1 之间的随机数。假设随机数落在区间 $[0,P_{ij})$ 之外，相邻的节点将被感染，导致状态从 S 转换为 I 。

(3)启动此过程的节点的状态将更改为 R ，并且不再感染其他节点或被感染。

(4)连续重复上述步骤，直到所有被感染的节点都尝试以 I 状态感染其相邻节点。

(5)继续重复上述步骤，直到 CN 中没有可以感染的节点，或者所有节点都已被感染。

可通过影响力矩阵 $\boldsymbol{A}_S$ 来获得基于 SIR 模型的节点 i 在一定 (α,β) 下的传播范围，计算公式如下：

$$\Omega(i)=\sum_{j\in V}(a_S)_{ij}+\sum_{j\in V}(a_S)_{ji} \tag{3.19}$$

式中，a_S 是 $\boldsymbol{A}_S$ 的元素，$\sum_{j\in V}(a_S)_{ij}$ 是被节点感染 i 的节点总数，而 $\sum_{j\in V}(a_S)_{ji}$ 代表节点 i 被其他节点感染的总数。

如前所述，对于 SIR 仿真，目标节点的重要度可以用 (α,β) 下节点的影响力表征，边缘权重可以通过邻居节点间边的重数确定。现有研究中，(α,β) 的取值范围是模糊的，因此，很难确定唯一的节点重要度，受统计物理学系综平均的启发，可以根据图 3-8 所示的方法计算节点的重要度值。

如图 3-8 所示，将已开发的 CN 中的节点 i 设置为目标节点，以 (α_p,β_q) 表示其特征作为 SIR 模型的输入参数，其中 $p=1,2,\cdots,n;q=1,2,\cdots,m$。通过模拟 SIR

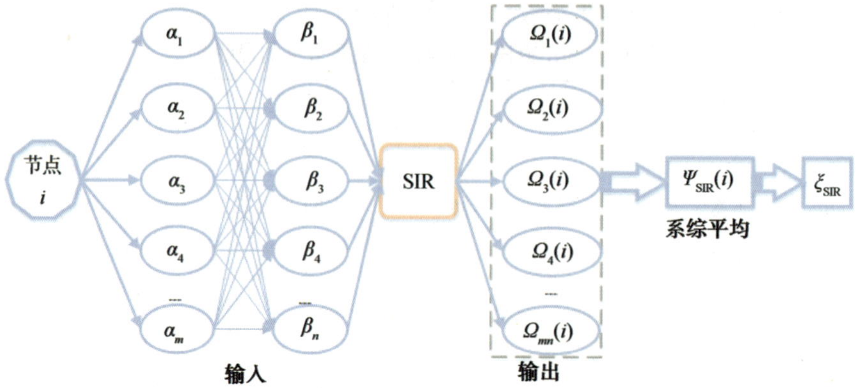

图 3-8　基于 SIR 计算节点重要度值的技术路线

模型获得的目标节点在每组 (α_p, β_q) 下的传播指数，记为 $\Omega_k(i)$，其中 $k=1,2,\cdots,n\times m$。在 SIR 进行了 $n\times m$ 次模拟之后，可以得到一组传播指数。在本节中，$\Omega_k(i)$ 为考虑目标节点每次被感染时感染其他节点和被其他节点感染的两种情况后的综合统计结果。

在本节中，基于 SIR 的节点的风险传播指数近似等于最接近于节点中所有重要度的值，可采用最小二乘法用于解决该问题。定义距离函数：

$$f[\Psi_{SIR}(i)] = [\Psi_{SIR}(i) - \Omega_1(i)]^2 + [\Psi_{SIR}(i) - \Omega_2(i)]^2 + \cdots + [\Psi_{SIR}(i) - \Omega_{n\times m}(i)]^2 \tag{3.20}$$

当且仅当：

$$\Psi_{SIR}(i) = \frac{\sum_{k=1}^{n\times m} \Omega_k(i)}{n\times m} \tag{3.21}$$

$f[\Psi_{SIR}(i)]$ 可以取得最小值。可以通过对每个节点的等级进行排序来获得相应的重要度级别序列号，用 ξ_{SIR} 表示。

第4章 船员不安全行为与状态的动态演化案例分析

4.1 基于船舶搁浅事故的案例分析

4.1.1 基于船舶搁浅事故的有向加权复杂网络

通过对海上交通事故调查报告的初步筛选与整理，得到共计 60 份船舶搁浅事故调查报告。首先，从每份船舶搁浅事故调查报告中识别出一个触发事件，并通过 ETA 确定从触发事件开始到船舶搁浅事故发生的过程中的一系列促成事件。所有事件都被视为 CN 中的节点，各事件之间的逻辑关系被视为有向边，最终形成了船舶搁浅事故的复杂网络拓扑结构，如图 4-1 所示。

利用 ETA 方法共提取到 57 个节点和 246 条有向边，包括 1 个顶级事件、48 个促成事件和 8 个触发事件，详细分类情况如表 4-1 所示。

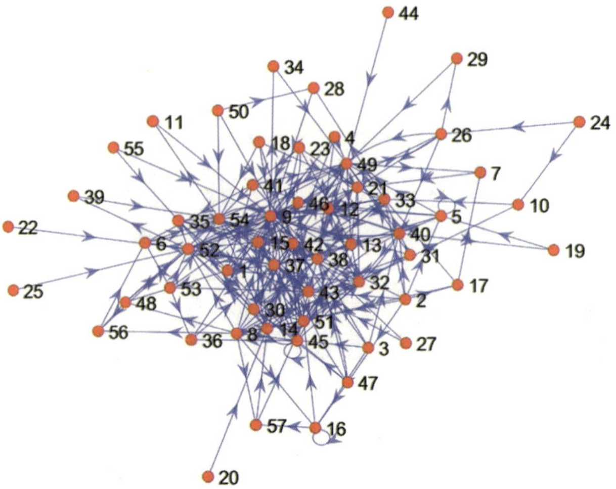

图 4-1　船舶搁浅事故的复杂网络拓扑结构图

表 4-1　船舶搁浅事故复杂网络中的节点名称及分类

类别	节点
顶级事件	[13]搁浅
促成事件	[18]交通流密度大
	[3]不熟悉航道环境
	[17]驾驶台资源未充分利用
	[53]助航系统报警功能被禁用
	[2]适任能力不足
	[1]安全意识淡薄
	[48]酗酒或值班作业前 4 h 内饮酒
	[8]船上管理松散
	[36]未保持报警系统处于常开工作状态
	[12]风浪
	[10]船舶破损
	[11]对转向速率未做充分估计
	[19]靠泊抛锚速度太高
	[28]态势感知丧失
	[34]未及时在纸质海图上标绘船位
	[39]未对转向做准备工作
	[29]未通知船长
	[7]船上通信工具选择错误
	[4]不清楚船舶位置
	[46]未充分履行停泊值班安全职责
	[57]值班人员未及时核对计划航线

续表

类别	节点
	[56]值班人员擅自离开驾驶台 [26]设备故障 [31]未采用安全航速 [16]航线计划不当 [47]未尽到特殊情况下要求的戒备责任 [23]其他类型的值班疏忽 [41]未安排瞭望人员 [6]船舶无人值守 [21]漂航 [5]船舶走锚靠泊失败/偏离正常泊位 [37]未及早地采取有效的避碰行动 [30]未保持正规瞭望 [52]值班疏忽(从事与值班无关的工作) [35]未严格执行计划航线 [32]未遵循海员通常做法/习惯航法 [14]过度依赖助航仪器 [15]忽视报警事件或警告 [33]未控制好船位 [40]未充分估计当前环境对船舶操纵的影响 [43]未充分利用助航仪器 [45]未重视可疑事件 [51]值班人员未按规定核对航向/船位 [38]未发现潜在风险 [42]未能对当时危险局面做出充分估计 [9]船舶偏移 [49]应急处置措施不当 [54]转向时机不对/错过
触发事件	[20]能见度不良 [25]身体不适 [44]未配备设备资源 [22]疲劳 [55]盲目自信 [24]设备维护保养不足 [27]通航环境复杂 [50]压力

4.1.2 拓扑特征分析

根据 Boccaletti 等[80]提出的复杂网络理论，如图 4-1 所示的有向加权 CN 被归类为稀疏图($57<<180^2$)。本节对搁浅事故的有向 CN 进行度分布 $P(d)$ 和权分布 $P(w)$ 的计算分析。有关度如何在节点之间分布的信息可以通过计算分布函数的一阶矩来获得，该一阶矩称为平均入度 $\langle d_{in}\rangle$ 和平均出度 $\langle d_{out}\rangle$，计算公式为：

$$\langle d_{in}\rangle = \sum_{d_{in}} d_{in}p(d_{in}) = 4.316 \tag{4.1}$$

$$\langle d_{out}\rangle = \sum_{d_{out}} d_{out}p(d_{out}) = 4.316 \tag{4.2}$$

同样，可以通过以下方式获得包括平均入权和平均出权在内的平均权：

$$\langle w_{in}\rangle = \sum_{w_{in}} w_{in}p(w_{in}) = 0.108\ 9 \tag{4.3}$$

$$\langle w_{out}\rangle = \sum_{w_{out}} w_{out}p(w_{out}) = 0.108\ 9 \tag{4.4}$$

根据式(4.1)~式(4.4)的结果，所开发的有向 CN 的入度和入权的平均值均等于出度和出权的平均值，表明该 CN 拓扑有助于控制人为因素风险的传播。然后，在获得了 CN 中涉及的所有节点的度和权分布信息之后，分别绘制如图 4-2 和图 4-3 所示的 CN 的度分布图 $P(d_{in},d_{out})$ 和权分布图 $P(w_{in},w_{out})$，其中 $P(d_{in},d_{out})$ 表示随机 CN 中选择的节点具有出度为 d_{out} 和入度为 d_{in} 的概率，可以以此类比权分布图的含义。

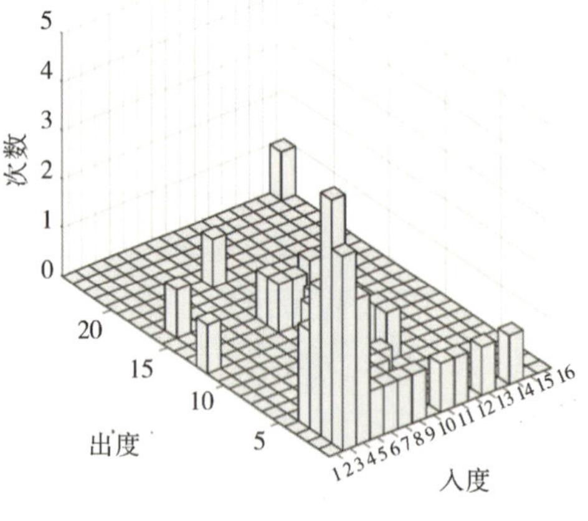

(a) CN的度分布

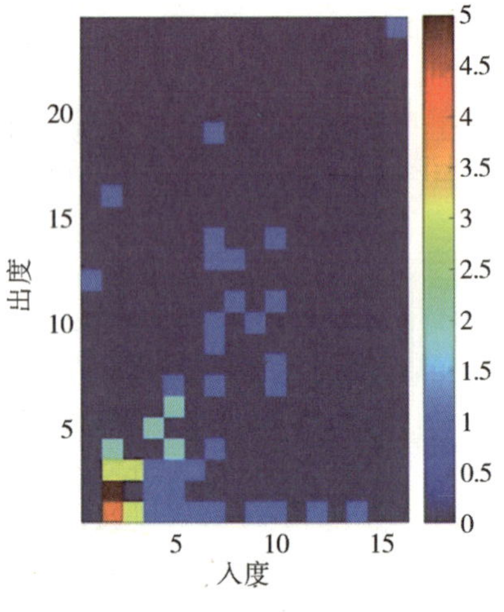

(b) 度分布图

图 4-2　CN 的度分布图(船舶搁浅事故)

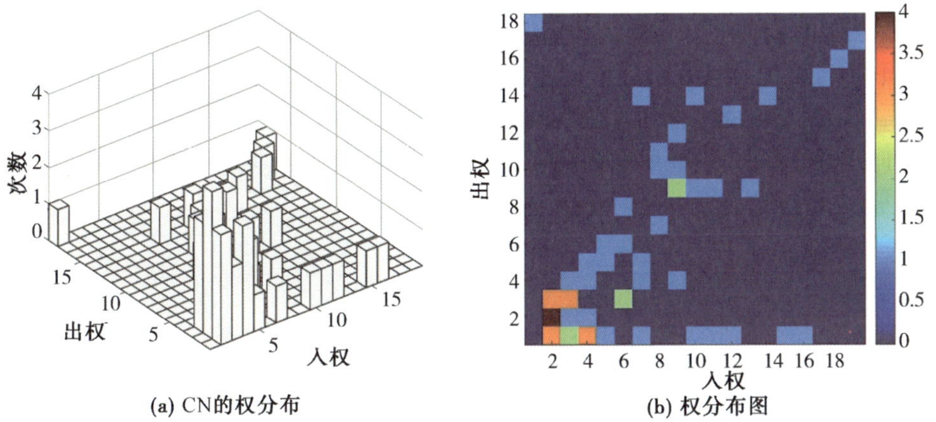

图 4-3　CN 的权分布图(船舶搁浅事故)

大多数节点的入度和出度均小于 4,具有 $d_{out}=2$ 和 $d_{in}=1$ 的节点占节点总数的近 25%。权重的分布,大多数节点都集中于 $1<w_{in}<4$ 区域。

4.1.3　节点重要度评估

针对船舶搁浅事故,基于本书第 3.3 节提出的节点重要度计算模型,利用 MATLAB 开发算法代码,可以得到船舶搁浅事故有向 CN 中节点的风险重要度,表 4-2 中列出了重要度排名前 10 位和后 10 位的风险事件。

表 4-2　重要度排名前 10 位和后 10 位的风险事件(搁浅事故)

前 10 位			后 10 位		
ξ_{SIR}	节点代码	$\Psi_{Ki}(i)$	ξ_{SIR}	节点代码	$\Psi_{Ki}(i)$
57	[54]	1.000 0	1	[20]	0.224 2
56	[49]	1.000 0	2	[25]	0.224 2
55	[9]	1.000 0	3	[44]	0.224 2
54	[42]	0.968 6	4	[22]	0.225 1
53	[38]	0.968 6	5	[55]	0.226 7
52	[51]	0.937 2	6	[24]	0.228 4
51	[45]	0.937 2	7	[27]	0.228 4
50	[43]	0.937 2	8	[50]	0.230 9
49	[40]	0.937 2	9	[18]	0.236 8
48	[33]	0.937 2	10	[3]	0.240 3

可以发现,重要度排名前 10 位的风险事件都属于促成事件。因此,尽管在大

多数情况下,触发事件是造成船舶搁浅事故的直接原因,对重要度更高的促成事件进行有效管控可以阻止风险的传播,从而减少船舶搁浅事故的发生。然而,根据表4-1可以看出,船舶搁浅事故中重要度排名后10位的风险事件几乎被归类为触发事件,除了属于促成事件的“[18]交通流密度大”“[3]不熟悉航道环境”。结果表明,即使触发事件是造成船舶搁浅事故发生的原因,但对此类风险事件实施风险管理可能收效甚微。

4.1.4 节点敏感性分析

通过SIR模型模拟风险在CN中的船舶情况,并从CN全局以及单个节点这两个层级实施敏感性分析。具体来说,假定从被感染节点到易感节点的感染概率P_{ij}是关于α和w的函数,将α和β都设置为[0.1,1],且间隔为0.02。对于每个节点,对已开发的SIR模型进行1 000次仿真,直到遍历CN中的所有节点为止,结果是从已开发的CN中抽取了10^7次样本,这足以确保结果的可靠性。

SIR模拟结果如图4-4所示。Φ_{SIR}表示在不同的α和β下CN整体的风险连通性,在下文中,Φ_{SIR}越大表示已开发CN的风险传播能力越强。可以发现,Φ_{SIR}与α和β都没有线性关系。α和β的变化趋势在空间中发生了扭曲,表明节点对α和β的敏感度各不相同。此外,只有当α越来越大且β越来越小时,节点才能达到活跃的状态,网络才会具有更好的连通性,也就是说,在风险事件严重且难以纠正的情况下,CN中的风险传播程度将会持续增加。

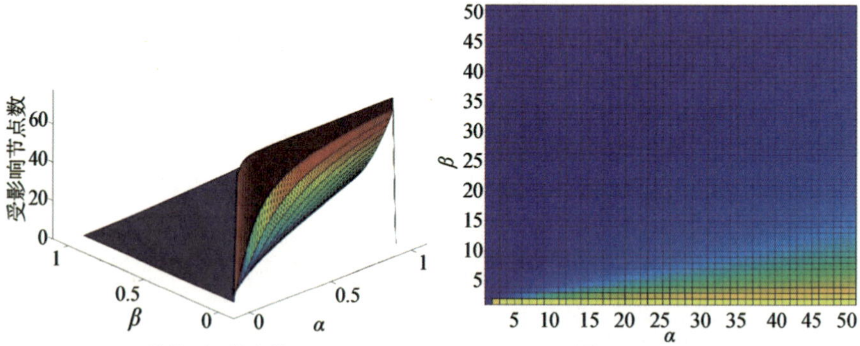

(a) Φ_{SIR}随着α和β的变化　　(b) Φ_{SIR}随着α和β的变化(二维映射)

图4-4　开发的定向CN的全局特征(船舶搁浅事故)

当β趋向于0时,即使α极低,也会有一些活跃的节点。具体而言,在CN中存在一类促成事件,如果不采取安全对策,这些事件将导致风险在CN中的持续传播,这证明了人为干预在风险管理和控制中的关键作用。此外,大多数活跃的节点集中于图的右侧或底部,这表明只有在$0 \leqslant \beta \leqslant 0.15$时风险才可能传播到整个CN中,并且CN的目标节点的状态将随着风险的增大而变得更加活跃,即风险传播能力将变得更强。

（1）目标节点对 α 的敏感度分析

为了研究 α 对目标节点的重要度的影响，本节将 β 设置为 0.1 来模拟风险的传播过程，其结果如图 4-5 所示，以 α 所在的轴为 X 轴，以节点重要度排序所在的轴为 Y 轴，以重要度值所在的轴为 Z 轴。根据图 4-5(a)，目标节点的重要度与 α 和 ξ_{SIR} 存在非线性正相关性。位于内层的较高 α 的节点对于风险传播起到更为关键的作用。沿 Y 轴出现的抖动表明节点的重要度在 α 不同的情况下可能会发生变化，并且 Ψ_{SIR} 不会按照 ξ_{SIR} 的顺序均匀增加。此外，可以观察到沿着 X 轴也存在抖动的现象，这是在 $\beta=0.1$ 的情况下通过 SIR 模拟得出的。从理论上讲，出现的抖动数量应尽可能少，并且在理想状态下不会出现抖动。为了进一步探究图中的抖动现象，将图 4-5(a) 投影到 Y–Z 轴上得到图 4-5(b)。从图 4-5(b) 可得，即使存在抖动，SIR 模型的性能也相对稳定。探究图中对每个节点（总共 57 个节点）的重要度的影响，即 Ψ_{SIR} 和 α 之间的关系。在感染率 α 较小的情况下，不同节点之间的关键

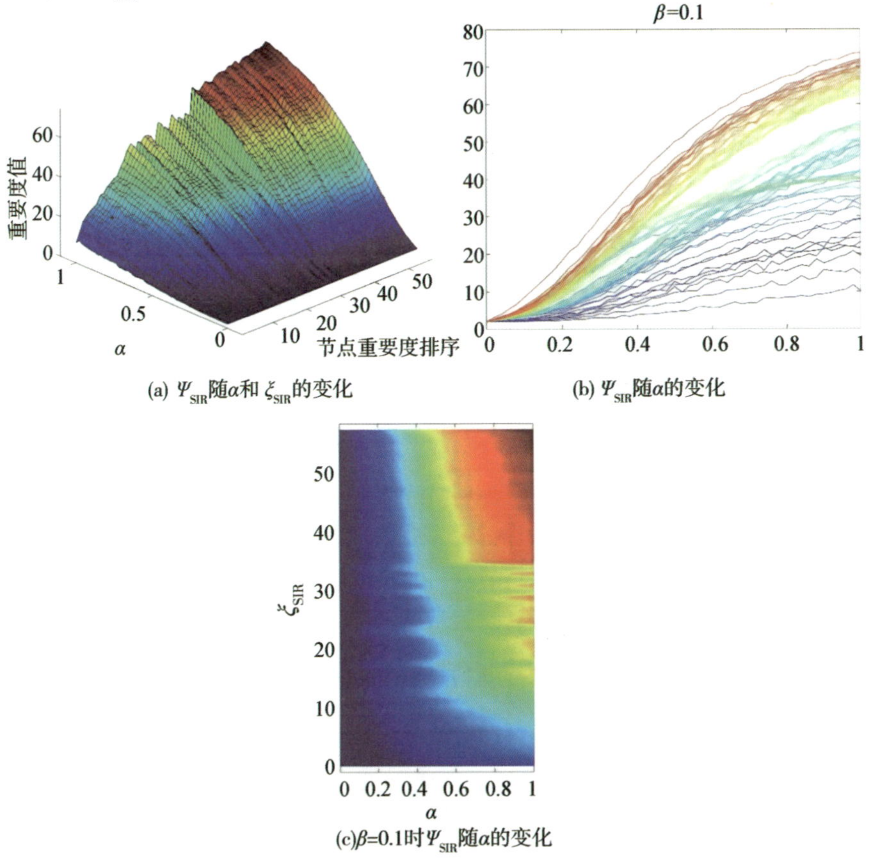

(a) Ψ_{SIR} 随 α 和 ξ_{SIR} 的变化

(b) Ψ_{SIR} 随 α 的变化

(c) $\beta=0.1$ 时 Ψ_{SIR} 随 α 的变化

图 4-5　不同场景下节点的重要度对 α 的敏感性分析结果（船舶搁浅事故）

性差异相对较弱，但是，随着感染率的增加，上述差异将变得非常明显，需要引起足够的重视。因此，在触发事件开始传播风险初期，必须及时控制由触发事件引发的促成事件的数量，否则船舶搁浅事故的可能性将增大。另外，感染率与重要度之间的关系是非线性的，这意味着 α 的变化会对目标节点的风险传播能力产生很大影响。

在本节中，目标节点的风险传播能力是通过节点的敏感性和重要度来综合评估的，因此，通过模拟变量为 α 和 ξ_{SIR} 的 SIR 模型可以获得风险传播能力，其结果如图 4-5(c)所示，其中颜色表示风险传播能力，红色为高风险传播能力，蓝色为低风险传播能力。通常，如果 α 的值很低，则可以有效地阻止风险传播过程。另外，无论“能见度不良”“身体不适”“未配备设备资源”的值如何，此类节点的风险传播能力始终保持在较低水平。但是，在某些情况下，必须特别注意某些节点，例如“未转向时机不对/错过”“应急处置措施不当”“船舶偏移”可能导致船舶搁浅事故的发生。

考虑 $\beta=0.2$ 和 $\beta=1$ 这两种情况，以分别探究目标节点的风险传播能力。SIR 模型的仿真结果如图 4-6 所示。当 $\beta=0.2$ 时，目标节点的敏感性和重要度并不总与感染率 α 的变化相一致。例如，“设备故障”事件和“航线计划不当”事件具有很高的重要度，而敏感性相对较低。另一个重要发现是，恢复率 β 的提高可以大大降低目标节点的风险传播能力。另外，某些节点的风险传播能力在 α 开始增大的情况下很容易提高，例如，ξ_{SIR} 编码为[12]、[13]、[18]和[34]的事件。

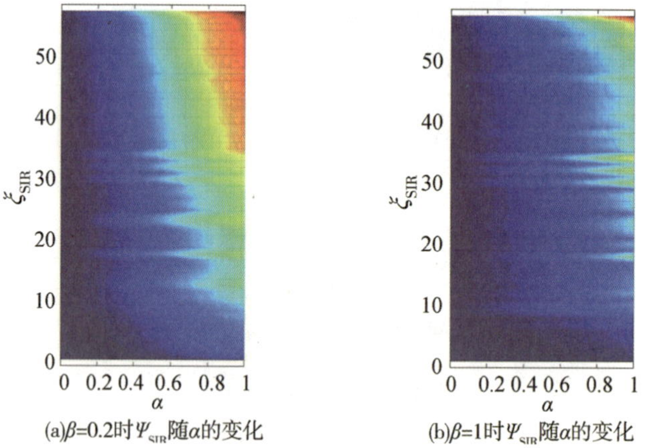

(a)β=0.2时Ψ_{SIR}随α的变化　　(b)β=1时Ψ_{SIR}随α的变化

图 4-6　不同 β 下的风险传播情况(船舶搁浅事故)

(2)目标节点对 β 的敏感性分析

类似地，在假设 α 恒定的情况下，研究 β 对 CN 中每个节点的风险传播能力的影响。以 $\alpha=1$ 为例，节点级别对 β 的敏感性分析如图 4-7 所示，以 β 所在的轴为 X 轴，以节点重要度排序所在的轴为 Y 轴，以受影响节点数所在的轴为 Z 轴。根据图

4-7(a)的内容,可以观察到,大多数具有较小 β 的节点具有较高的风险传播能力。可以明显注意到,即使 β 值持续减小,甚至趋近于 0,ξ_{SIR} 编码为[18]、[24]、[25]和[30]等的目标节点的风险传播能力也将达到一定程度的饱和,即使没有人为干预,这些风险事件也很难触发严重后果或船舶搁浅事故。因此,分别设置 $\alpha=1$、$\alpha=0.3$ 和 $\alpha=0.7$,将图 4-7(a)投影到 $X-Y$ 轴上,可得到图 4-7(b)~(d)。

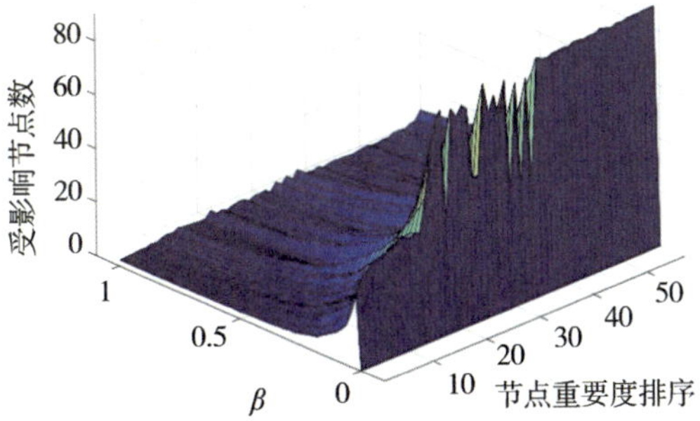

(a)Ψ_{SIR}随β和ξ_{SIR}的变化

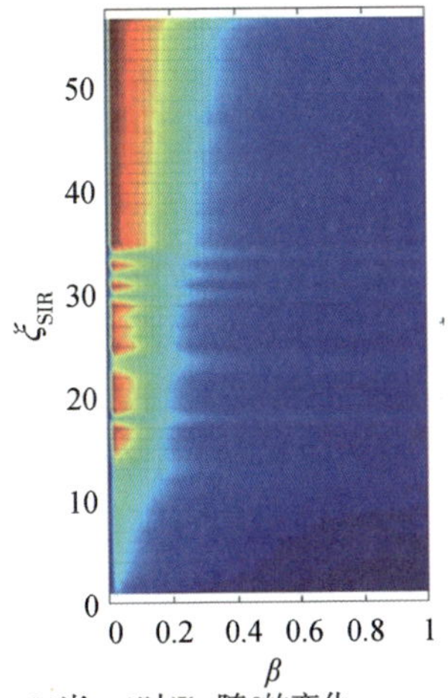

(b)当$\alpha=1$时Ψ_{SIR}随β的变化

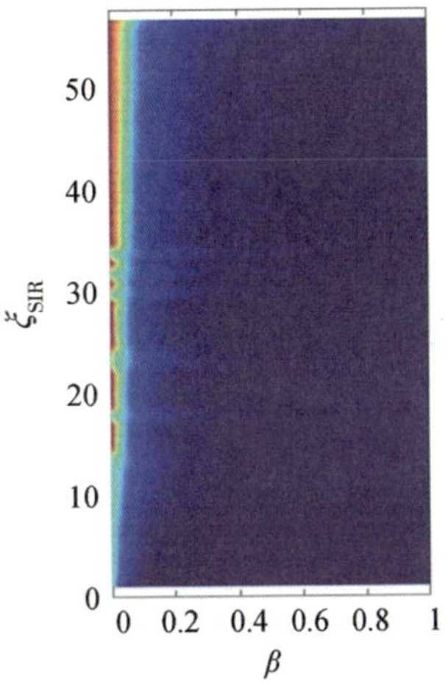

(c)当$\alpha=0.3$时Ψ_{SIR}随β的变化

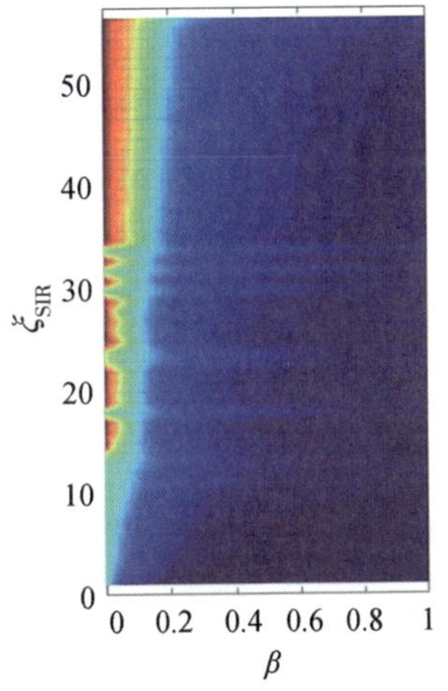

(d)当$\alpha=0.7$时Ψ_{SIR}随β的变化

图 4-7 节点级别对 β 的敏感性分析(船舶搁浅事故)

从图 4-7 可以直观地得出,由 ξ_{SIR} 编码的目标节点,例如[30]、[32]和[34],具有高重要度和低风险传播能力的异常特征,这是由于此类节点的敏感性低。对于不同 α,重要度排名前 21 个目标节点对 β 表示出高度的敏感性,表明对这些节点进行风险管控极为有效。另外,将如图 4-7 所示的结果与如图 4-6 所示的结果进行比较,可以总结出灵敏度低的目标节点大部分重叠,并且无论 α 或 β 如何变化,通过运行 SIR 仿真确定的异常节点都是一致的。这是由于所开发的 CN 涉及的节点的敏感性是不同的，并且 α 和 β 两个参数间高度耦合。

根据上述船舶搁浅事故的案例分析结果，针对船员不安全行为与状态的有效管控，提出以下建议：

①针对搁浅事故，建立船员不安全行为与状态检查表。根据船舶搁浅事故案例分析结果，将风险事件按重要度进行排序，为船上的船员提供船员不安全行为与状态检查表，以便船员进行自我监测。此外，基于船员不安全行为与状态动态演化分析模型，对船员不安全行为耦合风险及传播过程进行动态评估，不断更新船员不安全行为与状态检查表，以保证该表的时效性。

②提供系统化教育和培训。船公司需要提供系统化的安全教育，提高安全意识，确保船员熟练掌握《国际海上避碰规则》(International Regulations for Preventing Collisions at Sea，COLREGS)和 STCW 公约，全面了解公司安全管理体系内容。定期安排船员进行航行安全操作考核。船公司应该有计划地组织船上安全培训活动，重点培训船员的应急响应能力以及对助航仪器的使用。船上的培训记录应由公司安全主管检查，并通过实践演练定期评估培训质量。

③构建船员不安全行为监测预警系统。船员不安全行为的出现具有不确定性并可能造成严重后果，及时发现并阻断不安全行为传播对保障航行安全至关重要。研究建议在驾驶舱建立并安装智能监控系统，实现对值班人员的实时监控，并在监测到不安全行为与状态时及时发出警告，例如，船员转向时机不对、值班人员未按规定核对航向/船位，以及船舶发生偏移时。船公司的技术人员需要定期检查和维护船员不安全行为与状态监测预警系统。

4.2 基于船舶碰撞事故的案例分析

4.2.1 基于船舶碰撞事故的有向加权复杂网络

基于收集整理的 225 份船舶碰撞事故调查报告，利用 ETA 方法，最终形成了针对船舶碰撞事故的复杂网络，其拓扑结构如图 4-8 所示。

该网络结构由 56 个节点和 323 条有向边组成，包括 1 个顶级事件、45 个促成事件和 10 个触发事件，详细分类情况如表 4-3 所示。

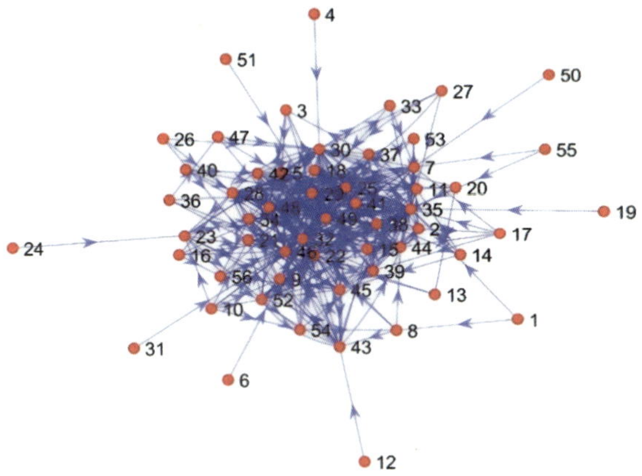

图 4-8 船舶碰撞事故的复杂网络拓扑结构图

表 4-3 船舶碰撞事故复杂网络中的节点名称及分类

类别	节点
顶级事件	[22]碰撞
促成事件	[31]未配备设备资源 [26]通航环境复杂 [40]未通知船长 [20]疲劳 [14]驾驶台团队沟通协调不当 [15]教育培训不足 [18]能见度不良 [10]风浪 [2]适任能力不足 [13]忽视报警事件或警告 [33]未按要求交接班 [36]避碰行动时机不对/错过 [47]未严格执行计划航线 [27]未重视可疑事件 [53]值班水手操舵失误 [3]不清楚船舶位置 [8]船舶作业时未穿戴好防护用品 [56]走锚靠泊失败/偏离正常泊位 [54]走锚 [17]锚泊位置选择不当 [11]过度依赖助航仪器 [25]态势感知丧失 [21]偏离既定航道/航线

续表

类别	节点
	[23]设备故障 [38]未正确显示号灯号型 [39]未充分履行停泊值班安全职责 [49]未保持报警系统处于常开工作状态 [34]未遵循海员通常做法/习惯航法 [9]船舶偏移 [37]未充分利用助航仪器 [45]未充分估计当前环境对船舶操纵的影响 [43]未控制好船位 [52]应急处置措施不当 [5]船舶间沟通协调不畅 [42]未遵守船舶在互见中的行动规则 [7]船上缺少指导监督 [48]未遵守能见度不良下的行动规则 [44]未遵守狭水道等特殊水域航行规则 [28]未尽到特殊情况下要求的戒备责任 [30]未采用安全航速 [29]未及早地采取有效的避碰行动 [35]未保持正规瞭望 [46]未发现潜在风险 [32]未能对当时危险局面做出充分估计 [41]未正确发出声响和灯光信号
触发事件	[4]不熟悉航道环境 [6]船岸沟通不畅 [12]货物条件问题 [50]酗酒或值班作业前 4 h 内饮酒 [51]压力 [19]配员数量不足 [24]设备维护保养不足 [1]安全意识淡薄 [55]盲目自信 [16]交通流密度大

4.2.2 拓扑特征分析

本节对碰撞事故的有向 CN 进行度分布 $P(d)$ 和权分布 $P(w)$ 的计算分析。有关度如何在节点之间分布的信息可以通过计算分布函数的一阶矩来获得，该一

阶矩称为平均入度 $\langle d_{in} \rangle$ 和平均出度 $\langle d_{out} \rangle$，计算公式为：

$$\langle d_{in} \rangle = \sum_{d_{in}} d_{in} p(d_{in}) = 5.768 \tag{4.5}$$

$$\langle d_{out} \rangle = \sum_{d_{out}} d_{out} p(d_{out}) = 5.768 \tag{4.6}$$

同样，可以通过以下方式获得包括平均入权和平均出权在内的平均权：

$$\langle w_{in} \rangle = \sum_{w_{in}} w_{in} p(w_{in}) = 0.102\ 7 \tag{4.7}$$

$$\langle w_{out} \rangle = \sum_{w_{out}} w_{out} p(w_{out}) = 0.102\ 7 \tag{4.8}$$

根据式(4.5)～式(4.8)的结果，所开发的有向 CN 的入度和入权的平均值均等于出度和出权的平均值，表明该 CN 拓扑有助于控制风险的传播。然后，在获得了 CN 中涉及的所有节点的度和权分布信息之后，分别绘制如图 4-9 和图 4-10 所示的 CN 的度分布图 $P(d_{in}, d_{out})$ 和权分布图 $P(w_{in}, w_{out})$，其中 $P(d_{in}, d_{out})$ 表示随机 CN 中选择的节点具有出度为 d_{out} 和入度为 d_{in} 的概率，可以以此类比权分布图的含义。

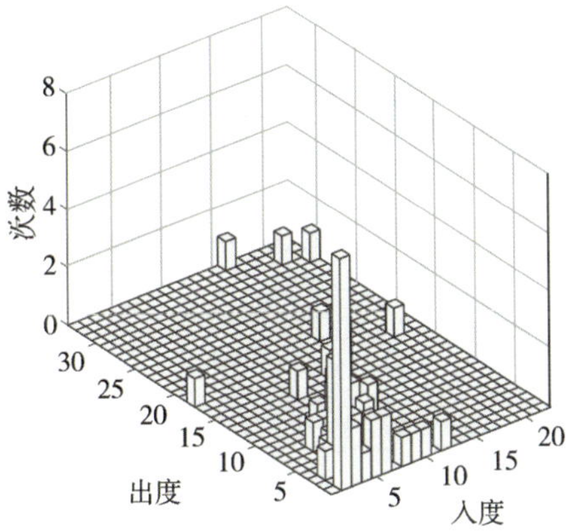

(a) CN的度分布

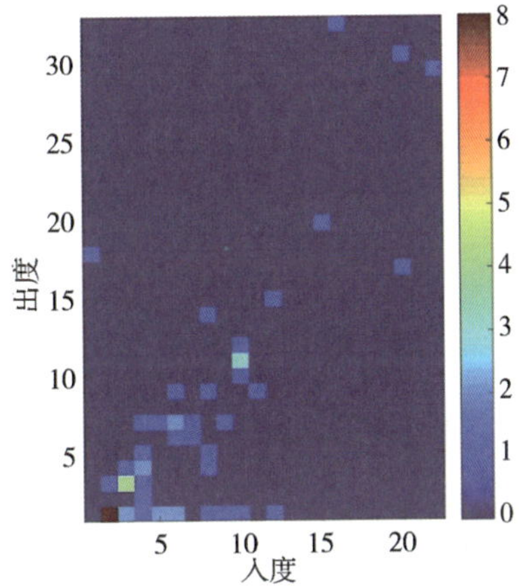

(b) 度分布图

图 4-9 CN 的度分布图(船舶碰撞事故)

大多数节点的入度和出度均小于 5，具有 $d_{out} = 3$ 和 $d_{in} = 2$ 的节点占节点总数的近 25%。权重的分布，大多数节点都集中于 $1 < w_{in} < 6$ 区域。

4.2.3 节点重要度评估

针对船舶碰撞事故，基于本书第 3.3 节中提出的节点重要度计算模型，利用 MATLAB 开发算法代码，可以得到船舶碰撞事故有向 CN 中节点的风险重要度，表 4-4 中列出了重要度排名前 10 位和后 10 位的风险事件。

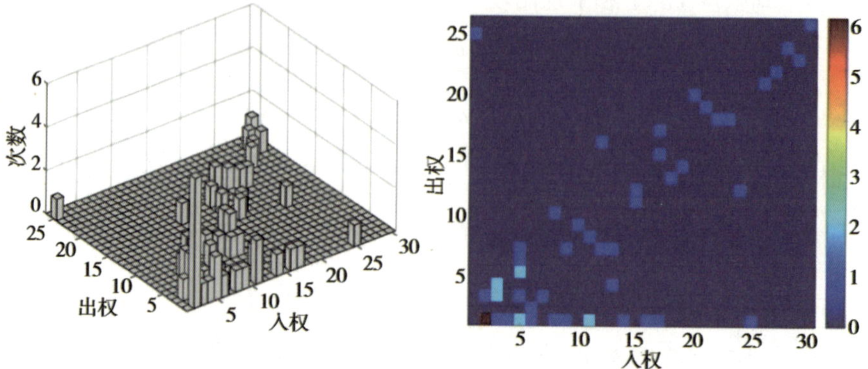

(a) CN的权分布　　(b) 权分布图

图 4-10　CN 的权分布图(船舶碰撞事故)

表 4-4　重要度排名前 10 位和后 10 位风险事件(船舶碰撞事故)

前 10 位			后 10 位		
ξ_{SIR}	节点代码	$\Psi_{Ki}(i)$	ξ_{SIR}	节点代码	$\Psi_{Ki}(i)$
40	[32]	1.000 0	1	[4]	0.214 4
39	[46]	0.942 1	2	[6]	0.214 4
38	[35]	0.942 1	3	[12]	0.214 4
37	[29]	0.942 1	4	[31]	0.214 4
36	[30]	0.884 3	5	[50]	0.214 4
35	[28]	0.797 5	6	[51]	0.214 4
34	[44]	0.710 7	7	[19]	0.214 4
33	[41]	0.703 7	8	[24]	0.214 5
32	[48]	0.674 1	9	[1]	0.214 7
31	[14]	2.106 8	10	[55]	0.240 3

可以发现,重要度排名前 10 位的风险事件都属于促成事件,因此,尽管在大多数情况下,触发事件是造成船舶碰撞事故的直接原因,对重要度更高的促成事件进行有效管控可以阻止风险的传播,从而减少船舶碰撞事故的发生。然而,根据表 4-4 中的节点的重要度排序结果,碰撞事故中重要度排名后 10 位的风险事件几乎被归类为触发事件,除了属于促成事件的“[31]未配备设备资源”。结果表明,即使触发事件是造成船舶碰撞事故发生的原因,但对此类风险事件实施风险管理可能收效甚微。

4.2.4 节点敏感性分析

通过 SIR 模型模拟风险在 CN 中的船舶情况,并从 CN 全局以及单个节点这两个层级实施敏感性分析。具体来说,假定从被感染节点到易感节点的感染概率 P_{ij} 是关于 α 和 w 的函数,将 α 和 β 都设置为[0.1,1],且间隔为 0.02。对于每个节点,对已开发的 SIR 模型进行 1 000 次仿真,直到遍历 CN 中的所有节点为止,结果是从已开发的 CN 中抽取了 10^7 次样本,这足以确保结果的可靠性。

SIR 模拟结果如图 4-11 所示。Φ_{SIR} 表示在不同的 α 和 β 下 CN 整体的风险连通性,在下文中,Φ_{SIR} 越大表示已开发 CN 的风险传播能力越强。可以发现,Φ_{SIR} 与 α 和 β 都没有线性关系。α 和 β 的变化趋势在空间中发生了扭曲,表明节点对 α 和 β 的敏感度各不相同。此外,只有当 α 越来越大且 β 越来越小时,节点才能达到活跃的状态,网络才会具有更好的连通性,也就是说,在风险事件严重且难以纠正的情况下,CN 中的风险传播程度将会持续增加。

如图 4-11(b)所示,当 β 趋向于 0 时,即使 α 极低时,都会有一些活跃的节点。具体而言,在 CN 中存在一类促成事件,如果不采取安全对策,这些事件将导致风险在 CN 中的持续传播,这证明了人为干预在风险管理和控制中的关键作用。此外,大多数活跃的节点集中于图的右侧或底部,这表明只有在 $0 \leqslant \beta \leqslant 0.2$ 时风险才可能传播到整个 CN 中,并且 CN 的目标节点的状态将随着风险的增加而变得更加活跃,即风险传播能力将变得更强。

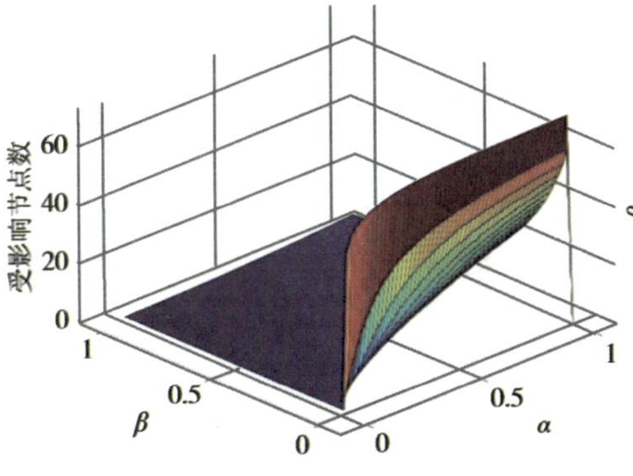

(a) Φ_{SIR}随着α和β的变化

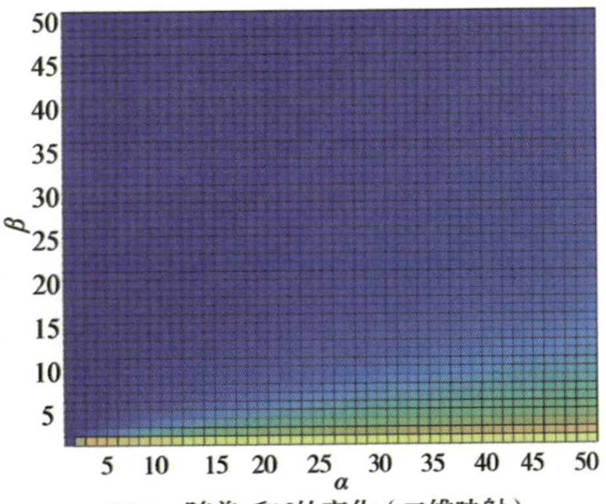

(b)Φ_{SIR}随着α和β的变化(二维映射)

图 4-11 开发的定向 CN 的全局特征(船舶碰撞事故)

(1)目标节点对 α 的敏感度分析

为了研究 α 对目标节点的重要度的影响,本节将 β 设置为 0.1 来模拟风险的传播过程,其结果如图 4-12 所示,以 α 所在的轴为 X 轴,以节点重要度排序所在的轴

为 Y 轴，以重要度值所在的轴为 Z 轴。目标节点的重要度与 α 和 ξ_{SIR} 存在非线性正相关性。位于内层的较高 α 的节点对于风险传播起到更为关键的作用。沿 Y 轴出现的抖动表明节点的重要度在 α 不同的情况下可能会发生变化，并且 Ψ_{SIR} 不会按照 ξ_{SIR} 的顺序均匀增加。此外，可以观察到沿着 X 轴也存在抖动的现象，这是在 $\beta=0.1$ 的情况下通过 SIR 模拟得出的。从理论上讲，出现的抖动数量应尽可能少，并且在理想状态下不会出现抖动。为了进一步探究图中的抖动现象，将图 4-12(a) 投影到Y-Z 轴上得到图 4-12(b)。从图 4-12(b) 可得，即使存在抖动，SIR 模型的性能也相对稳定。探究图中对每个节点(总共 56 个节点)的重要度的影响，即 Ψ_{SIR} 和 α 之间的关系。在感染率 α 较小的情况下，不同节点之间的关键性差异相对较弱，但是，随着感染率的增加，上述差异将变得非常明显，需要引起足够的重视。因此，在触发事件开始传播风险初期，必须及时控制由触发事件引发的促成事件的数量，否则船舶碰撞事故发生的可能性将增大。另外，感染率与重要度之间的关系是非线性的，这意味着 α 的变化会对目标节点的风险传播能力产生很大影响。

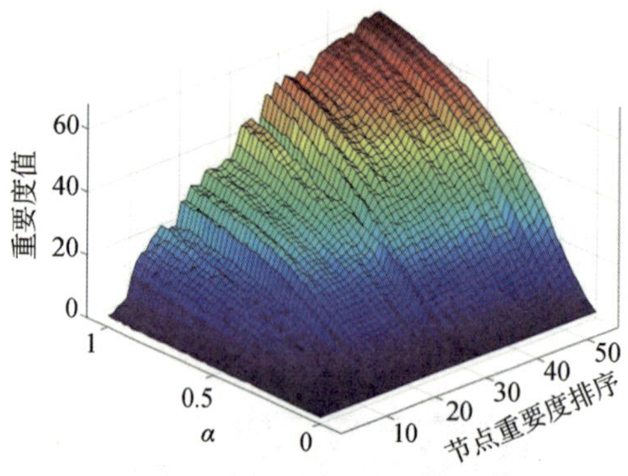

(a) Ψ_{SIR}随α和 ξ_{SIR}的变化

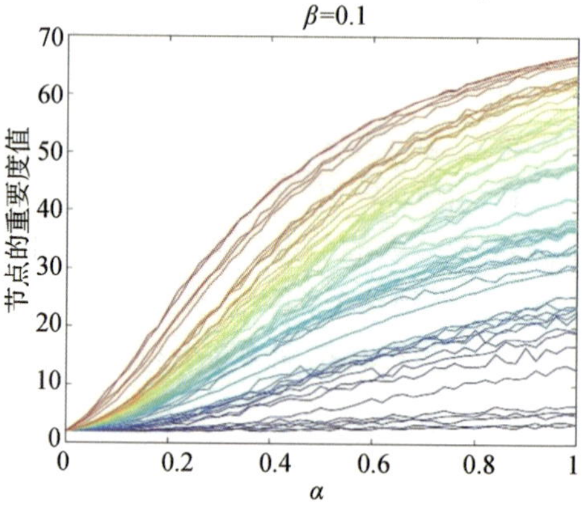

(b) Ψ_{SIR}随α的变化

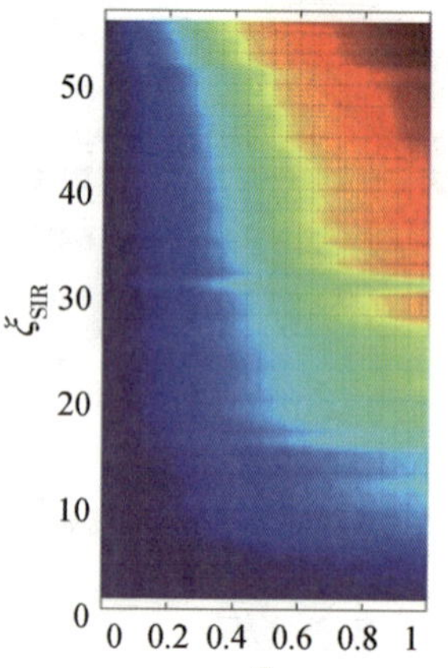

(c) β=0.1时Ψ_{SIR}随α的变化

图 4-12　不同场景下节点的重要度对 α 的敏感性分析结果(船舶碰撞事故)

在本节中，目标节点的风险传播能力是通过节点的敏感性和重要度来综合评估的，因此，通过模拟变量为 α 和 ξ_{SIR} 的 SIR 模型可以获得风险传播能力，其结果如图 4-12(c)所示，其中颜色表示风险传播能力，红色为高风险传播能力，蓝色为低风险传播能力。通常，如果 α 的值很低，则可以有效地阻止风险传播过程。另外，无论“不熟悉航道环境”“船岸沟通不畅”“货物条件问题”的值如何，此类节点的风险传播能力始终保持在较低水平。但是，在某些情况下，必须特别注意某些节点，例如“未发现潜在风险”“未保持正规瞭望”“未能对当时危险局面做出充分估计”可能导致船舶碰撞事故的发生。

本节考虑了 $\beta = 0.02$ 和 $\beta = 1$ 这两种情况，以分别探究目标节点的风险传播能力。SIR 模型的仿真结果如图 4-13 所示。当 $\beta = 0.02$ 时，目标节点的敏感性和重要度并不总是与感染率 α 的变化相一致。例如，“过度依赖助航仪器”事件和“偏离既定航道/航线”事件具有很高的重要度，而敏感性相对较低。通过比较图 4-13(a)和图 4-13(b)获得的另一个重要发现是，恢复率 β 的提高可以大大降低目标节点的风险传播能力。另外，某些节点的风险传播能力在 α 开始增大的情况下很容易提高，例如，ξ_{SIR} 编码为[31]、[55]和[56]的事件。

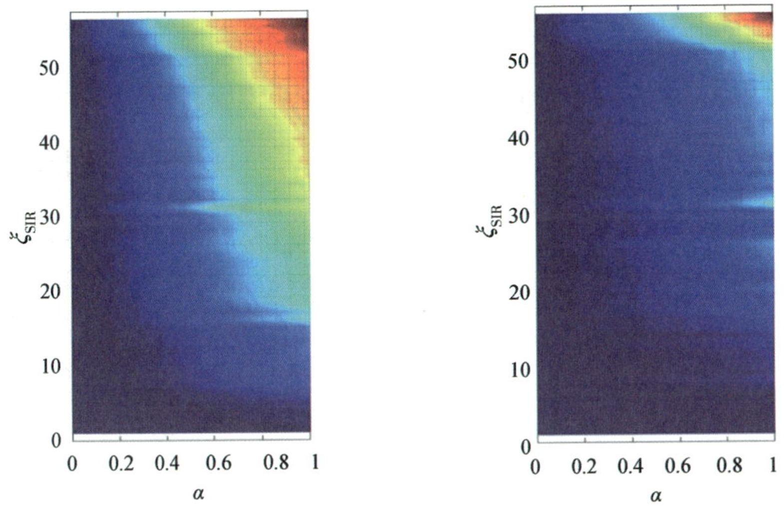

(a) β=0.02时Ψ_{SIR}随α的变化　　(b) β=1时Ψ_{SIR}随α的变化

图 4-13　不同 β 下的风险传播情况(船舶碰撞事故)

(2) 目标节点对 β 的敏感性分析

类似地，在假设 α 恒定的情况下，研究 β 对 CN 中每个节点的风险传播能力的影响。以 $\alpha = 1$ 为例，节点级别对 β 的敏感性分析如图 4-14 所示，以 β 所在的轴为 X 轴，以节点重要度排序所在的轴为 Y 轴，以受影响节点数所在的轴为 Z 轴。可以观察到，大多数具有较小 β 的节点具有较高的风险传播能力。可以明显注意到，即使 β 值持续减小，甚至趋近于 0，ξ_{SIR} 编码为[14]、[15]、[25]和[26]等的目标节点的风险传播能力也将达到一定程度的饱和，即使没有人为干预，这些风险事件也很难触发严重后果或船舶碰撞事故。因此，分别设置 $\alpha=1$、$\alpha=0.3$ 和 $\alpha=0.7$，将图 4-14(a)投影到 X-Y 轴上，可得到图 4-14(b)～(d)。

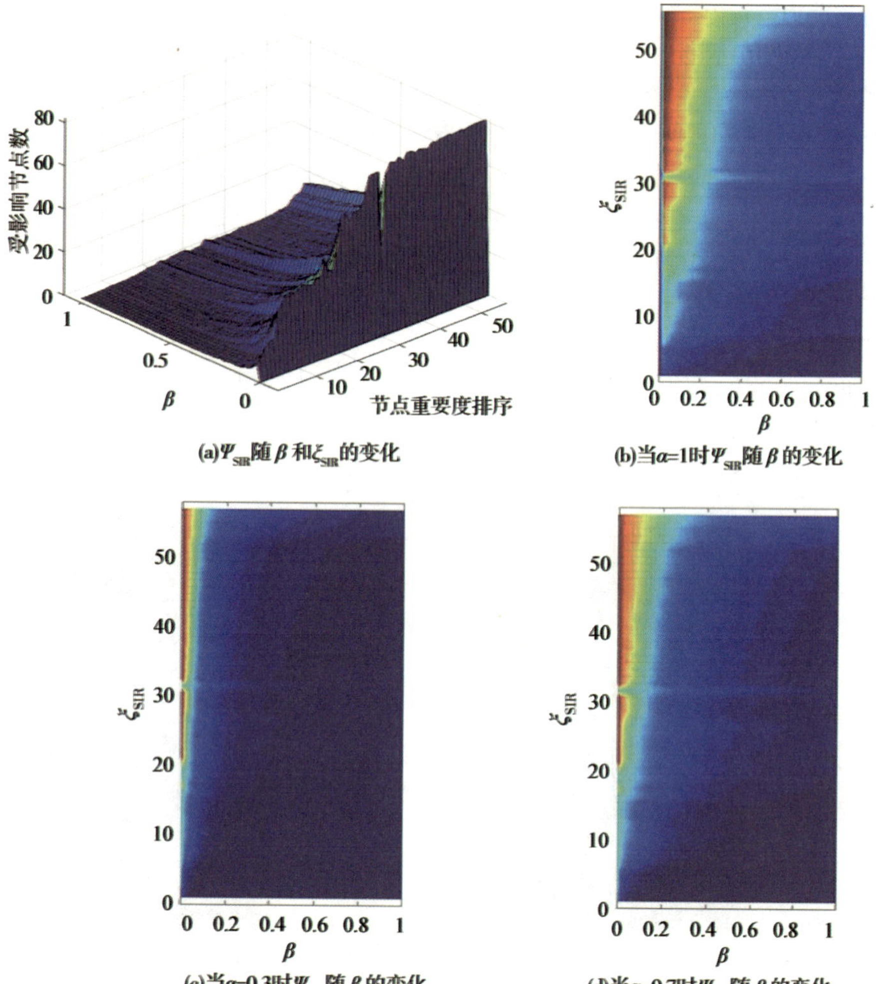

(a) Ψ_{SIR} 随 β 和 ξ_{SIR} 的变化

(b) 当 $\alpha=1$ 时 Ψ_{SIR} 随 β 的变化

(c) 当 $\alpha=0.3$ 时 Ψ_{SIR} 随 β 的变化

(d) 当 $\alpha=0.7$ 时 Ψ_{SIR} 随 β 的变化

图 4-14　节点级别对 β 的敏感性分析（船舶碰撞事故）

从图 4-14 可以直观地得出，由 ξ_{SIR} 编码的目标节点，例如[31]，具有高重要度和低风险传播能力的异常特征，这是由于此类节点的低敏感性。对于不同 α，重要度排名前 20 个目标节点对 β 表示出高度的敏感性，表明对这些节点进行风险管控极为有效。另外，将图 4-14(b)～(d)所示的结果与图 4-13(a)～(b)所示的结果进行比较，可以总结出灵敏度低的目标节点大部分重叠，并且无论 α 或 β 如何变化，通过运行 SIR 仿真确定的异常节点都是一致的。这是由于所开发的 CN 涉及的节点的敏感性是不同的，并且 α 和 β 两个参数间高度耦合。

根据上述船舶碰撞事故的案例分析结果，针对船员不安全行为与状态的有效管控，提出以下建议：

①针对船舶碰撞事故，建立船员不安全行为与状态检查表。根据碰撞事故案例分析结果，将风险事件按重要度进行排序，为船上的船员提供船员不安全行为与状态检查表，以便船员进行自我监测。此外，基于船员不安全行为与状态动态演化分析模型，对船员不安全行为耦合风险及传播过程进行动态评估，不断更新船员不安全行为与状态检查表，以保证该表的时效性。

②提供系统化教育和培训。船公司需要提供系统化的安全教育，提高船员安全意识和警戒意识，确保船员熟练掌握 COLREGS 和 STCW 公约，全面了解公司安全管理体系内容。定期安排船员进行海上避碰措施考核。船公司应该有计划地组织船上安全培训活动，重点培训船员在面临碰撞风险时的应对措施、能见度不良时的行动规则，以及声响灯光信号的使用方面的能力。船上的培训记录应由公司安全主管检查，并通过实践演练定期评估培训质量。

③加强监督检查制度。船公司需要建立严格的监督检查制度，确保监督责任明确，安全管理制度在船上得到有效落实。通过定期检查和抽查，提高检查力度。船上的安全管理人员应承担起监督指导船员进行安全操作的责任，及时纠正错误，减少不安全行为出现的次数。

④构建船员不安全行为与状态监测预警系统。船员不安全行为的出现具有不确定性并可能造成严重后果，及时发现并阻断不安全行为传播对保障航行安全至关重要。建议在驾驶舱建立并安装智能监控系统，实现对值班人员的实时监控，并在监测到不安全行为与状态时及时发出警告，例如，未保持正规瞭望、未采用安全航速，以及未正确发出声响和灯光信号等行为出现时。

4.3 基于船舶触碰事故的案例分析

4.3.1 基于船舶触碰事故的有向加权复杂网络

基于收集整理的 28 份船舶触碰事故调查报告，利用 ETA 方法，最终形成了船舶触碰事故的复杂网络，其拓扑结构如图 4-15 所示。

如图 4-15 所示的复杂网络由 40 个节点和 109 条有向边组成，包括 1 个顶级事件、29 个促成事件和 9 个触发事件，详细分类情况如表 4-5 所示。

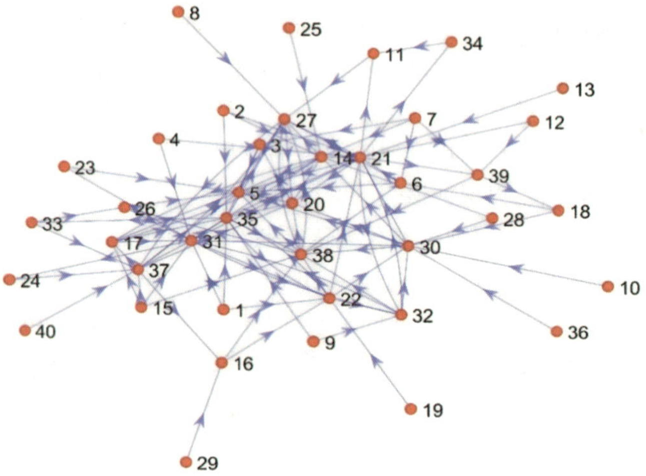

图 4-15　船舶触碰事故的复杂网络拓扑结构图

表 4-5　船舶触碰事故复杂网络中的节点名称及分类

类别	节点
顶级事件	[5]触碰
促成事件	[1]适任能力不足
	[3]船舶漂移
	[6]船舶剧烈横摇
	[7]风浪
	[11]离泊操纵方法不当
	[12]锚泊位置选择不当
	[14]偏离既定航道/航线
	[15]缺少安全培训
	[16]设备故障(失去动力)
	[17]值班人员未按规定核对航向、船位
	[18]未充分履行停泊值班安全职责
	[19]未重视可疑事件
	[20]未及早地采取有效的避碰行动
	[21]未充分估计当前环境对船舶操纵的影响
	[22]未能对当时危险局面做出充分估计
	[23]未保留足够的富裕净空高度通过大桥通航桥孔
	[24]未及早发现不能通过前方大桥
	[26]未正确发出声响和灯光信号
	[27]未控制好船位
	[28]未充分利用助航仪器
	[30]未发现潜在风险

续表

类别	节点
	[31]未保持正规瞭望 [32]未遵守船员通常做法/习惯航法 [33]未遵守船舶在能见度不良时的行动规则 [34]未采取拖船协助离泊安全措施 [35]未尽到当时特殊情况下所要求的戒备责任 [37]未采用安全航速 [38]应急处置措施不当 [39]走锚
触发事件	[2]不熟悉通航环境 [4]船岸沟通协调不当 [8]潮汐 [9]航线计划不当 [10]驾驶台沟通协调不当 [13]盲目自信 [25]未严格执行计划航线 [29]维护保养不足 [36]未配备设备资源

4.3.2 拓扑特征分析

本节对触碰事故的有向 CN 进行度分布 $P(d)$ 和权分布 $P(w)$ 的计算分析。有关度如何在节点之间分布的信息可以通过计算分布函数的一阶矩来获得，该一阶矩称为平均入度 $\langle d_{in} \rangle$ 和平均出度 $\langle d_{out} \rangle$，计算公式为：

$$\langle d_{in} \rangle = \sum_{d_{in}} d_{in} p(d_{in}) = 2.725 \tag{4.9}$$

$$\langle d_{out} \rangle = \sum_{d_{out}} d_{out} p(d_{out}) = 2.725 \tag{4.10}$$

同样，可以通过以下方式获得包括平均入权和平均出权在内的平均权：

$$\langle w_{in} \rangle = \sum_{w_{in}} w_{in} p(w_{in}) = 0.119 \tag{4.11}$$

$$\langle w_{out} \rangle = \sum_{w_{out}} w_{out} p(w_{out}) = 0.119 \tag{4.12}$$

根据式(4.9)~式(4.12)的结果，所开发的有向 CN 的入度和入权的平均值均等于出度和出权的平均值，表明该 CN 拓扑有助于控制风险的传播。然后，在获得了 CN 中涉及的所有节点的度和权分布信息之后，分别绘制如图 4-16 和图 4-17 所示的 CN 的度分布图 $P(d_{in}, d_{out})$ 和权分布图 $P(w_{in}, w_{out})$，其中 $P(d_{in}, d_{out})$ 表示随机 CN 中选择的节点具有出度为 d_{out} 和入度为 d_{in} 的概率，可以以此类比权分布图的含义。

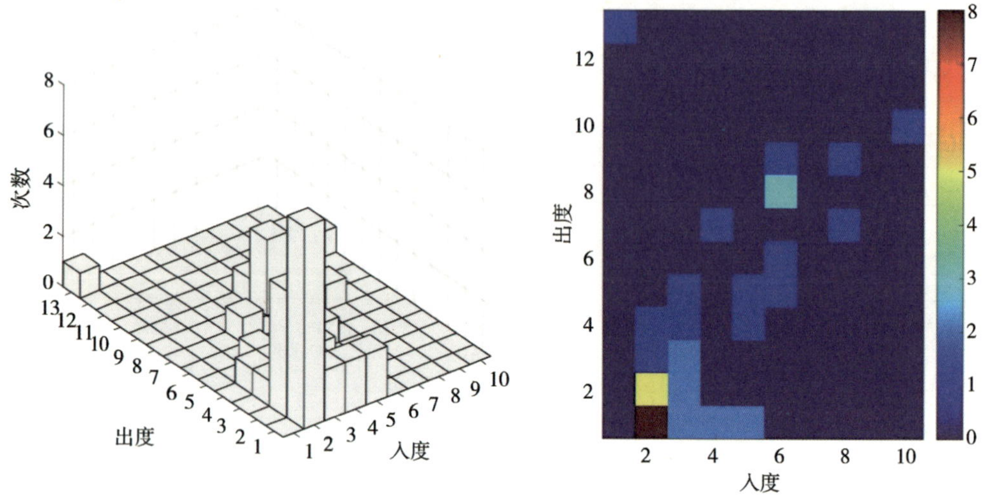

(a) CN的度分布　　(b) 度分布图

图 4-16　CN 的度分布图(船舶触碰事故)

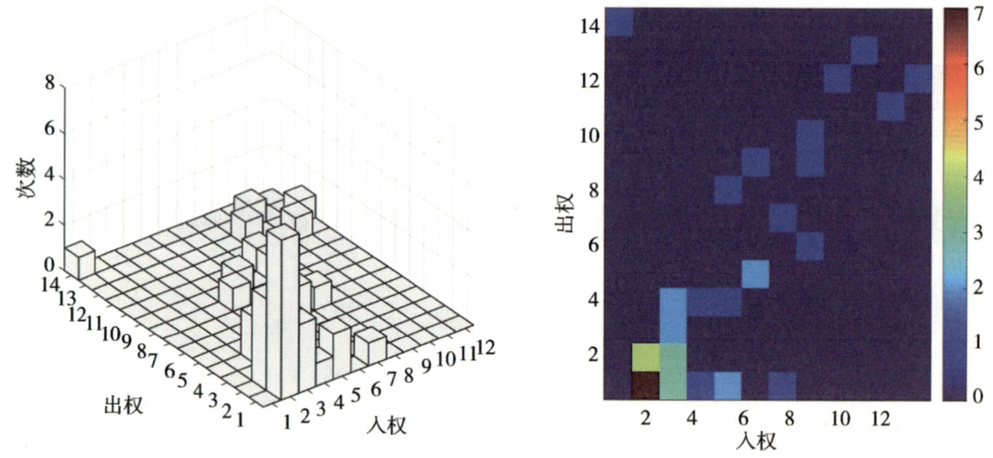

(a) CN的权分布　　(b) 权分布图

图 4-17　CN 的权分布图(船舶触碰事故)

大多数节点的入度和出度均小于 4,具有 $d_{out} = 2$ 和 $d_{in} = 1$ 的节点占节点总数的近 40%。权重的分布,大多数节点都集中于 $1 < w_{in} < 4$ 区域。

4.3.3　节点重要度评估

针对船舶碰撞事故,基于本书第 3.3 节中提出的节点重要度计算模型,利用

MATLAB 开发算法代码，可以得到船舶触碰事故有向 CN 中节点的风险重要度，表 4-6 中列出了重要度排名前 10 位和后 10 位的风险事件。

表 4-6 重要度排名前 10 位和后 10 位的风险事件(船舶触碰事故)

前 10 位			后 10 位		
ξ_{SIR}	节点代码	$\Psi_{Ki}(i)$	ξ_{SIR}	节点代码	$\Psi_{Ki}(i)$
40	[32]	2.142 9	1	[8]	0.226 7
39	[31]	2.142 9	2	[10]	0.226 7
38	[22]	2.142 9	3	[13]	0.226 7
37	[35]	2.130 9	4	[19]	0.226 7
36	[30]	2.130 9	5	[25]	0.226 7
35	[21]	2.130 9	6	[36]	0.226 7
34	[38]	2.118 9	7	[40]	0.226 7
33	[27]	2.118 9	8	[29]	0.231 3
32	[20]	2.118 9	9	[4]	0.240 3
31	[14]	2.106 8	10	[9]	0.240 3

可以发现，重要度排名前 10 位的风险事件都属于促成事件，因此，尽管在大多数情况下，触发事件是造成船舶触碰事故的直接原因，对重要度更高的促成事件进行有效管控可以阻止风险的传播，从而减少船舶触碰事故的发生。然而，根据表 4-6 中节点重要度的排序结果，触碰事故中重要度排名后 10 位的风险事件几乎被归类为触发事件，除了属于促成事件的“[19]未重视可疑事件”。结果表明，即使触发事件是造成船舶触碰事故发生的原因，但对此类风险事件实施风险管理可能收效甚微。

4.3.4 节点敏感性分析

通过 SIR 模型模拟风险在 CN 中的船舶情况，并从 CN 全局以及单个节点这两个层级实施敏感性分析。具体来说，假定从被感染节点到易感节点的感染概率 P_{ij} 是关于 α 和 w 的函数，将 α 和 β 都设置为[0.1,1]，且间隔为 0.01。对于每个节点，对已开发的 SIR 模型进行 1 000 次仿真，直到遍历 CN 中的所有节点为止，结果是从已开发的 CN 中抽取了 10^7 次样本，这足以确保结果的可靠性。

SIR 模拟结果如图 4-18 所示。Φ_{SIR} 表示在不同的 α 和 β 下 CN 整体的风险连通性，在下文中，Φ_{SIR} 越大表示已开发 CN 的风险传播能力越强。可以发现，Φ_{SIR} 与 α 和 β 都没有线性关系。α 和 β 的变化趋势在空间中发生了扭曲，表明节点对 α 和 β 的敏感度各不相同。此外，只有当 α 越来越大且 β 越来越小时，节点才能达到活跃的状态，网络才会具有更好的连通性，也就是说，在风险事件严重且难以纠正的情况下，CN 中的风险传播程度将会持续增加。

当β趋向于 0 时，即使α极低时，都会有一些活跃的节点。具体而言，在 CN 中存在一类促成事件，如果不采取安全对策，这些事件将导致风险在 CN 中的持续传播，这证明了人为干预在风险管理和控制中的关键作用。此外，大多数活跃的节点集中于图的右侧或底部，这表明只有在$0 \leqslant \beta \leqslant 0.2$时风险才可能传播到整个 CN 中，并且 CN 的目标节点的状态将随着风险的增大而变得更加活跃，即风险传播能力将变得更强。

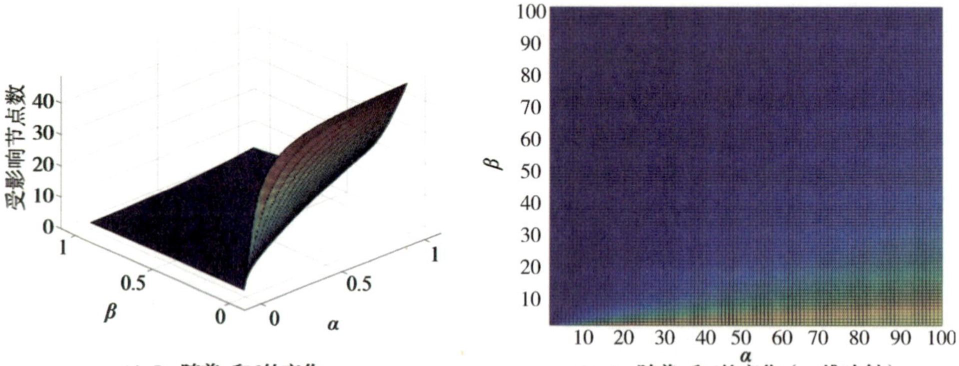

(a) Φ_{SIR}随着α和β的变化　　(b) Φ_{SIR}随着α和β的变化（二维映射）

图 4-18　开发的定向 CN 的全局特征(船舶触碰事故)

(1) 目标节点对α的敏感度分析

为了研究α对目标节点的重要度的影响，本节将β设置为 0.1 来模拟风险的传播过程，其结果如图 4-19 所示，以α所在的轴为X轴，以点节重要度排序所在的轴为Y轴，以重要度值所在的轴为Z轴。目标节点的重要度与α和ξ_{SIR}存在非线性正相关性。位于内层的较高α的节点对于风险传播起到更为关键的作用。沿Y轴出现的抖动表明节点的重要度在α不同的情况下可能会发生变化，并且Ψ_{SIR}不会按照ξ_{SIR}的顺序均匀增加。此外，可以观察到沿着X轴也存在抖动的现象，这是在$\beta = 0.1$的情况下通过 SIR 模拟得出的。从理论上讲，出现的抖动数量应尽可能少，并且在理想状态下不会出现抖动。为了进一步探究图中的抖动现象，将图 4-19(a)投影到Y-Z轴上得到图 4-19(b)。从图 4-19(b)可得，即使存在抖动，SIR 模型的性能也相对稳定。探究图中对每个节点(总共 40 个节点)的重要度的影响，即Ψ_{SIR}和α之间的关系。在感染率α较小的情况下，不同节点之间的关键性差异相对较弱，但是，随着感染率的增加，上述差异将变得非常明显，需要引起足够的重视。因此，在触发事件开始传播风险初期，必须及时控制由触发事件引发的促成事件的数量，否则船舶触碰事故发生的可能性将增大。另外，感染率与重要度之间的关系是非线性的，这意味着α的变化会对目标节点的风险传播能力产生很大影响。

在本节中，目标节点的风险传播能力是通过节点的敏感性和重要度来综合评估的，因此，通过模拟变量为 α 和 ξ_{SIR} 的 SIR 模型可以获得风险传播能力，其结果如图 4-19(c)所示，其中颜色表示风险传播能力，红色为高风险传播能力，蓝色为低风险传播能力。通常，如果 α 的值很低，则可以有效地阻止风险传播过程。另外，无论“驾驶台沟通协调不当”“盲目自信”“潮汐”的值如何，此类节点的风险传播能力始终保持在较低水平。但是，在某些情况下，必须特别注意某些节点，例如“未遵守船员通常做法/习惯航法”“未保持正规瞭望”“未能对当时危险局面做出充分估计”可能导致船舶搁浅事故的发生。

本节考虑了 $\beta = 0.01$ 和 $\beta = 0.5$ 这两种情况，以分别探究目标节点的风险传播能力。SIR 模型的仿真结果如图 4-20 所示。当 $\beta = 0.01$ 时，目标节点的敏感性和重要度并不总是与感染率 α 的变化相一致。例如，“未采用安全航速”事件和“未遵守船舶在能见度不良时的行动规则”事件具有很高的重要度，而敏感性相对较低。另一个重要发现是，恢复率 β 的提高可以大大降低目标节点的风险传播能力。另外，某些节点的风险传播能力在 α 开始增大的情况下很容易提高，例如，ξ_{SIR} 编码为[16]、[17]、[38]和[39]的事件。

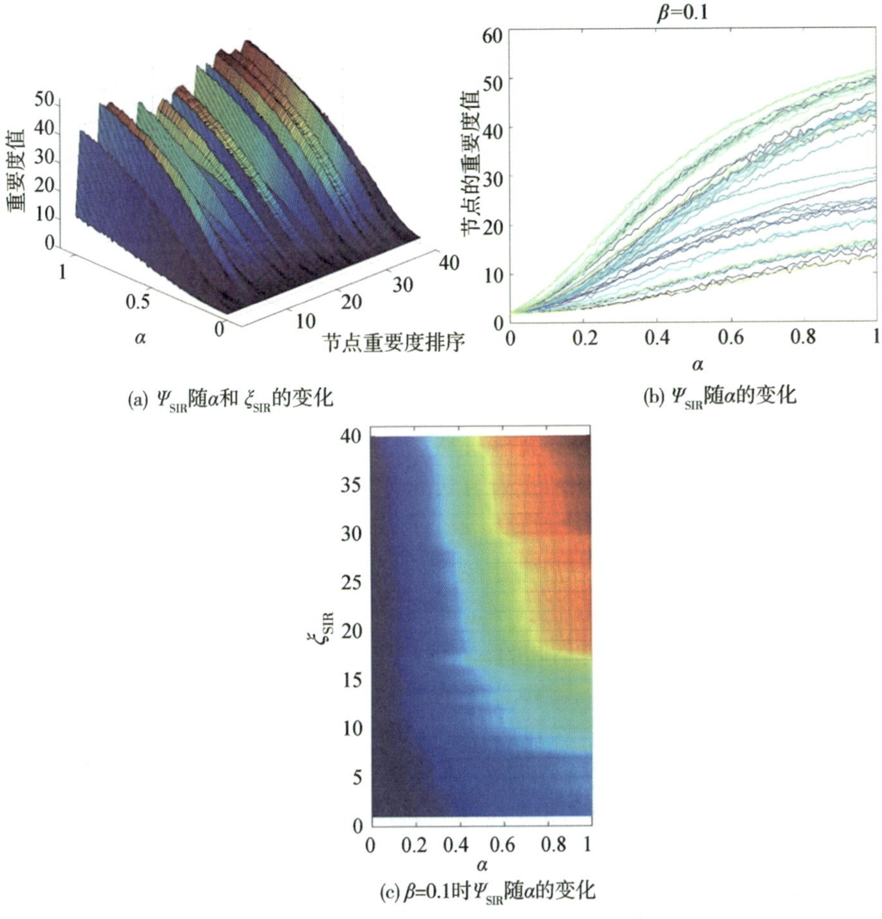

(a) Ψ_{SIR}随α和 ξ_{SIR}的变化

(b) Ψ_{SIR}随α的变化

(c) β=0.1时Ψ_{SIR}随α的变化

图 4-19 不同场景下节点的重要度对 α 的敏感性分析结果(船舶触碰事故)

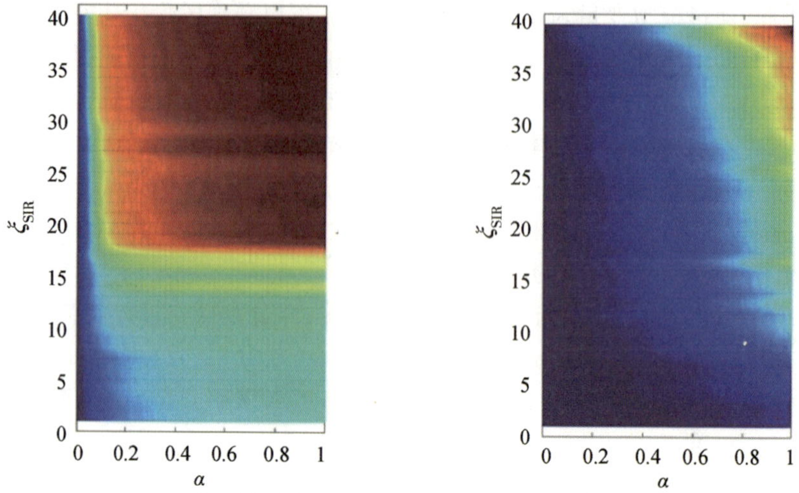

(a) β=0.01时Ψ_{SIR}随α的变化　　(b) β=0.5时Ψ_{SIR}随α的变化

图 4-20　不同β下的风险传播情况(船舶触碰事故)

(2)目标节点对β的敏感性分析

类似地,在假设α恒定的情况下,研究β对 CN 中每个节点的风险传播能力的影响。以$\alpha = 1$为例,节点级别对β的敏感性分析如图 4-21 所示,以β所在的轴为X轴,以节点重要度排序所在的轴为Y轴,以受影响节点数所在的轴为Z轴。可以观察到,大多数具有较小β的节点具有较高的风险传播能力。可以明显注意到,即使β值持续减小,甚至趋近于 0,ξ_{SIR}编码为[14]、[15]、[25]和[26]等的目标节点的风险传播能力也将达到一定程度的饱和,即使没有人为干预,这些风险事件也很难触发严重后果。因此,分别设置$\alpha=1$、$\alpha=0.3$和$\alpha=0.7$,将图 4-21(a)投影到X-Y轴上,可得到图 4-21(b)~(d)。

可以直观地得出,由ξ_{SIR}编码的目标节点,例如[25]、[26]、[28]和[29],具有高重要度和低风险传播能力的异常特征,这是由于此类节点的低敏感性。对于不同α,重要度排名前 15 个目标节点对β表示出高度的敏感性,表明对于这些节点进行风险管控极为有效。另外,将如图 4-21(b)~(d)所示的结果与如图 4-20(a)~(b)所示的结果进行比较,可以总结出灵敏度低的目标节点大部分重叠,并且无论α或β如何变化,通过运行 SIR 仿真确定的异常节点都是一致的。这是由于所开发的 CN 涉及的节点的敏感性是不同的,并且α和β两个参数间高度耦合。

根据上述船舶触碰事故的案例分析结果,针对船员不安全行为与状态的有效管控,提出以下几点措施:

①针对船舶触碰事故,建立船员不安全行为与状态检查表。根据船舶触碰事故案例分析结果,将风险事件按重要度进行排序,为船上的船员提供船员不安全行为与状态检查表,以便船员进行自我监测。此外,基于船员不安全行为与状态动态演化分析模型,对船员不安全行为耦合风险及传播过程进行动态评估,不断更新船

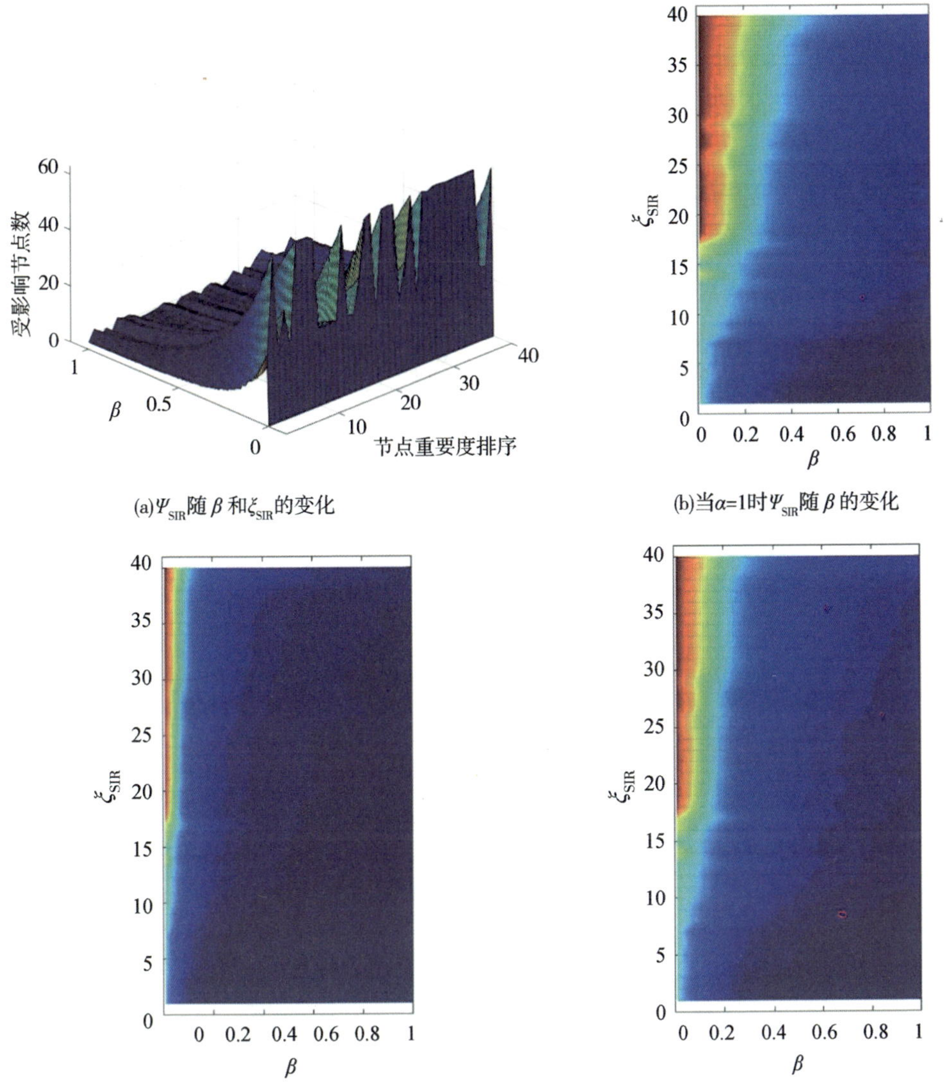

(a)Ψ_{SIR}随 β 和ξ_{SIR}的变化　(b)当α=1时Ψ_{SIR}随 β 的变化

(c)当α=0.3时Ψ_{SIR}随 β 的变化　(d)当α=0.7时Ψ_{SIR}随 β 的变化

图 4-21　节点级别对 β 的敏感性分析(船舶触碰事故)

员不安全行为与状态检查表,以保证该表的时效性。

②提供系统化教育和培训。船公司应该提供系统化的安全教育培训,提高安全意识,确保船员熟练掌握 COLREGS 和 STCW 公约,全面了解公司安全管理体系内容。定期安排船员进行航行安全操作考核。船公司应该有计划地组织船上安全培训活动,重点培训船员的应急响应能力以及态势感知能力。船上的培训记录应由公司安全主管检查,并通过实践演练定期评估培训质量。

③构建船员不安全行为监测预警系统。船员不安全行为的出现具有不确定性并可能造成严重后果,及时发现并阻断不安全行为传播对保障航行安全至关重要。

建议在驾驶舱建立并安装智能监控系统，实现对值班人员的实时监控，并在监测到不安全行为与状态时及时发出警告，例如，未保持正规瞭望和船舶偏离既定航道/航线时。

4.4 基于船舶自沉事故的案例分析

4.4.1 基于船舶自沉事故的有向加权复杂网络

基于收集整理的19份船舶自沉事故调查报告，利用ETA方法，最终形成了船舶自沉事故的复杂网络，其拓扑结构如图4-22所示。

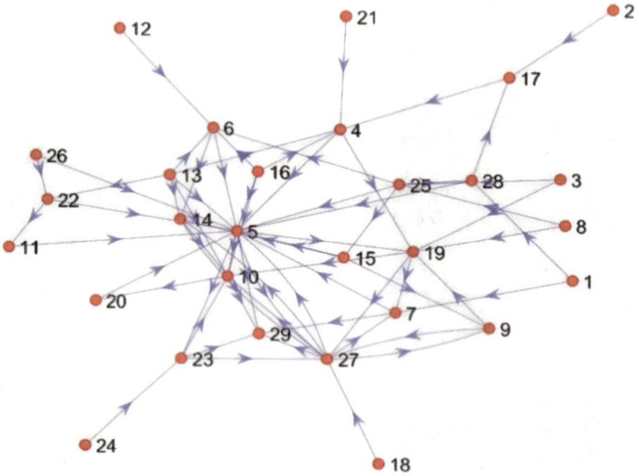

图4-22 船舶自沉事故的复杂网络拓扑结构图

如图4-22所示的复杂网络由29个节点和66条有向边组成，包括1个顶级事件、19个促成事件和9个触发事件，详细分类情况如表4-7所示。

表4-7 船舶自沉事故复杂网络中的节点名称及分类

类别	节点
顶级事件	[29]自沉
促成事件	[4]船体破损 [5]船舶进水/甲板上浪 [6]船舶剧烈横摇 [7]船舶作业时未穿戴或正确使用防护用品 [9]未及时发出求救信息 [10]船舶稳性丧失 [11]船舶漂移

续表

类别	节点
	[13]风浪 [14]货舱舱盖板滑动移位 [15]货舱舱盖未关闭 [16]货物条件问题(超载、装载不当) [17]偏离既定航道/航线 [19]未能对当时危险局面做出充分估计 [20]未控制好船位 [22]未充分履行停泊值班安全职责 [23]未及时发现货舱进水情况 [25]未充分估计当前环境对船舶操纵的影响 [27]应急处置措施不当 [28]夜间冒险航行
触发事件	[1]安全意识淡薄 [2]不熟悉通航环境 [3]适任能力不足 [8]超航区航行 [12]潮汐 [18]缺少安全教育培训 [21]维护保养不足 [24]未配备设备资源 [26]未遵守船员通常做法/习惯航法

4.4.2 拓扑特征分析

本节对船舶自沉事故的有向 CN 进行度分布 $P(d)$ 和权分布 $P(w)$ 的计算分析。有关度如何在节点之间分布的信息可以通过计算分布函数的一阶矩来获得，该一阶矩称为平均入度 $\langle d_{in} \rangle$ 和平均出度 $\langle d_{out} \rangle$，计算公式为：

$$\langle d_{in} \rangle = \sum_{d_{in}} d_{in} p(d_{in}) = 2.276 \tag{4.13}$$

$$\langle d_{out} \rangle = \sum_{d_{out}} d_{out} p(d_{out}) = 2.276 \tag{4.14}$$

同样，可以通过以下方式获得包括平均入权和平均出权在内的平均权：

$$\langle w_{in} \rangle = \sum_{w_{in}} w_{in} p(w_{in}) = 0.196\,6 \tag{4.15}$$

$$\langle w_{out} \rangle = \sum_{w_{out}} w_{out} p(w_{out}) = 0.196\,6 \tag{4.16}$$

根据式(4.13)~式(4.16)的结果，所开发的有向 CN 的入度和入权的平均值均等于出度和出权的平均值，表明该 CN 拓扑有助于控制风险的传播。然后，在获得了 CN 中涉及的所有节点的度和权分布信息之后，分别绘制如图 4-23 和图 4-24 所示的 CN 的度分布图 $P(d_{in},d_{out})$ 和权分布图 $P(w_{in},w_{out})$，其中 $P(d_{in},d_{out})$ 表示随机 CN 中选择的节点具有出度为 d_{out} 和入度为 d_{in} 的概率，可以以此类比权分布图的含义。

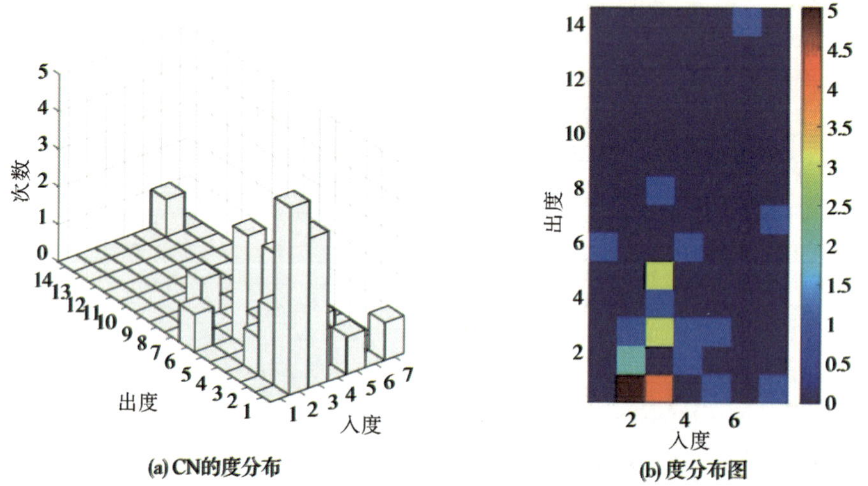

图 4-23　CN 的度分布图（船舶自沉事故）

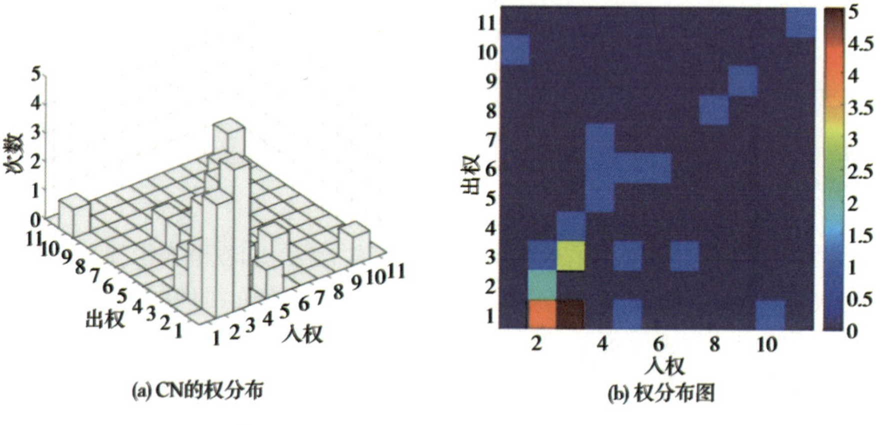

图 4-24　CN 的权分布图（船舶自沉事故）

大多数节点的入度和出度均小于 4，具有 $d_{out}=2$ 和 $d_{in}=1$ 的节点占节点总数的近 45%。权重的分布，大多数节点都集中于 $1<w_{in}<4$ 区域。

4.4.3　节点重要度评估

针对船舶自沉事故，基于本书第 3.3 节中提出的节点重要度计算模型，利用

MATLAB 开发算法代码,可以得到船舶自沉事故有向 CN 中节点的风险重要度,表 4-8 中列出了重要度排名前 10 位和后 10 位的风险事件。

表 4-8 重要度排名前 10 位和后 10 位的风险事件(船舶自沉事故)

前 10 位			后 10 位		
ξ_{SIR}	节点代码	$\Psi_{Ki}(i)$	ξ_{SIR}	节点代码	$\Psi_{Ki}(i)$
29	[27]	1.000 0	1	[18]	0.164 1
28	[5]	1.000 0	2	[24]	0.164 1
27	[23]	0.974 5	3	[12]	0.177 3
26	[10]	0.974 5	4	[21]	0.183 5
25	[19]	0.910 8	5	[2]	0.190 4
24	[7]	0.872 5	6	[26]	0.209 2
23	[29]	0.843 7	7	[1]	0.222 3
22	[14]	0.842 6	8	[3]	0.261 8
21	[9]	0.662 4	9	[8]	0.261 8
20	[27]	1.000 0	10	[18]	0.164 1

可以发现,重要度排名前 10 位的风险事件大多属于促成事件,除了属于顶级事件的“[29]自沉”。因此,尽管在大多数情况下,触发事件是造成船舶自沉事故的直接原因,对重要度更高的促成事件进行合理管控能够有效阻止风险传播,从而减少船舶自沉事故的发生。然而,如表 4-8 所示,自沉事故中重要度排名后 10 位的风险事件大多属于触发事件,除了属于促成事件的“[11]船舶漂移”。结果表明,即使触发事件是造成船舶自沉事故发生的原因,但对此类风险事件实施风险管理可能收效甚微。

4.4.4 节点敏感性分析

通过 SIR 模型模拟风险在 CN 中的船舶情况,并从 CN 全局以及单个节点这两个层级实施敏感性分析。具体来说,假定从被感染节点到易感节点的感染概率 P_{ij} 是关于 α 和 w 的函数,将 α 和 β 都设置为[0.1,1],且间隔为 0.01。对于每个节点,对已开发的 SIR 模型进行 1 000 次仿真,直到遍历 CN 中的所有节点为止,结果是从已开发的 CN 中抽取了 10^7 次样本,这足以确保结果的可靠性。

SIR 模拟结果如图 4-25 所示。Φ_{SIR} 表示在不同的 α 和 β 下 CN 整体的风险连通性,在下文中,Φ_{SIR} 越大表示已开发 CN 的风险传播能力越强。可以发现,Φ_{SIR} 与 α 和 β 都没有线性关系。α 和 β 的变化趋势在空间中发生了扭曲,表明节点对 α 和 β 的敏感度各不相同。此外,只有当 α 越来越大且 β 越来越小时,节点才能达到活跃的状态,网络才会具有更好的连通性,也就是说,在风险事件严重且难以纠正的情况下,CN 中的风险传播程度将会持续增加。

当β趋向于0时，即使α极低时，都会有一些活跃的节点。具体而言，在CN中存在一类促成事件，如果不采取安全对策，这些事件将导致风险在CN中的持续传播，这证明了人为干预在风险管理和控制中的关键作用。此外，大多数活跃的节点集中于图的右侧或底部，这表明只有在$0 \leqslant \beta \leqslant 0.2$时风险才可能传播到整个CN中，并且CN的目标节点的状态将随着风险的增加而变得更加活跃，即风险传播能力将变得更强。

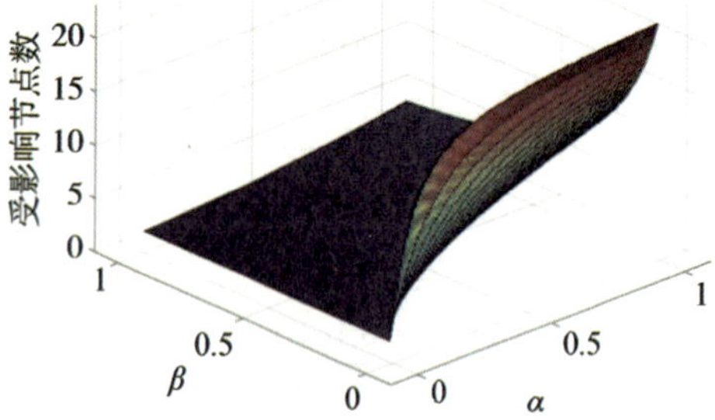

(a) Φ_{SIR}随着α和β的变化

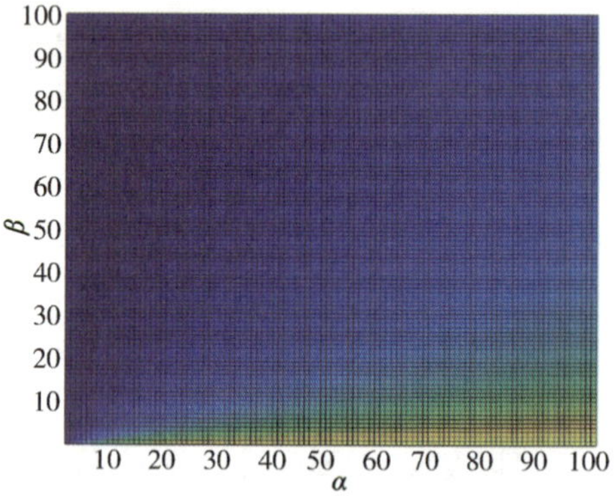

(b) Φ_{SIR}随着α和β的变化（二维映射）

图4-25 开发的定向CN的全局特征(船舶自沉事故)

(1) 目标节点对α的敏感度分析

为了研究α对目标节点的重要度的影响，本节将β设置为0.1来模拟风险的传播过程，其结果如图4-26所示，以α所在的轴为X轴，以节点重要度排序所在的轴为Y轴，以重要度值所在的轴为Z轴。目标节点的重要度与α和ξ_{SIR}存在非线性正相关性。位于内层的较高α的节点对于风险传播起到更为关键的作用。沿Y轴出现的抖动表明节点的重要度在α不同的情况下可能会发生变化，并且Ψ_{SIR}不会按照ξ_{SIR}的顺序均匀增加。此外，在图4-26(a)中可以观察到沿着X轴也存在抖动的现象，这是在$\beta=0.1$的情况下通过SIR模拟得出的。从理论上讲，出现的抖动数量应尽可能少，并且在理想状态下不会出现抖动。为了进一步探究图中的抖动现象，将图4-26(a)投影到Y-Z轴上得到图4-26(b)。从图4-26(b)可得，即使存在抖动，SIR模型的性能也相对稳定。探究图中对每个节点(总共29个节点)的重要度的影响，即Ψ_{SIR}和α之间的关系。在感染率α较小的情况下，不同节点之间的关键性差异相对较弱，但是，随着感染率的增加，上述差异将变得非常明显，需要引起足够的重视。因此，在触发事件开始传播风险初期，必须及时控制由触发事件引发的促成事件的数量，否则自沉事故发生的可能性将增大。另外，感染率与重要度之间的关系是非线性的，这意味着α的变化会对目标节点的风险传播能力产生很大影响。

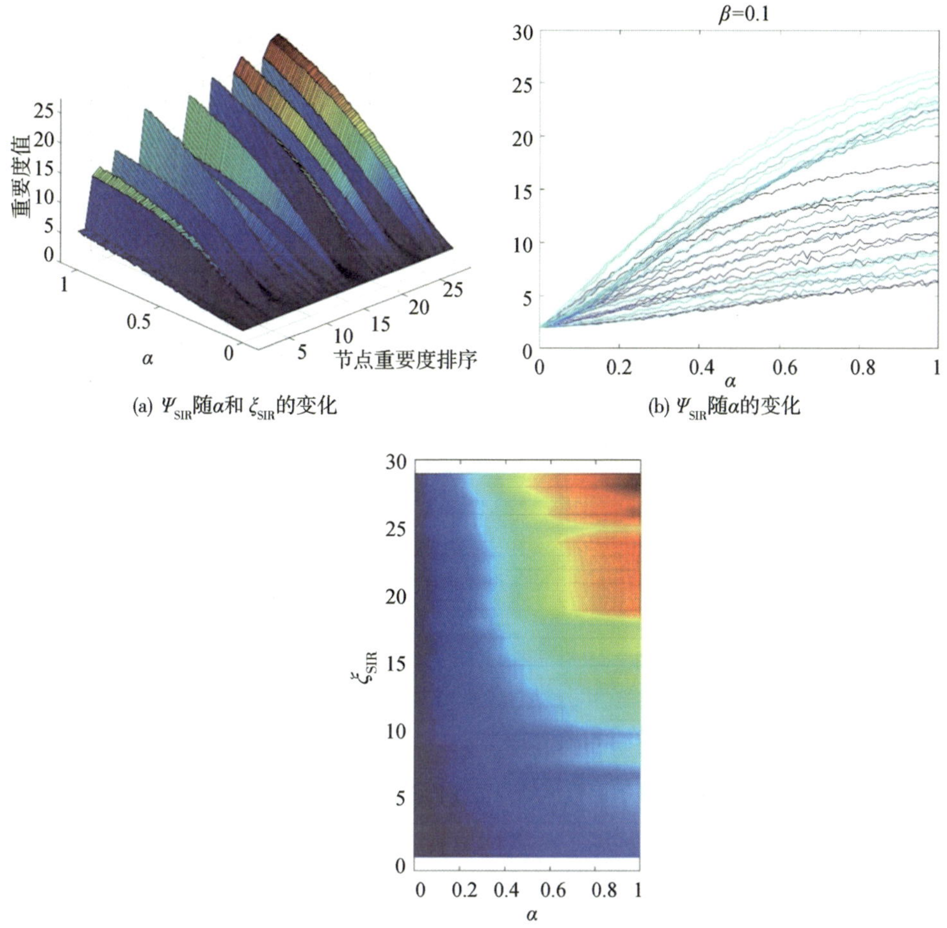

(a) Ψ_{SIR}随α和ξ_{SIR}的变化

(b) Ψ_{SIR}随α的变化

(c) β=0.1时Ψ_{SIR}随α的变化

图 4-26 不同场景下节点的重要度对 α 的敏感性分析结果(船舶自沉事故)

在本节中,目标节点的风险传播能力是通过节点的敏感性和重要度来综合评估的,因此,通过模拟变量为 α 和 ξ_{SIR} 的 SIR 模型可以获得风险传播能力,其结果如图 4-26(c)所示,其中颜色表示风险传播能力,红色为高风险传播能力,蓝色为低风险传播能力。通常,如果 α 的值很低,则可以有效地阻止风险传播过程。另外,无论“缺少安全教育培训”“未配备设备资源”“潮汐”的值如何,此类节点的风险传播能力始终保持在较低水平。但是,在某些情况下,必须特别注意某些节点,例如“应急处置措施不当”“船舶进水/甲板上浪”“未及时发现货舱进水情况”可能导致船舶自沉事故的发生。

本节考虑了 β = 0.01 和 β = 0.5 这两种情况,以分别探究目标节点的风险传播能力。SIR 模型的仿真结果如图 4-27 所示。当 β = 0.01 时,目标节点的敏感性和重要度并不总是与感染率 α 的变化相一致。例如,“未能对当时危险局面做出充分估计”事件和“船舶剧烈横摇”事件具有很高的重要度，而敏感性相对较低。另一个重要发现是，恢复率 β 的提高可以大大降低目标节点的风险传播能力。另外，某些节点的风险传播能力在 α 开始增大的情况下很容易提高，例如，ξ_{SIR} 编码为[15]、[17]、[25]的事件。

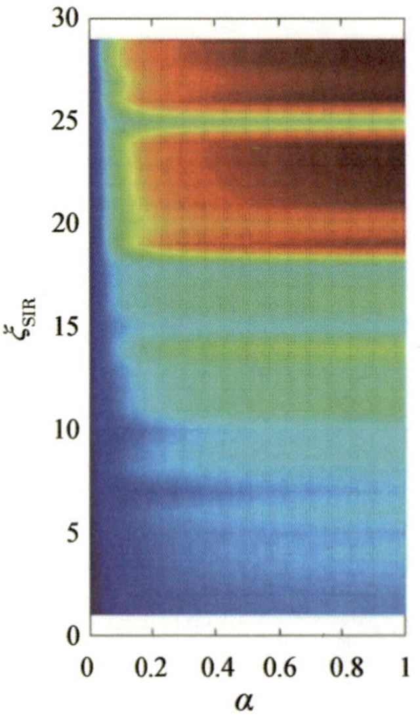

(a) β=0.01时Ψ_{SIR}随α的变化

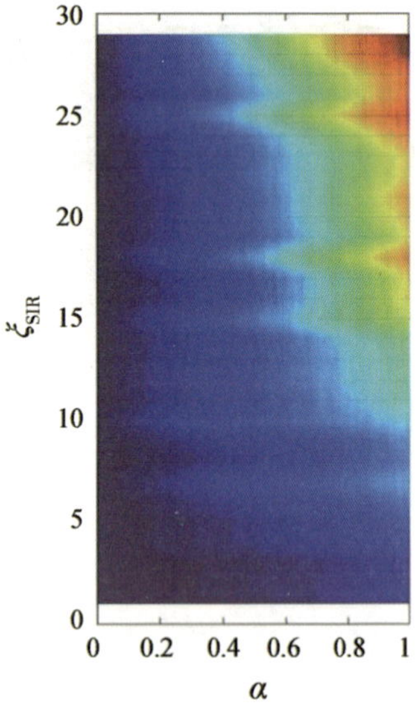

(b) β=0.5时Ψ_{SIR}随α的变化

图 4-27　不同 β 下的风险传播能力 SIR 模型的仿真结果(船舶自沉事故)

(2) 目标节点对 β 的敏感性分析

类似地，在假设 α 恒定的情况下，研究 β 对 CN 中每个节点的风险传播能力的影响。以 $\alpha=1$ 为例，节点级别对 β 的敏感性分析如图 4-28 所示，以 β 所在的轴为 X 轴，以节点重要度排序所在的轴为 Y 轴，以受影响节点数所在的轴为 Z 轴。可以观察到，大多数具有较小 β 的节点具有较高的风险传播能力。可以明显注意到，即使 β 值持续减小，甚至趋近于 0，ξ_{SIR} 编码为[9]、[14]、[24]等的目标节点的风险传播能力也将达到一定程度的饱和，即使没有人为干预，这些风险事件也很难触发严重后果或船舶自沉事故。因此，分别设置 $\alpha=1$、$\alpha=0.3$ 和 $\alpha=0.7$，将图 4-28(a)投影到 $X-Y$ 轴上，可得到图 4-28(b)～(d)。

可以直观地得出，由 ξ_{SIR} 编码的目标节点，例如[24]、[25]和[27]，具有高重要度和低风险传播能力的异常特征，这是由于此类节点的低敏感性。对于不同 α，重要度排名前 10 个目标节点对 β 表示出高度的敏感性，表明对于这些节点进行风险管控极为有效。另外，将图 4-28(b)～(d)所示的结果与图 4-27(a)～(b)所示的结果进行比较，可以总结出灵敏度低的目标节点大部分重叠，并且无论 α 或 β 如何变化，通过运行 SIR 仿真确定的异常节点都是一致的。这是由于所开发的 CN 涉及

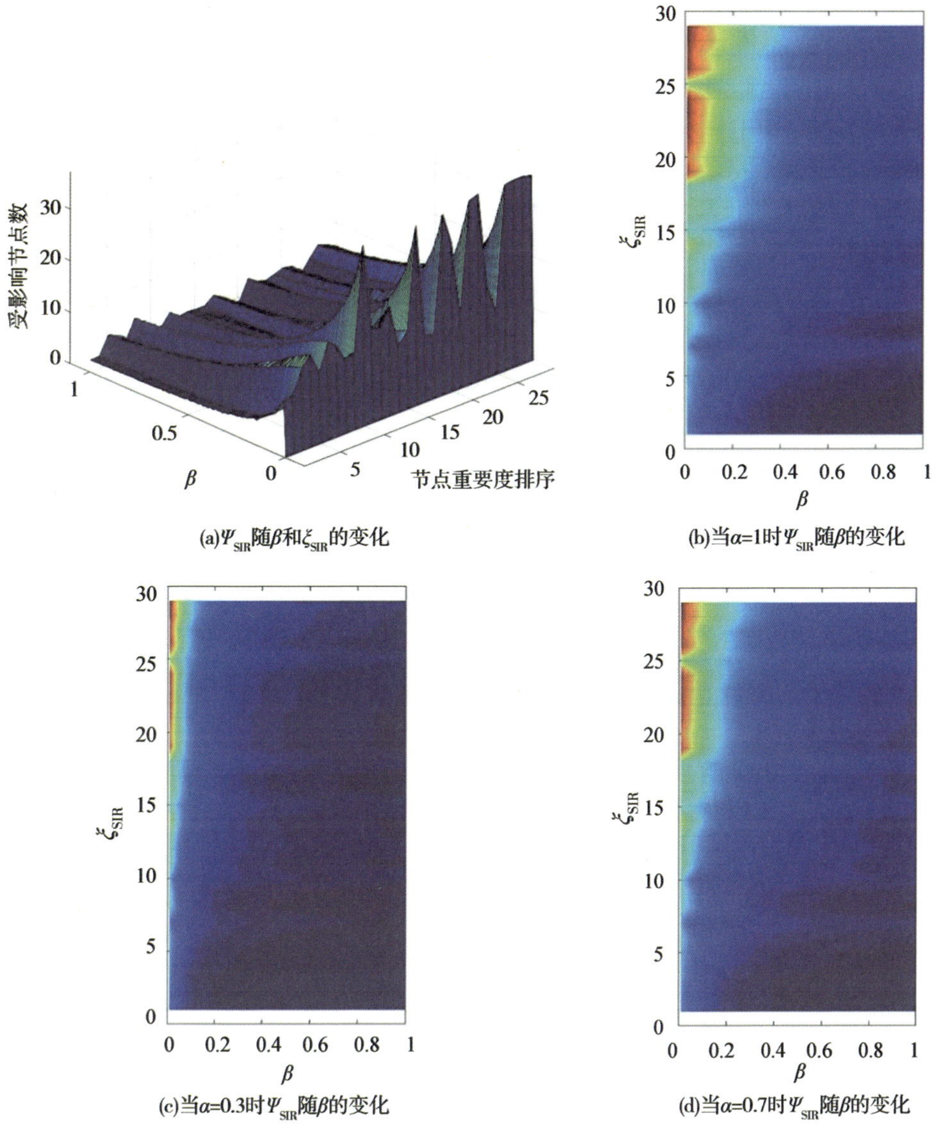

(a)Ψ_{SIR}随β和ξ_{SIR}的变化

(b)当α=1时Ψ_{SIR}随β的变化

(c)当α=0.3时Ψ_{SIR}随β的变化

(d)当α=0.7时Ψ_{SIR}随β的变化

图 4-28　节点级别对β的敏感性分析(船舶自沉事故)

的节点的敏感性是不同的,并且α和β两个参数间高度耦合。

根据上述船舶自沉事故的案例分析结果,针对船员不安全行为与状态的有效管控,提出以下几点措施:

①针对船舶自沉事故,建立船员不安全行为与状态检查表。根据船舶自沉事故案例分析结果,将风险事件按重要度进行排序,为船上的船员提供船员不安全行为与状态检查表,以便船员进行自我监测。此外,基于船员不安全行为与状态动态演化分析模型,对船员不安全行为耦合风险及传播过程进行动态评估,不断更新船

员不安全行为与状态检查表,以保证该表的时效性。

②提供系统化教育和培训。船公司需要提供系统化的安全教育培训,提高安全意识和警戒意识,确保船员熟悉航行环境,全面了解公司安全管理体系内容,熟练掌握船舶应急响应程序。定期安排船员进行航行安全操作考核。船公司应该有计划地组织船上安全培训活动,重点培训船员在恶劣天气下的应对措施以及防护用品的穿戴和使用等方面的能力。船上的培训记录应由公司安全主管检查,并通过实践演练定期评估培训质量。

③安排全船常规巡视。在航船舶应该组织船员定时进行全船常规巡视,及时发现潜在危险。尤其在恶劣天气状况下,务必及时检查货舱舱盖板是否扣紧、甲板有无上浪、货舱是否进水等情况。当进水情况无法缓解时,应及时发出求救信号,请求外部支援,避免损失扩大。

4.5 基于船舶火灾/爆炸事故的案例分析

4.5.1 基于船舶火灾/爆炸事故的有向加权复杂网络

基于收集整理的 24 份船舶火灾/爆炸事故调查报告,利用 ETA 方法,最终形成了船舶火灾/爆炸事故的复杂网络,其拓扑结构如图 4-29 所示。

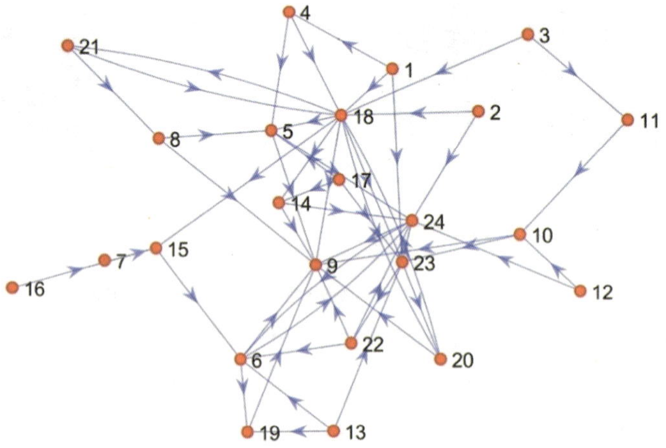

图 4-29　船舶火灾/爆炸事故的复杂网络拓扑结构图

如图 4-29 所示的复杂网络由 24 个节点和 52 条有向边组成,包括 1 个顶级事件、19 个促成事件和 4 个触发事件,详细分类情况如表 4-9 所示。

表 4-9 船舶火灾/爆炸事故复杂网络中的节点名称及分类

类别	节点
顶级事件	[9]火灾/爆炸
促成事件	[1]安全意识淡薄 [2]适任能力不足 [4]动火作业前准备工作不足 [5]点燃可燃物、可燃气体 [6]火势迅速扩大并蔓延 [7]未安排常规巡视 [8]货物装卸时摩擦产生火花 [10]货物使用、装运过程中受损 [11]货物条件问题(超载、装载不当) [14]设备故障 [15]未能及时发现火情 [17]维护保养不足 [18]违反船舶作业规程 [19]未保持报警系统处于常开工作状态 [20]未发现潜在风险 [21]未按油船安全作业规程进行除气和测爆 [22]遇点火源起火 [23]液化石油气、油蒸气、石油等发生泄漏 [24]应急处置措施不当
触发事件	[3]船上缺少监督指导 [12]缺少安全培训 [13]设备布置缺陷 [16]无法确认火源和起火时间

4.5.2 拓扑特征分析

本节对船舶火灾/爆炸事故的有向 CN 进行度分布 $P(d)$ 和权分布 $P(w)$ 的计算分析。有关度如何在节点之间分布的信息可以通过计算分布函数的一阶矩来获得,该一阶矩称为平均入度 $\langle d_{in}\rangle$ 和平均出度 $\langle d_{out}\rangle$,计算公式为:

$$\langle d_{in}\rangle = \sum_{d_{in}} d_{in}p(d_{in}) = 2.167 \tag{4.17}$$

$$\langle d_{out}\rangle = \sum_{d_{out}} d_{out}p(d_{out}) = 2.167 \tag{4.18}$$

同样,可以通过以下方式获得包括平均入权和平均出权在内的平均权:

$$\langle w_{in}\rangle = \sum_{w_{in}} w_{in}p(w_{in}) = 0.145 \tag{4.19}$$

$$\langle w_{out} \rangle = \sum_{w_{out}} w_{out} p(w_{out}) = 0.145 \tag{4.20}$$

根据式(4.17)~式(4.20)的结果,所开发的有向 CN 的入度和入权的平均值均等于出度和出权的平均值,表明该 CN 拓扑有助于控制风险的传播。然后,在获得了 CN 中涉及的所有节点的度和权分布信息之后,分别绘制如图 4-30 和图 4-31 所示的 CN 的度分布图 $P(d_{in}, d_{out})$ 和权分布图 $P(w_{in}, w_{out})$,其中 $P(d_{in}, d_{out})$ 表示随机 CN 中选择的节点具有出度为 d_{out} 和入度为 d_{in} 的概率,可以以此类比权分布图的含义。

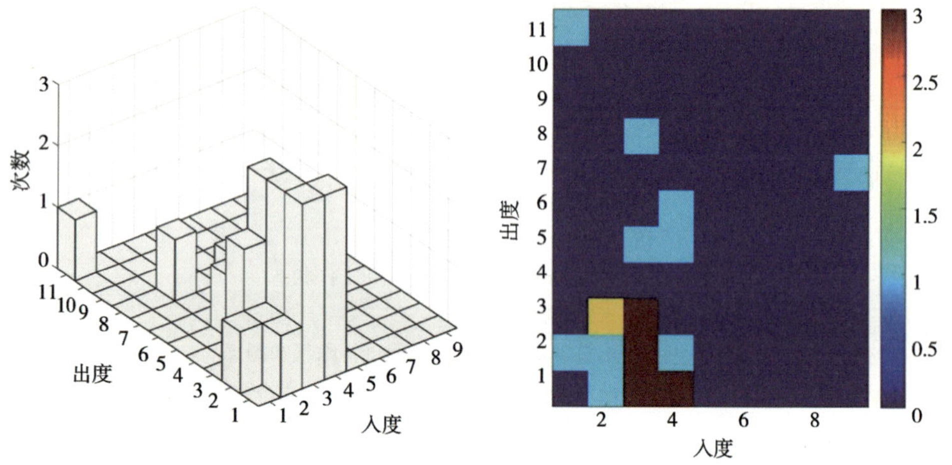

(a) CN的度分布　　(b) 度分布图

图 4-30　CN 的度分布图(船舶火灾/爆炸事故)

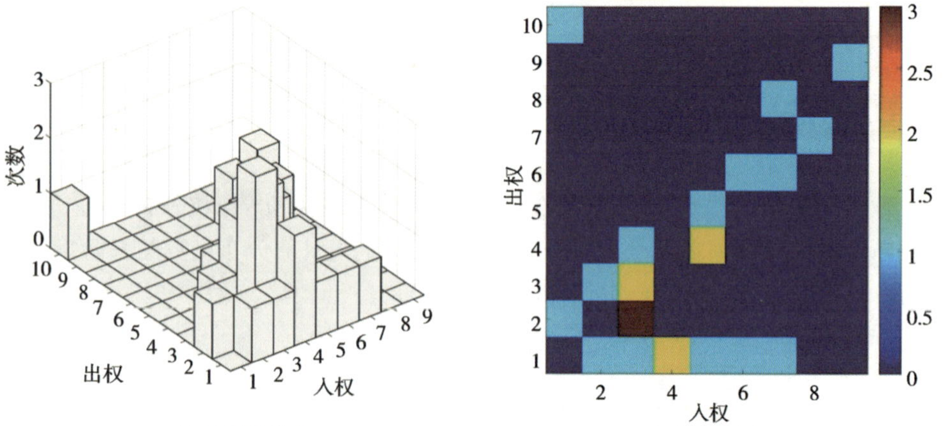

(a) CN的权分布　　(b) 权分布图

图 4-31　CN 的权分布图(船舶火灾/爆炸事故)

大多数节点的入度和出度均小于 4。权重的分布,大多数节点都集中于 1 <

$w_{in} < 4$ 区域。

4.5.3 节点重要度评估

针对船舶火灾/爆炸事故，基于本书第 3.3 节中提出的节点重要度计算模型，利用 MATLAB 开发算法代码，可以得到船舶火灾/爆炸事故有向 CN 中节点的风险重要度，表 4-10 中列出了重要度排名前 10 位和后 10 位的风险事件。

表 4-10 重要度排名前 10 位和后 10 位的风险事件（船舶火灾/爆炸事故）

前 10 位			后 10 位		
ξ_{SIR}	节点代码	$\Psi_{Ki}(i)$	ξ_{SIR}	节点代码	$\Psi_{Ki}(i)$
24	[23]	1.000 0	1	[16]	0.137 3
23	[20]	1.000 0	2	[7]	0.286 5
22	[18]	0.993 2	3	[2]	0.325 6
21	[24]	0.969 5	4	[13]	0.359 8
20	[6]	0.969 5	5	[12]	0.371 6
19	[9]	0.944 1	6	[3]	0.376 6
18	[22]	0.857 6	7	[11]	0.383 4
17	[5]	0.842 3	8	[10]	0.412 3
16	[21]	0.680 2	9	[17]	0.421 3
15	[8]	0.549 7	10	[1]	0.439 9

可以发现，重要度排名前 10 位的风险事件都属于促成事件，除了属于顶级事件的“[9]火灾/爆炸”。因此，尽管在大多数情况下，触发事件是造成船舶火灾/爆炸事故的直接原因，对重要度更高的促成事件进行有效管控可以阻止风险的传播，从而减少船舶火灾/爆炸事故的发生。然而，如表 4-10 所示，火灾/爆炸事故中所有的触发事件都在重要度排名后 10 位。结果表明，即使触发事件是造成船舶火灾/爆炸事故发生的原因，但对此类风险事件实施风险管理可能收效甚微。

4.5.4 节点敏感性分析

通过 SIR 模型模拟风险在 CN 中的船舶情况，并从 CN 全局以及单个节点这两个层级实施敏感性分析。具体来说，假定从被感染节点到易感节点的感染概率 P_{ij} 是关于 α 和 w 的函数，将 α 和 β 都设置为[0.1,1]，且间隔为 0.01。对于每个节点，对已开发的 SIR 模型进行 1 000 次仿真，直到遍历 CN 中的所有节点为止，结果是从已开发的 CN 中抽取了 10^7 次样本，这足以确保结果的可靠性。

SIR 模拟结果如图 4-32 所示。Φ_{SIR} 表示在不同的 α 和 β 下 CN 整体的风险连通性，在下文中，Φ_{SIR} 越大表示已开发 CN 的风险传播能力越强。可以发现，Φ_{SIR}

与 α 和 β 都没有线性关系。α 和 β 的变化趋势在空间中发生了扭曲,表明节点对 α 和 β 的敏感度各不相同。此外,只有当 α 越来越大且 β 越来越小时,节点才能达到活跃的状态,网络才会具有更好的连通性,也就是说,在风险事件严重且难以纠正的情况下,CN 中的风险传播程度将会持续增加。

当 β 趋向于 0 时,即使 α 极低时,都会有一些活跃的节点。具体而言,在 CN 中存在一类促成事件,如果不采取安全对策,这些事件将导致风险在 CN 中的持续传播,这证明了人为干预在风险管理和控制中的关键作用。此外,大多数活跃的节点集中于图的右侧或底部,这表明只有在 $0 \leqslant \beta \leqslant 0.2$ 时风险才可能传播到整个 CN 中,并且 CN 的目标节点的状态将随着风险的增加而变得更加活跃,即风险传播能力将变得更强。

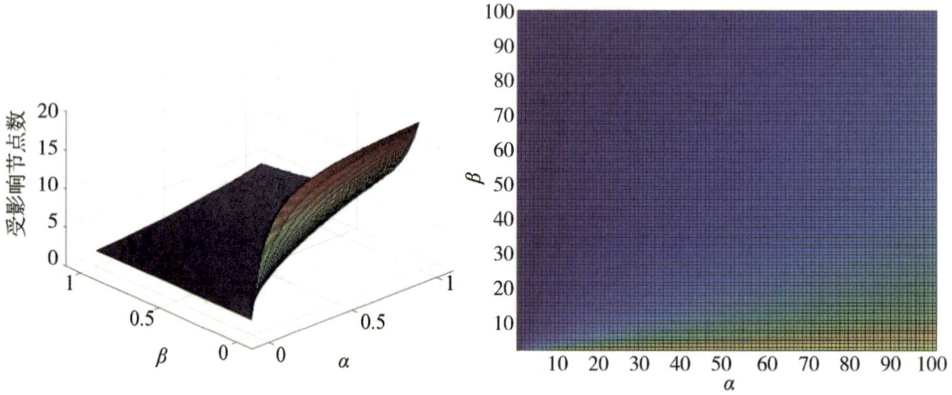

(a) Φ_{SIR}随着α和β的变化　　(b) Φ_{SIR}随着α和β的变化(二维映射)

图 4-32　开发的定向 CN 的全局特征(船舶火灾/爆炸事故)

(1)目标节点对 α 的敏感度分析

为了研究 α 对目标节点的重要度的影响,本节将 β 设置为 0.1 来模拟风险的传播过程,其结果如图 4-33 所示,以 α 所在的轴为 X 轴,以节点重要度排序所在的轴为 Y 轴,以重要度值所在的轴为 Z 轴。目标节点的重要度与 α 和 ξ_{SIR} 存在非线性正相关性。位于内层的较高 α 的节点对于风险传播起到更为关键的作用。沿 Y 轴出现的抖动表明节点的重要度在 α 不同的情况下可能会发生变化,并且 Ψ_{SIR} 不会按照 ξ_{SIR} 的顺序均匀增加。此外,在图 4-33(a)中可以观察到沿着 X 轴也存在抖动的现象,这是在 $\beta=0.1$ 的情况下通过 SIR 模拟得出的。从理论上讲,出现的抖动数量应尽可能少,并且在理想状态下不会出现抖动。为了进一步探究图中的抖动现象,将图4-33(a)投影到 Y-Z 轴上得到图 4-33(b)。从图 4-33(b)可得,即使存在抖动,SIR 模型的性能也相对稳定。探究图中对每个节点(总共 24 个节点)的重要度的影响,即 Ψ_{SIR} 和 α 之间的关系。在感染率 α 较小的情况下,不同节点之间的关键性差异相对较弱,但是,随着感染率的增加,上述差异将变得非常明显,需要引起足够的重视。因此，在触发事件开始传播风险初期，必须及时控制由触发事件引发的促成事件的数量，否则船舶火灾/爆炸事故发生的可能性将增大。另外，感染率与重要度之间的关系是非线性的，这意味着 α 的变化会对目标节点的风险传播能力产生很大影响。

在本节中，目标节点的风险传播能力是通过节点的敏感性和重要度来综合评估的，因此，通过模拟变量为 α 和 ξ_{SIR} 的 SIR 模型可以获得风险传播能力，结果如图 4-33(c)所示，其中颜色表示风险传播能力，红色为高风险传播能力，蓝色为低风险传播能力。通常，如果 α 的值很低，则可以有效地阻止风险传播过程。另外，无论"无法确认火源和起火时间""未安排常规巡视""适任能力不足"的值如何，此类节点的风险传播能力始终保持在较低水平。但是，在某些情况下，必须特别注意某些节点，例如"液化石油气、油蒸气、石油等发生泄漏""未发现潜在风险""违反船舶作业规程"可能导致船舶火灾/爆炸事故的发生。

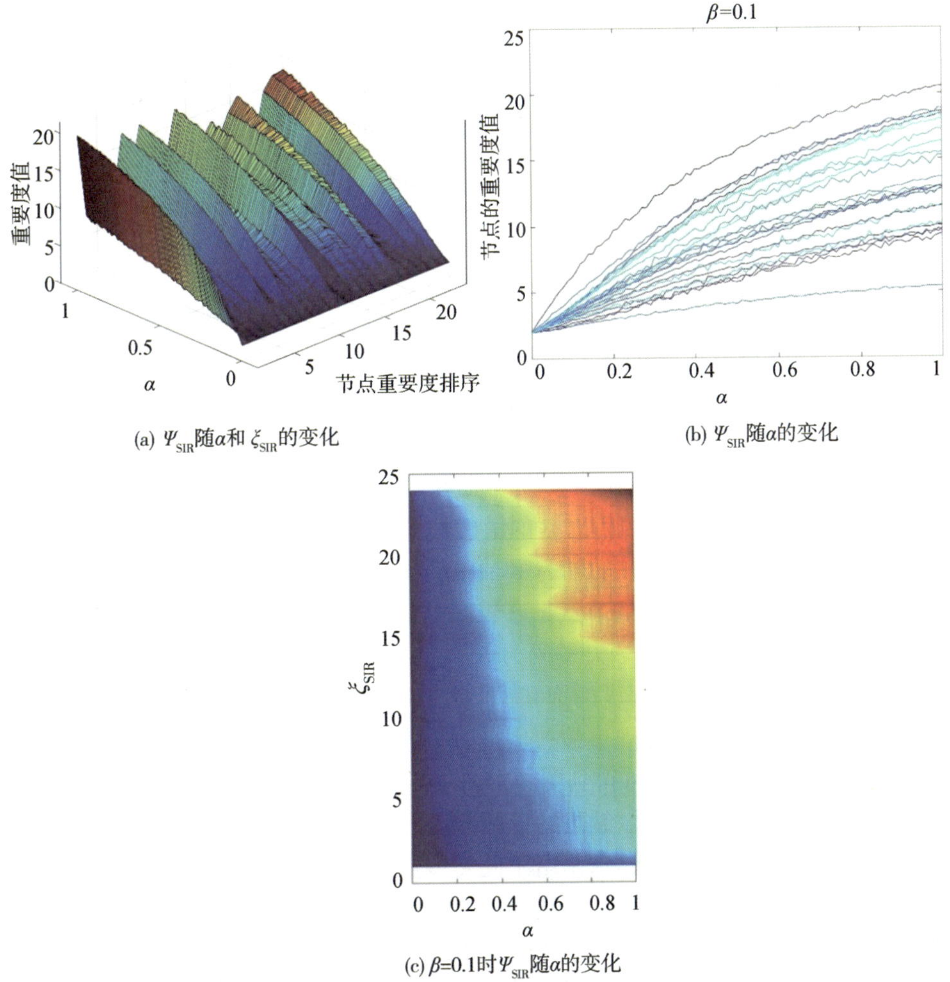

(a) Ψ_{SIR}随α和 ξ_{SIR}的变化

(b) Ψ_{SIR}随α的变化

(c) β=0.1时Ψ_{SIR}随α的变化

图 4-33　不同场景下节点的重要度对 α 的敏感性分析结果(船舶火灾/爆炸事故)

本节考虑了 $\beta = 0.01$ 和 $\beta = 0.5$ 这两种情况，以分别探究目标节点和的风险传播能力。SIR 模型的仿真结果如图 4-34 所示。当 $\beta = 0.01$ 时，目标节点的敏感性和重要度并不总是与感染率 α 的变化相一致。例如，"未发现潜在风险""未按油船安全作业规程进行除气和测爆"事件具有很高的重要度，而敏感性相对较低。另一个重要发现是，恢复率 β 的提高可以大大降低目标节点的风险传播能力。另外，某些节点的风险传播能力在 α 开始增大的情况下很容易提高，例如，ξ_{SIR} 编码为[17]、[23]和[24]的事件。

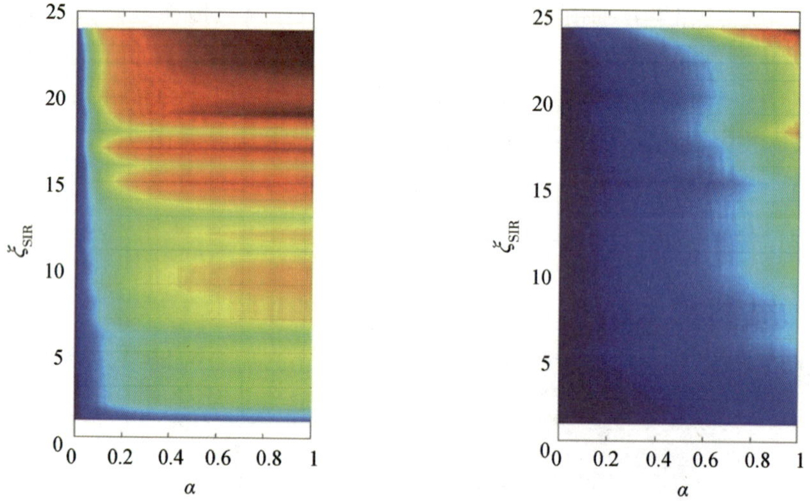

(a) β=0.01时 Ψ_{SIR} 随 α 的变化　　(b) β=0.5时 Ψ_{SIR} 随 α 的变化

图 4-34　不同 β 下的风险传播情况（船舶火灾/爆炸事故）

（2）目标节点对 β 的敏感性分析

类似地，在假设 α 恒定的情况下，研究 β 对 CN 中每个节点的风险传播能力的影响。以 $\alpha = 1$ 为例，节点级别对 β 的敏感性分析如图 4-35 所示，以 β 所在的轴为 X 轴，以节点重要度排序所在的轴为 Y 轴，以受影响节点数所在的轴为 Z 轴。可以观察到，大多数具有较小 β 的节点具有较高的风险传播能力。明显注意到，即使 β 值持续减小，甚至趋近于 0，ξ_{SIR} 编码为[6]、[12]、[14]和[16]等的目标节点的风险传播能力也将达到一定程度的饱和，即使没有人为干预，这些风险事件也很难触发严重后果或船舶火灾/爆炸事故。因此，分别设置 $\alpha = 1$、$\alpha = 0.3$ 和 $\alpha = 0.7$，将图 4-35(a)投影到 X–Y 轴上，可得到图 4-35(b)~(d)。

可以直观地得出，由 ξ_{SIR} 编码的目标节点，例如[16]和[18]，具有高重要度和低风险传播能力的异常特征，这是由于此类节点的低敏感性。对于不同 α，重要度排名前 10 个目标节点对 β 表示出高度的敏感性，表明对于这些节点进行风险管控极为有效。另外，将图 4-35(b)~(d)所示的结果与图 4-34(a)~(b)所示的结果进行比较，可以总结出灵敏度低的目标节点大部分重叠，并且无论 α 或 β 如何变化，

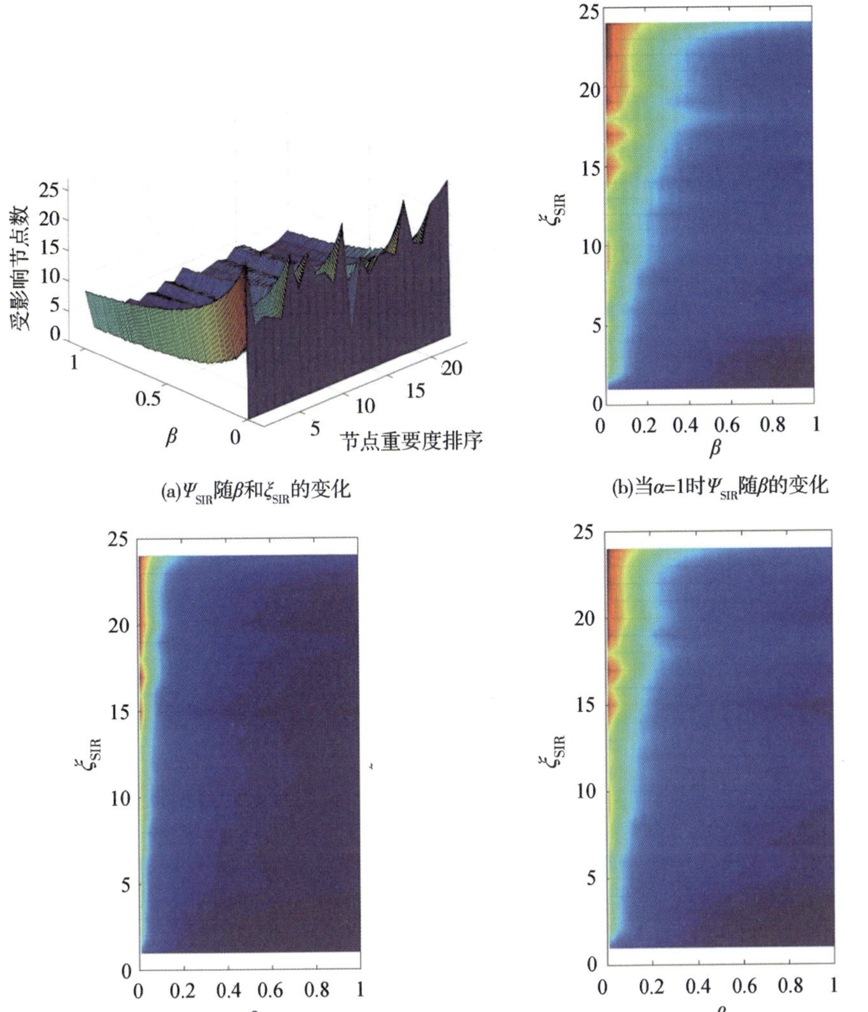

(a) Ψ_{SIR}随β和ξ_{SIR}的变化
(b)当α=1时Ψ_{SIR}随β的变化
(c)当α=0.3时Ψ_{SIR}随β的变化
(d)当α=0.7时Ψ_{SIR}随β的变化

图 4-35 节点级别对β的敏感性分析(船舶火灾/爆炸事故)

通过运行 SIR 仿真确定的异常节点都是一致的。这是由于所开发的 CN 涉及的节点的敏感性是不同的,并且α和β两个参数间高度耦合。

根据上述船舶火灾/爆炸事故的案例分析结果,针对船员不安全行为与状态的有效管控,提出以下几点措施:

①针对船舶火灾/爆炸事故,建立船员不安全行为与状态检查表。对火灾/爆炸风险事件按重要度进行排序,为船上的船员提供船员不安全行为与状态检查表,以便船员进行自我监测。此外,基于船员不安全行为与状态动态演化分析模型,对船员不安全行为与状态耦合风险及传播过程进行动态评估,不断更新船员不安全行为与状态检查表,以保证该表的时效性。

②提供系统化教育和培训。船公司需要提供系统化的安全教育,提高船员安全意识和火灾防范意识,确保船员熟悉船上明火作业规定,熟练掌握船上灭火操作程序,全面了解公司安全管理体系内容。定期安排船员进行船舶安全操作考核。船公司应该有计划地组织船上安全培训活动,重点培训船员在面临火情时的应对措施方面的能力。船上的培训记录应由公司安全主管检查,并通过实践演练定期评估培训质量。

③定期检查维护船舶设备。船公司应该定期检查船上装备设施,重点关注可能存在的火灾隐患,提供全方位的灭火装置并定期对其进行保养维护。安装并维护火灾检测装置,有助于船员及时发现火情并迅速响应,避免火势扩大造成重大损失。

第5章 面向船员不安全行为与状态管控的安全屏障设置

5.1 基于系统理论过程的安全屏障分析方法

面向在航船舶船员不安全行为与状态的有效管控，本书将 STPA 方法与安全屏障理论相互融合，在此基础上，提出了一种基于系统理论过程的安全屏障分析(System Theory Process-based Barriers Analysis，STPBA)方法，从系统分析的视角建立安全屏障的设置方法，以实现对船员不安全行为与状态的有效管控。本书在构建面向船员不安全行为与状态的安全屏障体系过程中，从 3 个层面分析计划构建的安全屏障体系，由高到低依次为系统层、功能层和物理层。3 个层面间的接口关系以及各层级的输入和输出如图 5-1 所示。

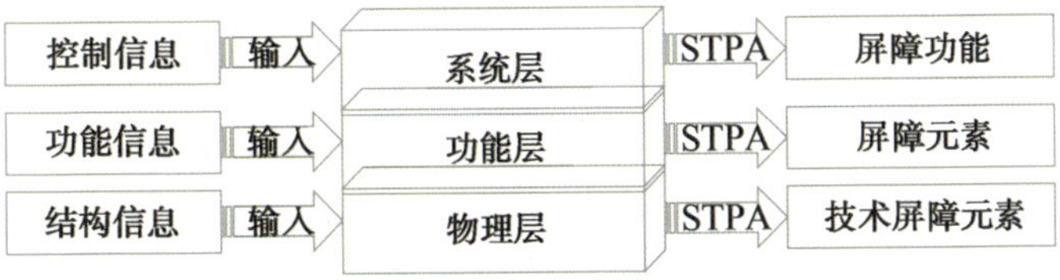

图 5-1　屏障迭代分析层级

基于 STPBA 方法构建面向船员不安全行为与状态管控的安全屏障体系，关键在于阐明特定船端风险情景、具体危害事件的表现形式、屏障功能需求以及屏障元素之间的逻辑关联，分析过程主要包括 4 个步骤，具体如图 5-2 所示。

(1)重大风险场景认知：在特定风险场景下对潜在重大事故危险(MAH)的辨

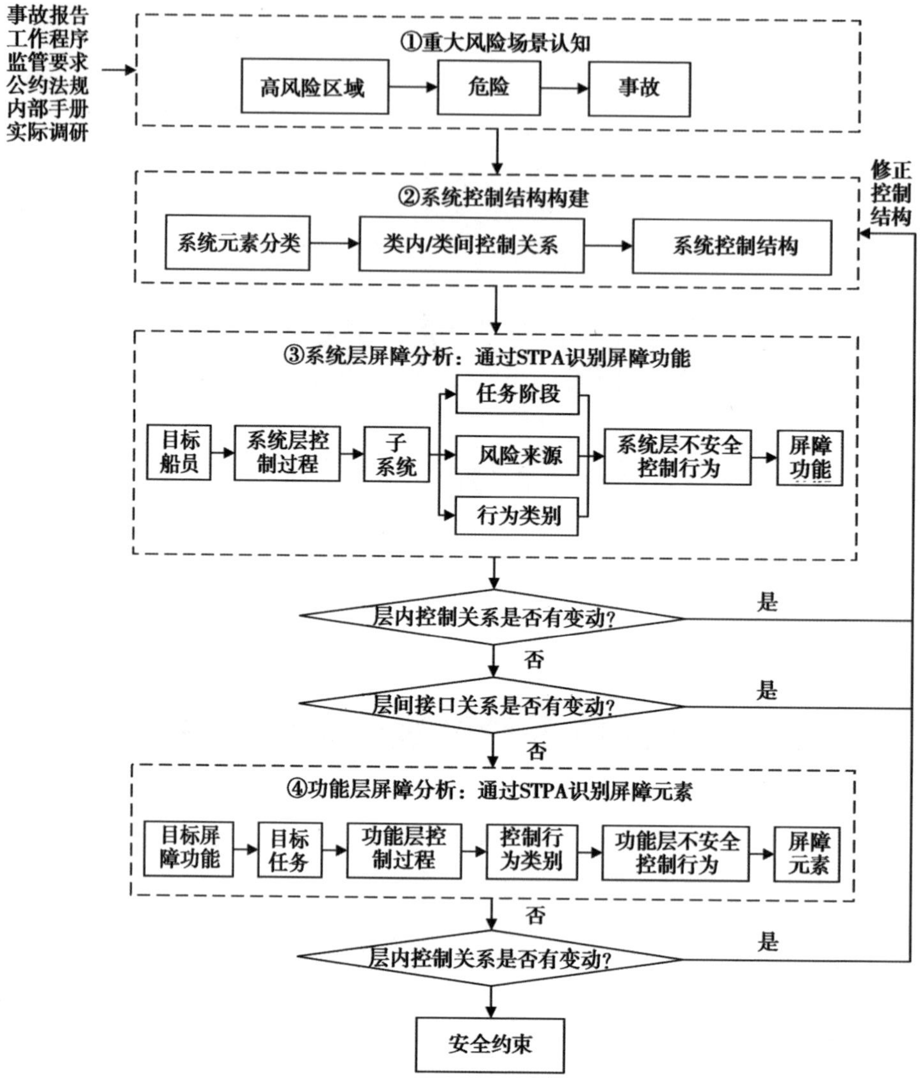

图 5-2　STPBA 方法的分析步骤

识。面向特定风险场景，比如船舶会遇、系泊操作、复杂水域航行等，辨识该风险场景下的 MAH，以蝶形图理论为基础，分析 MAH 的致因以及可能产生的后果，确定控制 MAH 的现有要求和任何必需的附加要求。

(2)系统控制结构构建。针对选定的风险场景，将协同执行同一任务的操作人员(船员)、设备、操作管理规程与周围作业环境等相关信息整合为一个完整的系统，系统的元素包括船员和设备。按照系统元素特征对其分类，识别类内或类间的相关控制回路，将控制回路集成为完整的系统控制结构。系统元素的分类使得系统控制结构的构建过程更加清晰。

(3)系统层屏障分析。以相关船员的操作活动为分析切入点，把特定类型船员确定为目标船员，将目标船员的相关控制过程从整体系统中分割出来，形成独立的子系统，推导预防危害事件（船员不安全行为与状态）和控制/减轻其后果所必需的屏障功能。在运营过程中，如果系统层内的控制关系或系统层与功能层间的接口关系发生变动，则需调整系统控制结构，进行系统层的 STPA 迭代，更新屏障功能列表。

（4）功能层屏障分析。对于每个屏障功能，分别将其确定为分析目标，进行功能层的 STPA，推导出防止危害事件（船员不安全行为与状态）和控制/减轻其后果所必需的屏障元素。在运营过程中，如果功能层内的控制关系发生变动，则需调整系统控制结构，进行功能层的 STPA 迭代，更新屏障元素列表。综合屏障元素和功能，输出涉及监管措施、边界和操作限制等安全约束。

5.1.1 重大风险场景认知

基于本书第 4 章中对船舶搁浅、碰撞、触碰、自沉、火灾/爆炸等 5 种海上交通事故进行的案例分析，将危害事件按照重要度和敏感度进行排序，辨识可能产生严重后果的重要事件，排序靠前的事件共同构成 MAH 列表。表 5-1 所示为 5 种海上交通事故类型中排名前 10 的危害事件，以此作为重点风险管控对象，构建安全屏障体系。

表 5-1　5 种海上交通事故类型中排名前 10 的危害事件（与船员行为有关）

排序	搁浅	碰撞	触碰	自沉	火灾/爆炸
1	转向时机不对/错过	未能对当时危险局面做出充分估计	未遵守船员通常做法/习惯航法	应急处置措施不当	液化石油气、油蒸气、石油等发生泄漏
2	应急处置措施不当	未发现潜在风险	未保持正规瞭望	船舶进水/甲板上浪	未发现潜在风险
3	船舶偏移	未保持正规瞭望	未能对当时危险局面做出充分估计	未及时发现货舱进水情况	违反船舶作业规程
4	未能对当时危险局面做出充分估计	未及早地采取有效的避碰行动	未尽到当时特殊情况下所要求的戒备	船舶稳性丧失	应急处置措施不当
5	未发现潜在风险	未采用安全航速	未发现潜在风险	未能对当时危险局面做出充分估计	火势迅速扩大并蔓延

续表

排序	搁浅	碰撞	触碰	自沉	火灾/爆炸
6	值班人员未按规定核对航向/船位	未尽到特殊情况下要求的戒备责任	未充分估计当前环境对船舶操纵的影响	船舶作业时未穿戴或正确使用防护用品	火灾/爆炸
7	未重视可疑事件	未遵守狭水道等特殊水域航行规则	应急处置措施不当	自沉	遇点火源起火
8	未充分利用助航仪器	未正确发出声响和灯光信号	未控制好船位	货舱舱盖板滑动移位	点燃可燃物，可燃气体
9	未充分估计当前环境对船舶操纵的影响	未遵守能见度不良情况下的行动规则	未及早地采取有效的避碰行动	未及时发出求救信息	未按油船安全作业规程进行除气和测爆
10	未控制好船位	驾驶台团队沟通协调不当	偏离既定航道/航线	应急处置措施不当	货物装卸时摩擦产生火花

5.1.2 系统控制结构分析

深入理解船员操作程序的交互逻辑对系统性地规范船员的不安全行为至关重要。因此，在面向船员不安全行为与状态构建安全屏障体系的过程中，首先需要系统理解船员相关操作过程或程序，利用任务分析法构建面向船员行为的控制结构。任务分析法是一种行之有效的操作程序解耦方法，根据任务分析法的基本原理，任务是操作人员或团队（船员）为实现作业目标而必须完成的物理动作或认知过程，任务分析是一种通过将操作目标分解为一组任务和子任务或动作来理解任务的技术。记录任务分析的方式有很多种，最常见的是任务层次结构、任务表或流程图，通过具体任务分析可以获得船员执行任务时所需的认知和手动操作、描述认知动作，这些信息的获取对于安全屏障体系设置是必要的。在本书的具体研究过程中，针对具体风险场景，以相关船员的操作活动为中心，梳理不同船员个体在不同的任务阶段中的具体工作职责，以此为基础，明确船员与船员、船员与设备间的控制关系。

基于以上基本原理，针对重点风险场景，以特定的任务目标为核心，划定系统边界，确定系统元素（与任务相关的船员和设备），面向系统内的船员行为（操作活动），确定元素间的控制关系，提取控制回路，将控制回路集成为一个整体，构建控制结构,以此描述驱动系统运行的基本控制原理。在该控制结构框架下,指导或控制船员相关操作行为的信息来源包括但不限于船上相关系统或设备的操作规范、安全管理体系中相关规定以及船员在常规船舶上执行各种任务的经验;控制关系包括船员与船员和船员与设备之间的控制关系;控制回路可以是基本控制单元,即两个系统元素之间的直接控制-反馈关系,也可以是多个基本控制单元共同构成的控制-反馈回路。

为了使得控制结构的构建过程更加清晰,将系统元素(船员和设备)按照任务特征划分为 3 个责任类别:管理类、执行类、受控类。其中,与任务相关的高级船员和普通船员分别划入管理类和执行类,被控设备划入受控类。从系统层面的角度来看,3 个责任类别分别对应 STPA 框架中的控制器、执行器和被控过程,类内或类间的控制过程通过各种传感形式获得反馈;从功能层面的角度来看,系统元素间的每一个基本控制回路均可以用 STPA 的基本控制形式表示,控制行为的发起方为控制器,作用方为执行器,通过执行被控过程,实现特定的屏障功能。根据特定目标船员在不同任务阶段的职能范围,重点考虑操作程序间的交互,来实施各个层面的屏障分析。

5.1.3　系统层屏障分析

在通过任务分析得到系统功能控制结构后,对于所确定的各区域内的每个 MAH,应进一步详细说明预防和减轻 MAH 的屏障功能。系统层屏障分析面向的对象是所有与目标船员相关的控制过程整合而成的多个子系统:以船员类别为单位,将与其任务、职能相关的控制过程整合成一个子系统,采用 STPA 方法对该控制子系统进行分析,得到系统层面的不安全行为,进而推导出抑制这些船员不安全行为所需的屏障功能。这一过程主要考虑系统层的控制关系,暂不关注功能和结构信息。STPA 认为控制回路的缺陷包括不完整、不一致、不正确、不及时这 4 种表现形式,具体有:

①船员任务的计划制订得不正确;

②船员任务布置不完整、不一致或不正确;

③船员与船员、船员与设备之间的控制关系不完整、不一致、不正确;

④控制过程的激励信息缺失或输入错误;

⑤船员、设备运行不正确;

⑥船员操作不及时;

⑦组件失效;

⑧未预料或超出界限的航行环境干扰;

⑨船员或传感设备信息采集和反馈不完整、不一致、不正确、不及时;

⑩船员或传感设备运行不一致。

其中,①、②、③、④是与控制器相关的缺陷,⑤、⑥是与执行器相关的缺陷,⑦、⑧是与被控过程相关的缺陷,⑨、⑩是与传感器相关的缺陷。

对应于船员不安全行为与状态类别:①、②、⑧可以通过制订良好的计划降低发生频率和减小影响,归类为计划缺陷;④、⑨、⑩属于沟通不畅导致的问题;在人为因素分析中,⑦可以通过定期检查来降低发生频率和减小影响;③、⑤、⑥可归因于选择了错误的决策、执行了错误的操作或主观违规。注意到在不同船员类型和不同任务执行阶段,同一种船员不安全行为的具体表现可能存在差异,因此上述分类并不能完全包含船员不安全行为与状态的特征。

为了更加全面、准确地辨识船员不安全行为与状态,在原 STPA 方法的基础上引入一种基于风险源概念的多维度人为错误分类方法。风险源是风险产生的源头,是致因因素的统称。一方面,任何区域中船员不安全行为与状态的致因均可归于特定类别的风险源中;另一方面,每种风险源对应到不同任务阶段和不同船员类型时会表现出不同形式的不安全行为。

综上,参考系泊设备指南中对人为错误的分类方法,将船员不安全行为与状态的风险来源分为 6 个类别,包括计划缺陷、沟通错误、检查错误、选择错误、操作错误、违规等。通过将风险来源联合风险场景、船员类型、任务阶段,达到从更高维度描述船员不安全行为与状态的目的。

需要注意的是,STPA 是一个动态迭代的过程。在船舶的整个运营阶段,控制结构可能因各种外因或内因发生变动,比如,因航行突发状况(例如人员受伤、设备临时故障/失效、作业环境改变等)而启动应急预案;船上人员组织架构调整、工作任务分配改变、设备性能的升级/降级、船舶的升级改造(增加传感器)/降级(设备老化损伤)等。

安全管理过程中必须根据实际情况不断调整控制结构,捕捉更多系统细节,持续地进行系统层屏障分析,以适应新出现的安全管理需求,通过在 STPBA 框架中引入分层治理的思想,令 STPA 的迭代过程既可以发生在同层级间也可以发生在不同层级间,即屏障分析在系统层不断更新扩展的基础上,还可以在功能层和物理层对屏障进行更深层的分析完善。分层治理的优势体现在以下两点:(1)实现控制关系的解耦与模块化。分层后,可以将不同层次的复杂控制关系进行有效解耦,形成模块化的控制结构。在层级间逻辑关系和控制接口保持不变的情况下,某一层级的屏障分析无需考虑其他层级的影响。这种模块化设计能够显著简化分析过程,提升迁移性和扩展性。(2)适应新安全场景的高效调整。分层后,面对新的安全场景时,仅需针对发生变动的层级和控制关系进行局部调整,相应的控制回路即可优化,而其他层级的分析结果可以直接复用,从而避免大量重复性工作,提高工作效率。

5.1.4　功能层屏障分析

功能层屏障分析是针对目标船员某一控制过程中的具体任务类型，对控制回路设计的控制功能实施屏障分析：针对船员的某一具体控制过程，将涉及的具体控制任务所需的控制功能整合成一个控制回路，采用 STPA 方法对控制回路进行分析，得到功能层不安全行为，进而推导所需屏障元素，并在整个运营阶段根据实际情况不断调整控制结构，以满足新出现的安全性要求。这一过程主要考虑功能需求，不关注系统和结构信息。除了输入和输出信息类型不同，功能层屏障分析流程与系统层屏障分析流程是完全一致的，不再赘述。

传统的研究将屏障元素分类为技术性屏障元素、组织性屏障元素、操作性屏障元素。在针对船员不安全行为与状态的安全屏障技术研究中，情况有所不同。船舶的技术性屏障元素可以进一步分为两类：一类是通过改变自身形状、状态或条件来执行屏障功能的元素，通常称为主动或功能屏障元素；另一类称为被动或结构屏障元素，此类执行功能时无需改变状态。主动屏障元素的特点是依赖操作人员、控制系统和/或智能设备的动作来实现功能，而被动屏障元素则集成在平台或船舶设计中，不依赖操作人员或控制系统的操作即可发挥作用。在涉及操作性屏障元素的研究中，鉴于关注对象是运营阶段的人为因素，假设系统设计无重大缺陷，不再单独讨论技术性屏障元素。但在不同系统中，操作性屏障元素和技术性屏障元素之间的相互作用和依赖程度可能有显著差异。一些屏障元素的主要功能，如与系泊相关的功能，高度依赖操作人员与技术系统的互动，执行不同系泊程序的顺序和时机由系泊人员的操作决定。需要注意的是，并非所有操作性屏障元素都与技术性屏障元素紧密结合。例如，一些与应急准备相关的操作性屏障元素，如搜救操作，几乎完全由操作人员执行，很少或不直接依赖技术性屏障元素。

对于组织性屏障元素，考虑到组织和操作性屏障元素之间存在的依赖关系，可以通过操作性屏障元素来描述组织性屏障元素，即采用操作性屏障元素捕捉操作员的任务，这些任务在实现预防或减轻危害方面发挥着直接作用，是屏障设置技术的关键环节。将组织性屏障拆解对应到不同的船员类型，通过船员类型应具备的职能范围分析操作性屏障元素。

现有的屏障元素分析方法，例如领结分析法，通常仅使用简短的任务描述或对相关程序的引用来确定操作性屏障元素，无法深入分析屏障机理，因此，本书将使用关键性安全任务分析（SCTA）对操作性屏障元素所涉及的任务进行更详细审查，将操作目标分解为一组子任务或动作来理解任务。SCTA 相关指南可在 http://www.energyinst.org/home 免费下载。

5.2 面向系泊区域的安全屏障体系设置

船舶系泊过程是最危险的作业之一。本节采用本书提出的STPBA方法,面向系泊区域,识别系统层危险、风险场景、不安全行为,进而推导出系泊区域的屏障功能和元素。

5.2.1 危险场景识别

STPBA方法流程的第一步是识别需要预防的事故以及可能导致事故发生的危险系统状态。STPA将事故定义为“导致损失的意外和计划外事件,包括人命损失或人身伤害、财产损失、环境污染、任务损失、经济损失等”。为此,定义了3种关于系泊系统的系统层事故后果,包括:

①Mo_A1:所有相关人员的受伤和死亡;

②Mo_A2:船体或各子系统遭到结构破坏或机械故障;

③Mo_A3:所有相关的设施和设备的损毁。

这些重大事故可能导致不同程度的严重损失,事故后果Mo_A1~Mo_A3的影响呈递减的趋势,Mo_A1无疑是最不能接受的后果,Mo_A2和Mo_A3会带来较大的经济损失。系泊系统的系统层危险指可能导致Mo_A1~Mo_A3的一系列灾难性后果的事件。那么在系泊系统中,危害事件有:

①Mo_H1:由于缆绳张力过大造成缆绳断裂回弹,可能导致Mo_A1、Mo_A2和Mo_A3事故的发生。

②Mo_H2:由于缆绳受力不均匀造成船体移动,与码头、地面其他设备发生碰撞,可能导致Mo_A1、Mo_A2以及Mo_A3事故的发生。

③Mo_H3:由于系泊设备失效或不恰当操作使船舶未停靠在安全区域,妨碍其他设备的正常运行,设备之间发生碰撞,导致Mo_A1、Mo_A2等事故的发生。

通过上述分析,可以得到系统层危险与事故的关联关系,如表5-2所示。

表5-2 危险与事故的关联关系

危险编号	危险描述	对应的事故后果
Mo_H1	缆绳断裂回弹	Mo_A1,Mo_A2,Mo_A3
Mo_H2	船体移动,发生碰撞	Mo_A1,Mo_A2,Mo_A3
Mo_H3	船舶未停靠在安全区域	Mo_A2,Mo_A3

每年由系泊缆绳在受力状态下断裂而造成的事故给许多海员和泊位工作人员造成了不同程度的伤害。以英国海事调查局的统计数据为例,在2007—2016年的

10 年中，他们共收到了 37 份此类事故报告。图 5-3 所示为英国船东保赔协会对系泊作业相关事故的致因统计，即使新的系泊技术能够提高系泊效率，但人的因素仍然是预防系泊事故的关键，在作业中仍应更多地关注缆绳回弹带来的伤害。本节针对 Mo_H1 系泊区域缆绳断裂回弹这一风险场景，采用所提出的 STPBA 方法进行分析。

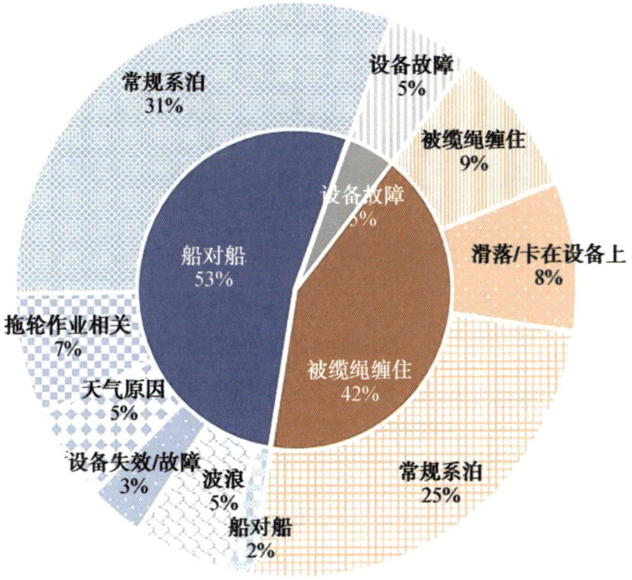

图 5-3 系泊事故原因统计

5.2.2 系泊区域控制结构

识别出事故和危险后，STPBA 方法流程的下一步是基于系统的控制原理进行任务分析，构建系统的控制结构。系泊设备指南建议把系泊区域相关的所有信息整合为一个完整的系统进行分析。基于任务分析，得到如图 5-4 所示的系泊区域的系统控制结构。

以 IMO 公约法规、公认的行业标准为框架，充分考虑风、流、潮汐、来自其他船舶的相互作用、波浪/涌浪/驻波、冰、吃水、纵倾或者横倾的变化，制订系泊系统管理计划（MSMP）和缆绳管理计划（LMP），驾驶台以此为依据指导系泊工作。整个系泊区域由管理类、执行类、受控类三个任务类别构成，分别包括以下内容：

（1）管理类：由驾驶台上的船长、引航员、值班驾驶员构成，涉及的控制过程包括：

①SMS→驾驶台；

②驾驶台→系泊区域、通信设备、照明设施（现场指挥人员）、船体。

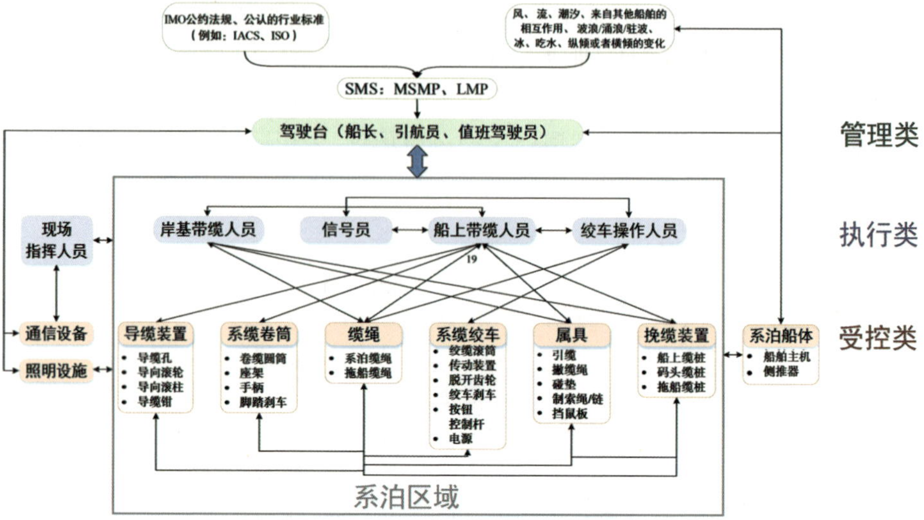

图 5-4　系泊区域的系统控制结构

(2)执行类：由作业现场的现场指挥人员、岸基带缆人员、信号员、船上带缆人员、绞车操作人员构成。涉及的控制过程包括：

①现场指挥人员→系泊区域；

②岸基带缆人员→船上带缆人员、缆绳、属具、挽缆装置；

③信号员→绞车操作人员；

④船上带缆人员→岸基带缆人员、信号员、绞车操作人员、导缆装置、系缆卷筒、缆绳、属具、挽缆装置；

⑤绞车操作人员→信号员、船上带缆人员、缆绳、系缆绞车。

(3)受控类：由通信设备、照明设施、导缆装置、系缆卷筒、缆绳、系缆绞车、属具、挽缆装置、系泊船体构成。涉及的控制过程包括：

①船上带缆人员→导缆装置；

②船上带缆人员→系缆卷筒；

③岸基带缆人员、船上带缆人员、绞车操作人员→导缆装置、系缆卷筒、系缆绞车、属具、挽缆装置→缆绳；

④绞车操作人员→系缆绞车；

⑤岸基带缆人员→船上带缆人员→属具；

⑥岸基带缆人员→船上带缆人员→挽缆装置；

⑦环境外力→系泊区域→船体；

⑧照明设施→系泊区域。

5.2.3　系泊区域屏障功能

确定系泊区域控制结构以后，需要针对特定船员类型的相关控制过程进行分析。以系泊绞车操作人员为例，相关的控制过程有：

①绞车操作人员→信号员、船上带缆人员、缆绳、系缆绞车；

②驾驶台→系泊区域；

③现场指挥人员→系泊区域；

④系泊区域→船体；

⑤照明设施→系泊区域。

考虑到控制过程"绞车操作人员→信号员→船上带缆人员"包含了控制过程"绞车操作人员→船上带缆人员"，因此省略掉后者，仅考虑情形更复杂的前者。此外，系泊操作指南中提到，在系泊作业期间，不推荐用绞缆绳的方式来调整船舶位置，而是使用拖船、船舶主机或侧推器来调整船位，并且使缆绳受力保持船位。因此，不考虑这一控制过程。最终确定与绞车操作人员直接相关的控制过程有6个，以此为依据，从系泊系统中分离出绞车操作人员的子系统控制回路，如图5-5所示。虚线为实际存在的但与绞车操作人员无直接关联的控制过程。箭头方向表示主动控制关系，每个主动控制过程都有反馈回路，图中已省略。

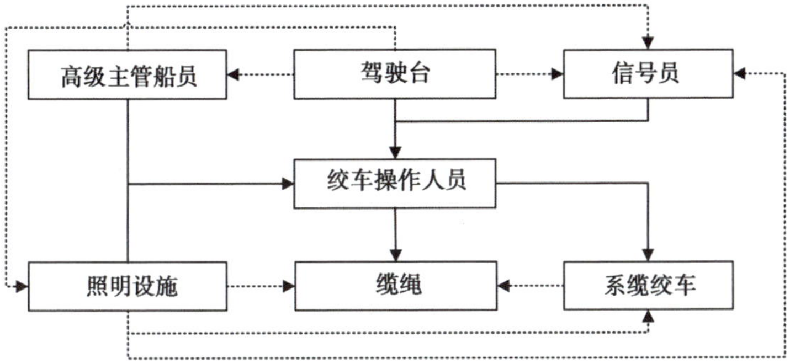

图 5-5　绞车操作人员的子系统控制回路

系泊过程根据任务阶段的特征可以划分为系泊准备阶段、系泊作业阶段以及系泊完成后的靠港值班阶段。以系泊作业阶段为例，缆绳断裂回弹(Mo_H1)主要是由缆绳张力过大导致的。根据绞车操作人员的系统层控制回路，在系泊作业阶段的系统层屏障分析中，绞车操作人员的安全控制行为有：

①Mo_CA1：执行驾驶台指令并有效反馈给作业现场指挥人员。

②Mo_CA2：与信号员保持良好沟通，有序配合作业。

③Mo_CA3：确保作业时照明设施功能正常，有问题及时反馈。

④Mo_CA4：收放缆绳时保持缆绳张力稳定。

⑤Mo_CA5:按规定操作系缆绞车。

以 Mo_CA5 为例,识别系泊作业阶段的不安全行为,分析结果如表 5-3 所示。

表 5-3 系泊作业阶段的不安全行为

人为因素风险来源	没有提供安全控制行为	提供了导致危险的控制行为	提供安全控制行为时机不当	提供安全控制行为持续时间不当
S1 计划缺陷	Mo_UCA5-S1-1 NA	Mo_UCA5-S1-2 NA	Mo_UCA5-S1-3 NA	Mo_UCA5-S1-4 NA
S2 沟通错误	Mo_UCA5-S2-1 发现设备异常未报告,继续使用故障设备,导致操作中系泊绞车失去对缆绳的控制,缆绳断裂回弹	Mo_UCA5-S2-2 报告设备故障信息不准确,导致不恰当的维修策略,操作中系泊绞车失去对缆绳的控制,缆绳断裂回弹	Mo_UCA5-S2-3 发现设备异常未及时报告,继续使用故障设备,导致操作中系泊绞车失去对缆绳的控制,缆绳断裂回弹	Mo_UCA5-S2-4 NA
S3 检查错误	Mo_UCA5-S3-1 未对设备进行有效检查,导致未能发现设备异常,系泊绞车失去对缆绳的控制,缆绳断裂回弹	Mo_UCA5-S3-2 未对设备进行正规检查,导致未能发现设备异常,系泊绞车失去对缆绳的控制,缆绳断裂回弹	Mo_UCA5-S3-3 未及时对设备进行正规检查,导致未能发现设备异常,系泊绞车失去对缆绳的控制,缆绳断裂回弹	Mo_UCA5-S3-4 未对设备状态进行持续监控,未发现设备异常,绞车失去对缆绳的控制,缆绳断裂回弹
S4 选择错误	Mo_UCA5-S4-1 NA	Mo_UCA5-S4-2 绞车操作方向选择错误,导致缆绳错误收放,缆绳受力失去平衡,张力过大,缆绳断裂回弹	Mo_UCA5-S4-3 NA	Mo_UCA5-S4-4 NA
S5 操作错误	Mo_UCA5-S5-1 未按指令通过绞车收放缆绳,导致缆绳失去控制,缆绳断裂回弹	Mo_UCA5-S5-2 绞车操作错误,导致缆绳失去控制,断裂回弹	Mo_UCA5-S5-3(1) 绞车脱开不及时,阻碍下一程序的实施,缆绳张力过大,断裂回弹。 Mo_UCA5-S5-3(2) 未及时操作绞车,导致缆绳失去控制,缆绳张力过大,断裂回弹	Mo_UCA5-S5-4 操作作用时机不当,导致缆绳失去控制,断裂回弹

续表

人为因素风险来源	没有提供安全控制行为	提供了导致危险的控制行为	提供安全控制行为时机不当	提供安全控制行为持续时间不当
S6 违规	Mo_UCA5-S6-1(1) 在未经批准的情况下修改或调整设备及相关设置,导致操作异常,缆绳失去控制,断裂回弹。 Mo_UCA5-S6-1(2) 未经允许擅自离开操纵台,导致绞车无人控制,缆绳失去控制,断裂回弹。 Mo_UCA5-S6-1(3) 长时间停车后未试车,未察觉设备异常,导致缆绳失去控制,断裂回弹	Mo_UCA5-S6-2(1) 同时进行几个方面的工作,导致注意力分散,缆绳失去控制,断裂回弹。 Mo_UCA5-S6-2(2) 擅自试车,导致缆绳超出负荷,断裂回弹	Mo_UCA5-S6-3 从事其他无关工作、注意力分散,导致操作不及时,缆绳失去控制,断裂回弹	Mo_UCA5-S6-4 从事其他无关工作、注意力分散,导致操作作用时机不当,缆绳失去控制,断裂回弹

识别出不安全控制行为后,可以很自然地得到约束不安全控制行为所需的屏障功能。对于缆绳断裂回弹(Mo_H1)这一风险场景,确定主屏障功能:按规定操作系缆绞车(Mo_CA6),根据表 5-3 中识别出的不安全控制行为,捕捉子屏障功能,如表 5-4 所示。

表 5-4　系泊作业屏障功能

人为因素风险来源	提供控制行为	提供安全的控制行为	及时提供安全控制行为	提供安全控制行为持续时间恰当
S1 计划缺陷	Mo_BA5-S1-1 NA	Mo_BA5-S1-2 NA	Mo_BA5-S1-3 NA	Mo_BA5-S1-4 NA
S2 沟通错误	Mo_BA5-S2-1 发现设备异常,停止使用故障设备并报告相关信息,预防因设备故障导致操作中失去对缆绳的控制	Mo_BA5-S2-2 准确报告设备故障信息,采用恰当的维修策略,预防因设备异常失去对缆绳的控制	Mo_BA5-S2-3 发现设备异常立即停止使用故障设备,及时报告,预防因设备故障导致操作中失去对缆绳的控制	Mo_BA5-S2-4 NA

续表

人为因素风险来源	提供控制行为	提供安全的控制行为	及时提供安全控制行为	提供安全控制行为持续时间恰当
S3 检查错误	Mo_BA5-S3-1 对设备进行有效检查,识别设备异常,预防系泊绞车失去对缆绳的控制	Mo_BA5-S3-2 按规定对设备进行检查,有效检出设备异常,预防系泊绞车失去对缆绳的控制	Mo_BA5-S3-3 及时对设备进行正规检查,发现设备异常,预防系泊绞车失去对缆绳的控制	Mo_BA5-S3-4 对设备状态进行持续的监控,保障设备持续正常运行,预防系泊绞车失去对缆绳的控制
S4 选择错误	Mo_BA5-S4-1 NA	Mo_BA5-S4-2 谨慎确认绞车操作方向,预防缆绳错误收放,缆绳受力失去平衡,张力过大	Mo_BA5-S4-3 NA	Mo_BA5-S4-4 NA
S5 操作错误	Mo_BA5-S5-1 正规操作绞车,收放缆绳,预防缆绳失去控制	Mo_BA5-S5-2 按照规定程序操作绞车,预防缆绳失去控制	Mo_BA5-S5-3(1) 操作完成后及时脱开绞车,预防阻碍下一程序的实施,缆绳张力过大。 Mo_BA5-S5-3(2) 及时对绞车进行操作,预防缆绳失去控制,缆绳张力过大	Mo_BA5-S5-4 操作作用时机恰当,预防缆绳失去控制
S6 违规	Mo_BA5-S6-1(1) 严格遵守变更管理流程的要求,严禁在未经批准的情况下修改或调整设备及相关设置,预防操作异常,缆绳失去控制。 Mo_BA5-S6-1(2) 严禁未经允许擅自离开操纵台,预防绞车无人控制,缆绳失去控制。 Mo_BA5-S6-1(3) 长时间停车后需要试车,预防因未察觉设备异常而导致缆绳失去控制	Mo_BA5-S6-2(1) 严禁同时进行几个方面的工作,预防注意力分散,缆绳失去控制。 Mo_BA5-S6-2(2) 严禁擅自试车,预防缆绳意外受力	Mo_BA5-S6-3 严禁从事其他无关工作、注意力分散,预防因操作不及时导致缆绳失去控制	Mo_BA5-S6-4 严禁从事其他无关工作、注意力分散,预防因操作作用时机不当导致缆绳失去控制

5.2.4 系泊区域屏障元素

通过在系统层第一次实施 STPA 捕捉到屏障功能后，需要在功能层第二次实施 STPA 迭代，分析屏障元素。针对屏障功能：严格遵循指令，以正规操作绞车收放缆绳（Mo_BA5-S5-1）为例，推导出实现屏障功能所需的屏障元素。

对于功能层来说，绞车操作人员和系泊绞车构成的控制回路中，控制器为绞车操作人员，执行器为系泊绞车的控制阀门，传感器有系泊绞车的压力传感器、速度传感器和张力传感器等。以液压绞车的收缆过程为目标展开分析。液压绞车内部结构可划分为动力部分（如液压泵）、执行部分（压力控制阀、流量控制阀和方向控制阀）、控制部分（如液压缸、液压马达）和辅助部分（管路和接头、油箱、过滤器、蓄能器、密封件）。其工作原理为：通过动力部分将原动机的机械能转换为油液的压力能（液压能），再由执行部分将液压泵输入的油液压力能转换为带动工作机构的机械能。在功能层屏障分析阶段，仅关注与船员直接相关的控制部分即可。图 5-6 为手动模式下液压绞车收缆时的系统功能控制原理图。

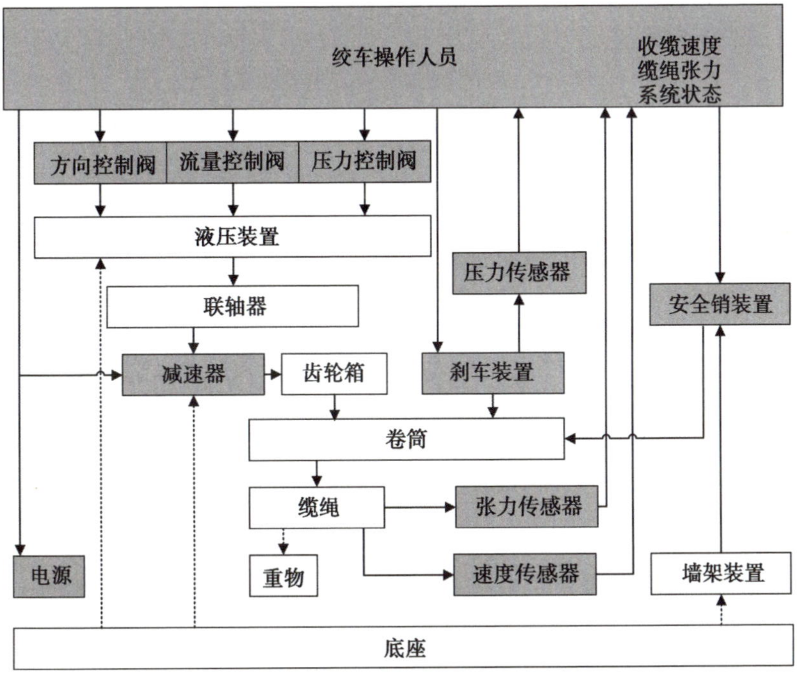

图 5-6 手动模式下液压绞车收缆时的系统功能控制原理图

根据手动模式下液压绞车收缆时的系统功能控制原理可知，收缆时与绞车操作人员直接相关的控制过程包括：

①绞车操作人员→方向控制阀；

②绞车操作人员→流量控制阀;
③绞车操作人员→压力控制阀;
④绞车操作人员→减速器(传动装置);
⑤绞车操作人员→刹车装置;
⑥绞车操作人员→安全销装置;
⑦绞车操作人员→电源;
⑧张力传感器→绞车操作人员;
⑨速度传感器→绞车操作人员;
⑩刹车压力传感器→绞车操作人员。

收缆时的危险场景主要是由人机交互的控制偏差导致的。根据手动模式下液压绞车收缆时的系统功能控制结构模型,在系泊作业阶段,绞车操作人员的控制行为有:需要收缆时,操作方向控制阀收起缆绳(Mo_CA1);操作流量控制阀保持收缆速度稳定在可控范围(Mo_CA2);通过压力控制阀设置油液压力(Mo_CA3);控制减速器(Mo_CA4);控制刹车装置(Mo_CA5);插拔安全销(Mo_CA6);开关电源(Mo_CA7);持续观察张力传感器(Mo_CA8)、速度传感器(Mo_CA9)、刹车压力传感器(Mo_CA10)。针对系泊作业阶段收放缆时的操作错误(S5),识别船员的不安全行为,如表 5-5 所示。

表 5-5　系泊作业功能层不安全控制行为

控制过程	没有提供安全控制行为	提供了导致危险的控制行为	提供安全控制行为时机不当	提供安全控制行为持续时间不当
Mo_CA1 操作方向控制阀	Mo_UCA1-S5-1 需要时未操作方向控制阀	Mo_UCA1-S5-2(1) 操作绞车的方向错误。 Mo_UCA1-S5-2(2) 卷筒上缆绳排列混乱	Mo_UCA1-S5-3 收绞缆绳过早/过晚	Mo_UCA1-S5-4 NA
Mo_CA2 操作流量控制阀	Mo_UCA2-S5-1 需要时未操作流量控制阀	Mo_UCA2-S5-2 收绞缆绳速度过快/过慢	Mo_UCA2-S5-3 需要时未及时操作流量控制阀	Mo_UCA2-S5-4 收绞缆绳时间过长/过短
Mo_CA3 操作压力控制阀	Mo_UCA3-S5-1 需要时未操作压力控制阀	Mo_UCA3-S5-2 NA	Mo_UCA3-S5-3 需要时未及时操作压力控制阀	Mo_UCA3-S5-4 NA

续表

控制过程	没有提供安全控制行为	提供了导致危险的控制行为	提供安全控制行为时机不当	提供安全控制行为持续时间不当
Mo_CA4 控制减速器	Mo_UCA4-S5-1 没有合上绞车的传动装置	Mo_UCA4-S5-2 NA	Mo_UCA4-S5-3 没有及时合上绞车的传动装置	Mo_UCA4-S5-4 NA
Mo_CA5 控制刹车装置	Mo_UCA5-S5-1 忘记使用刹车	Mo_UCA5-S5-2 直接松开绞车刹车释放缆绳	Mo_UCA5-S5-3 未及时刹车	Mo_UCA5-S5-4 长时间依靠刹车装置系缆，未将缆绳挽至缆桩
Mo_CA6 插拔安全销	Mo_UCA6-S5-1 忘记使用安全销锁住齿轮杆	Mo_UCA6-S5-2 NA	Mo_UCA6-S5-3 未及时使用安全销锁住齿轮杆	Mo_UCA6-S5-4 NA
Mo_CA7 开关电源	Mo_UCA7-S5-1 操作完成后未能断开/关闭设备	Mo_UCA7-S5-2 NA	Mo_UCA7-S5-3 未能及时开/关电源	Mo_UCA7-S5-4 NA
Mo_CA8 观察张力传感器	Mo_UCA8-S5-1 操作时未观察缆绳张力是否超出安全范围	Mo_UCA8-S5-2 NA	Mo_UCA8-S5-3 检查张力传感器频率过低、时间间隔过长	Mo_UCA8-S5-4 未持续监控缆绳张力状态
Mo_CA9 观察速度传感器	Mo_UCA9-S5-1 操作时未观察收缆速度是否超出安全范围	Mo_UCA9-S5-2 NA	Mo_UCA9-S5-3 检查速度传感器频率过低、时间间隔过长	Mo_UCA9-S5-4 未持续监控收缆速度是否稳定
Mo_CA10 观察刹车压力传感器	Mo_UCA10-S5-1 操作时未观察刹车压力是否超出安全范围	Mo_UCA10-S5-2 NA	Mo_UCA10-S5-3 检查刹车压力传感器频率过低、时间间隔过长	Mo_UCA10-S5-4 未持续监控刹车压力是否正常

针对绞车操作人员收缆过程，在功能层共识别出29种不安全行为，以此为依据，捕捉实现屏障功能“正规操作绞车，收放缆绳，预防缆绳失去控制（Mo_BA5-S5-1）”所需的操作性屏障元素。根据操作性屏障元素，提取相关技术屏障。基于性

能需求分析,确定屏障元素的 KPI,以便于在运营阶段对屏障实施性能检测。最终的分析结果如表 5-6 所示。

表 5-6　系泊区域屏障元素及 KPI

组织屏障(目标船员):绞车操作人员 屏障功能:正规操作绞车,收放缆绳,预防缆绳失去控制(Mo_BA5-S5-1)				
控制过程	操作屏障元素	操作屏障 KPI	技术屏障元素	技术屏障 KPI
Mo_BA1 操作方向控制阀	Mo_BA1-S5-1 现场指挥人员与绞车操作人员之间建立清晰的闭式回路通信,以便随时确认方向控制阀的操作状态	高效合理的通信规则/协议; 通信频率	通信设备	可靠性; 可用性
	Mo_BA1-S5-2(1) 时刻关注缆绳的受力方向,在绞车上标明缆绳的松绞方向,预防绞车操作(缆绳在滚筒上缠绕)方向错误	检查频率	缆绳松绞方向标识; 缆绳上涂等间距的颜色标记	标记清晰度; 标记完整性
	Mo_BA1-S5-2(2) 收绞自动缆时,按规定合理分配大小绞盘缆绳盘存圈数,各存盘注意排列整齐,预防角度不对而偏出绞盘外,卡牢在刹车杆与绞盘中间,严重的可导致缆绳断裂以及刹车板挤压外移,造成刹车皮碾碎受损	最大缠绕圈数; 检查频率	—	—
	Mo_BA1-S5-3 现场指挥人员与绞车操作人员之间建立清晰的闭式回路通信,以便确认方向控制阀的操作状态	高效合理的通信规则/协议; 通信频率	通信设备	可靠性; 可用性

续表

组织屏障(目标船员):绞车操作人员 屏障功能:正规操作绞车,收放缆绳,预防缆绳失去控制(Mo_BA5-S5-1)				
控制过程	操作屏障元素	操作屏障 KPI	技术屏障元素	技术屏障 KPI
Mo_BA2 操作流量控制阀	Mo_BA2-S5-1 现场指挥人员与绞车操作人员之间建立清晰的闭式回路通信,以便随时确认流量控制阀的操作状态	高效合理的通信规则/协议; 通信频率	通信设备	可靠性; 可用性
	Mo_BA2-S5-2 缆绳在收绞到最后时,应减缓速度,慢慢收起缆绳松散的一端,防止在通过导缆孔的时候出现鞭击	安全操作范围	操作经验 培训	在航时长; 等级证书; 培训时长; 培训频率
	Mo_BA2-S5-3 现场指挥人员与绞车操作人员之间建立清晰的闭式回路通信,以便随时确认流量控制阀的操作状态	高效合理的通信规则/协议; 通信频率	通信设备	可靠性; 可用性
	Mo_BA2-S5-3 现场指挥人员与绞车操作人员之间建立清晰的闭式回路通信,以便随时确认流量控制阀的操作状态	高效合理的通信规则/协议; 通信频率	通信设备	可靠性; 可用性
Mo_BA3 操作压力控制阀	Mo_BA3-S5-1 现场指挥人员与绞车操作人员之间建立清晰的闭式回路通信,以便随时确认压力控制阀的操作状态	高效合理的通信规则/协议; 通信频率	通信设备	可靠性; 可用性
	Mo_BA3-S5-3 高级船员与绞车操作人员之间建立清晰的闭式回路通信,以便随时确认压力控制阀的操作状态	—	—	—

续表

组织屏障(目标船员):绞车操作人员 屏障功能:正规操作绞车,收放缆绳,预防缆绳失去控制(Mo_BA5-S5-1)				
控制过程	操作屏障元素	操作屏障 KPI	技术屏障元素	技术屏障 KPI
Mo_BA4 控制减速器	Mo_BA4-S5-1 规范地合上绞车传动装置,操作完成后脱开齿轮	—	—	—
	Mo_BA4-S5-3 及时合上绞车的传动装置,操作完成后及时脱开齿轮	响应时间	—	—
Mo_BA5 控制刹车装置	Mo_BA5-S5-1 操作完成后收紧刹车	检查频率	传感器; 报警装置	信息采集频率; 报警间隔
	Mo_BA5-S5-2 不要直接松开绞车刹车释放缆绳,应合上离合器用车松放缆绳。将绞车连上齿轮,在绞车动力下放缆,预防缆绳损坏、回弹伤人	确认程序	—	—
	Mo_BA5-S5-3 操作完成后及时收紧刹车	响应时间	传感器; 报警装置	信息采集频率; 报警间隔
	Mo_BA5-S5-4 长时间依靠刹车装置系缆,未将缆绳挽至缆桩	检查频率	传感器; 报警装置	信息采集频率; 报警间隔
Mo_ BA6 插拔安全销	Mo_BA6-S5-1 使用安全销锁住齿轮杆,使得绞车处于制动状态	检查频率	安全销归位; 感应器; 报警装置	信息采集频率; 报警间隔
	Mo_BA6-S5-3 及时使用安全销锁住齿轮杆	响应时间	安全销归位; 感应器	信息采集频率; 报警间隔

续表

组织屏障（目标船员）：绞车操作人员 屏障功能：正规操作绞车，收放缆绳，预防缆绳失去控制（Mo_BA5-S5-1）				
控制过程	操作屏障元素	操作屏障 KPI	技术屏障元素	技术屏障 KPI
Mo_BA7 开关电源	Mo_BA7-S5-1 操作完成后关闭绞车的电源	检查频率	工作指示灯	指示频率
	Mo_BA7-S5-3 操作完成后及时关闭绞车的电源	响应时间	工作指示灯	指示频率
Mo_BA8 观察张力传感器	Mo_BA8-S5-1 操作时观察缆绳张力是否超出安全范围，防止受力过大造成缆绳断裂	检查频率	张力传感器； 张力报警器	信息采集频率； 张力报警阈值
	Mo_BA8-S5-3 操作时时刻观察缆绳张力是否超出安全范围，防止受力过大造成缆绳断裂	检查频率	张力传感器； 张力报警器	信息采集频率； 张力报警阈值
	Mo_BA8-S5-4 持续监控缆绳张力状态，注意缆绳绕滚筒的圈数，并根据受力情况适时调整	检查频率	培训	培训时长； 培训频率
Mo_BA9 观察速度传感器	Mo_BA9-S5-1 操作时时刻观察收缆速度是否超出安全范围	检查频率	缆绳上涂等间距的颜色标记； 速度传感器； 速度报警器	速度报警阈值； 信息采集频率； 标记清晰度； 标记完整性
	Mo_BA9-S5-3 检查速度传感器频率过低、时间间隔过长	检查频率	—	—
	Mo_BA9-S5-4 持续监控收缆速度是否稳定	检查频率	速度传感器； 速度报警器	信息采集频率； 速度报警阈值

续表

组织屏障(目标船员):绞车操作人员 屏障功能:正规操作绞车,收放缆绳,预防缆绳失去控制(Mo_BA5-S5-1)				
控制过程	操作屏障元素	操作屏障 KPI	技术屏障元素	技术屏障 KPI
Mo_BA10 观察刹车压力传感器	Mo_BA10-S5-1 操作时时刻观察刹车压力是否超出安全范围	检查频率	压力传感器; 压力报警器	信息采集频率; 压力报警阈值
	Mo_BA10-S5-3 检查刹车压力传感器是否频率过低、时间间隔过长	检查频率	—	—
	Mo_BA10-S5-4 持续监控刹车压力是否正常	检查频率	压力传感器; 压力报警器	信息采集频率; 压力报警阈值

由表5-6中可知,实现“正规操作绞车,收放缆绳,预防缆绳失去控制(Mo_BA5-S5-1)”所需操作屏障元素的KPI包括高效合理的通信规则/协议、通信频率、检查频率、最大缠绕圈数、安全操作范围、响应时间、确认程序等指标。技术屏障元素涉及通信设备、方向标识、颜色标记、培训、操作经验以及各类传感装置和报警装置等类别,技术屏障元素的KPI涉及可靠性、可用性、标记清晰度、标记完整性、在航时长、等级证书、培训时长、培训频率、信息采集频率、报警间隔、指示频率、张力/速度/压力报警阈值等指标,同类屏障元素的KPI具有一定的通用性。因此,在后续的分析和迭代过程中,可将功能相似的屏障元素合并,精炼屏障的性能监测清单,以便于在运营阶段实现屏障的动态管理。按此方法识别出其他屏障功能所需屏障元素,完成系泊安全屏障的设置工作。在运营阶段,定期采用定性或定量的方法评价屏障元素实际的KPI,对屏障性能进行严格监测,防止屏障退化、失效。

5.3 基于多智能体的安全屏障性能评价方法

本书建立了一种专门为船员交互风险定制的屏障分析框架,提出了一种基于多智能体的安全屏障性能评价方法:联系工程实际综合考虑工作流程、风险事件、安全屏障、任务状态,将其抽象为驱动系统动态行为的异构节点,将多智能体(船员和设备)之间复杂的交互过程抽象为有向边,建立多智能体交互网络。建立屏障重要度和敏感度评价模型,基于评价结果,建立重要度-敏感度评价矩阵,对屏障进行分类排序,提出相应的建议或对策。其总体技术路线如图5-7所示。

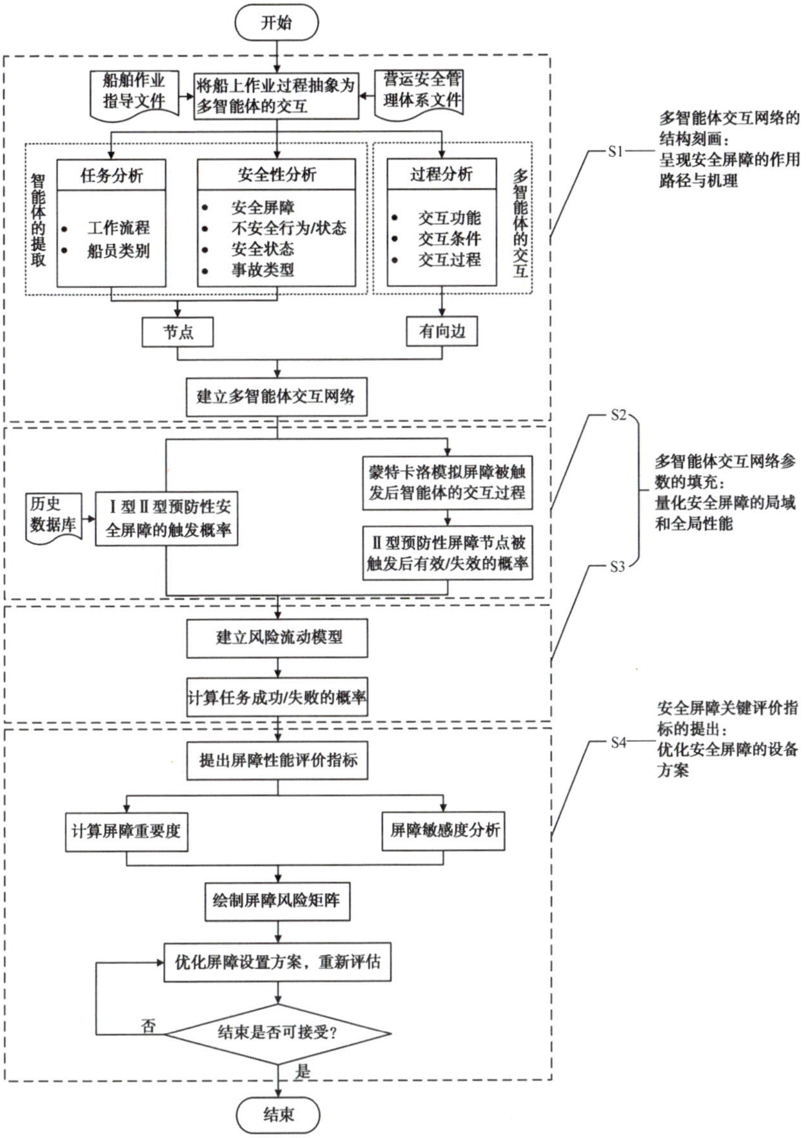

图 5-7　基于多智能体的安全屏障性能评价方法总体技术路线

5.3.1　多智能体交互网络结构刻画

基于所选定风险区域系统层次及任务序列，识别相关的船员类别和作业环境。将具备感知交互功能的个体抽象为智能体，通过智能体间的交互过程描述船员与船员、船员与作业环境之间的信息感知与交互关系。综合梳理船舶特定区域的作业指导文件与船舶营运安全管理体系文件，开展任务分析、安全性分析和过程分析,为多智能体交互网络结构的刻画奠定基础。

目前,安全屏障功能的分类尚无定论。本书中根据屏障在网络中的作用特征,以父节点是否以安全行为与状态为依据分别将安全屏障划分为Ⅰ型屏障和Ⅱ型屏障,其中,父节点以安全行为与状态的安全屏障为Ⅰ型屏障,父节点以不安全行为与状态的安全屏障为Ⅱ型屏障。Ⅰ型屏障被固化为工作流程的一部分,用于提升作业的可靠性,也就是说,Ⅰ型屏障与工作流程的界限在于,前者是任务的充分手段,后者是必要手段,这是此前研究没有考虑过的;Ⅱ型屏障用于纠正不安全行为与状态,由不安全状态触发,一旦其发挥既定的屏障功能,即可消除风险因素并回归正常工作流程。对于所涉及的Ⅰ型屏障功能,仅与当前控制过程中发挥主动控制功能的智能体的工作流程有关;对于Ⅱ型屏障,可能为当前智能体提供相关功能,也可能由第三方智能体提供二类屏障功能对当前交互子网络中的不安全状态予以纠正。

多智能体交互子网络与智能体的关系示意图如图 5-8 所示。对于存在交互关系的两个智能体 A 和智能体 B,每个交互过程都可抽象为一个多智能体交互子网络 $sub(G)_{A-B}[sub(G)_{A-B} \in S(G)_{A-B}]$,$S(G)_{A-B}$ 为智能体 A 和智能体 B 之间所有交互关系抽象成的多智能体交互子网络的集合。多智能体交互子网络以子任务的初始工作流程为触发事件(源节点),终止于任务状态(汇节点),中间节点类型包括安全操作、不安全行为、安全状态、不安全状态、安全屏障。

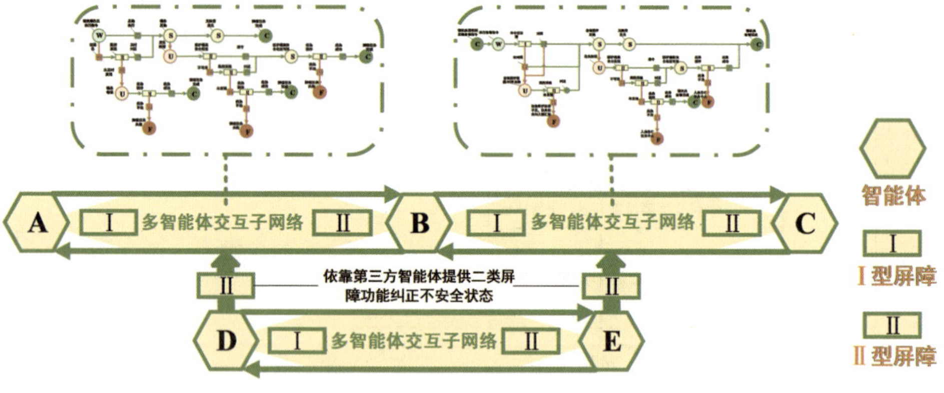

图 5-8　多智能体交互子网络与智能体的关系示意图

在提出的多智能体交互网络中,若事件 A 和事件 B 存在“与”的关系,且满足 $P(B)=P(B|A)$,在网络中对于事件 A 和事件 B 采用串联形式表示,这样做是为了便于后续概率流动模型的处理。

船员作业系统的状态演化是一种路径有限的随机过程,采用 Petri 网描述节点间的关联规则,如图 5-9(a)所示。将多智能体节点映射作为库所,节点之间的关联规则作为有向弧,父节点对于子节点的概率分配过程映射为变迁,按照工作流程的时序产生令牌,激活工作流程节点的状态,符合经典 Petri 网模型的基本构成要素。

为了方便后续风险流模型的计算，将 Petri 网模型进一步变形为如图 5-9(b)所示的形式，以此作为多智能体交互网络节点的关联规则模型。图 5-9(b)中，所有成功和失效路径由关联规则按照有向边的方向连接而成，将特定交互过程的相关路径组合起来，即可确定相应的多智能体交互子网络结构。其中，在作业中需要依据工作流程执行安全操作(①)，执行工作流程的过程中可能产生不安全行为(②)；Ⅰ型屏障的功能是提升当前工作流程的可靠性，因此工作流程(㉑)和安全状态(㉒)均可触发Ⅰ型屏障；Ⅱ型屏障的功能是纠正当前不安全状态，使得系统回归到正常的工作流程，这一过程可通过当前交互对象的交叉检查来完成(⑰)，也可设置第三方监督消除风险(⑱)；Ⅰ型屏障和Ⅱ型屏障均需要船员执行安全操作实现其功能(③和⑤)，也可能由于船员的不安全行为导致屏障功能降级或失效(④和⑥)；此外，考虑到工程实际中存在尽管执行安全操作也可能引发不安全状态，以及不安全操作可能不会造成严重后果的情况，引入规则⑦、⑧、⑨、⑩；同时，在没有人员干预的情况下，由于外在或内在环境扰动，安全状态可能一直会延伸至当前子任务成功状态(⑮)自发跃迁至另一种安全状态(⑬)，也可能进入不安全状态(⑪)，如操作正确的情况下突发设备故障或恶劣天气海况等意外险情；相应地，对于不安全状态亦是同理(⑫、⑭、⑯)；最后，考虑子任务间的记忆性，即无论当前子任务的状态是成功还是失败，都会影响下一阶段的工作流程(⑲、⑳)。

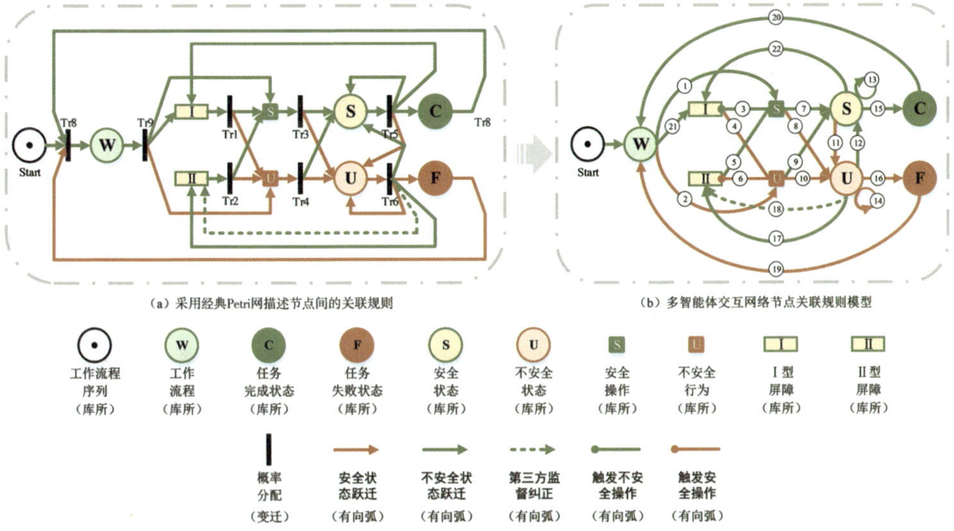

图 5-9　基于 Petri 网变形的多智能体交互子网络节点关联规则模型

5.3.2　多智能体交互网络参数确定

传统的 ABMS 采用模拟的方式确定网络参数，但对于复杂社会技术系统的分析并不适用，会导致参数组合爆炸的问题，使模拟时间不可接受。受到统计物理简并状态思想的启发，在网络中到达一个状态有很多路径，而单个智能体交互网络存在有限个状态（工况），将所有工况状态全部组合起来，进行模拟，即可从系统层次完成对系统安全状态和不安全状态的评价，还可以避免模拟时间过长。GB/Z 29638—2013/IEC/TR 61508-0：2005《电气/电子/可编程电子安全相关系统的功能安全　功能安全概念及 GB/T 20438 系列概况》强调了概率方法对于屏障定量分析的重要性，但以往的研究局限于单个时间的频率统计工作，并未用深层次法观察成功或失效路径，单纯的概率无法系统描述风险的传播特征。综上，多智能体很难通过解析方法求解，只能通过多智能体交互模拟统计得到，而人员交互纠正无法解析得到，必须用模拟，可以很自然地把两种方法结合起来。因此，采用概率计算与模拟相结合的方式。

$\text{sub}(G)_{A-B}$ 为智能体 A 与智能体 B 的某一交互过程抽象成的多智能体交互子网络。基于交互网络的拓扑结构，将网络参数分为三种类型，采用不同方式进行量化，以初步实现安全屏障的局域性能评价：

（1）$\text{sub}(G)_{A-B}$ 中仅与智能体 A 与智能体 B 相关的交互逻辑。基于历史数据库（船企历史运营数据库和事故报告）量化子网络中节点在作业过程中被触发的条件概率。

（2）$\text{sub}(G)_{A-B}$ 中需要第三方智能体提供二类屏障功能的交互逻辑。多智能体通过交互逻辑将多智能体交互子网络拼接起来。工况组合交互部分是未知的，且此类交互逻辑无法通过统计获得，需要通过模拟得到相关条件概率。例如，智能体 A 执行与智能体 B 相关的任务，智能体 C 对任务进行交叉检查和纠正。假设任务所需总时长为 T，可定义若 $2T$ 内未完成任务，则认为任务失败，则与第三方智能体之间可能的交互逻辑包括：

①至少在 T 内纠正不安全状态

——假定第三方交叉检查和发现不安全行为为独立事件，同时发生时屏障发挥作用。

——假定交叉检查行为符合泊松分布过程，在时间 T 内的查看次数符合泊松分布：

$$P\{N(t)=k\}=\frac{(\lambda t)k}{k!}\cdot e-\lambda t,\ k=0,1,2,\ldots$$

则期望为 $E[N(t)]=\lambda t$，发现不安全状态的概率为 $1-(1-P_1)\lambda t$。

②在 $[0,T]$ 内某个 Δt 内纠正不安全状态，则发现不安全状态的概率为 $[1-(1-P_2)\lambda t]\cdot\left[1-\left(1-\frac{\Delta t}{T}\right)\lambda t\right]$。

③在 $[0,T]$ 内某个 t_0 时刻前 $[0,t_0]$ 内纠正不安全状态

若 t_0 为常量，则发现不安全状态的概率同②；若 t_0 为随机变量，则发现不安全状态的概率为 $N(\mu\, t_0,\sigma)$。

至此,可以得到多智能体交互网络中所有边的条件概率。接下来,根据子网络间的屏障功能交互逻辑和工作流程任务时序,将所有子网络组装为一个整体,以实现对安全屏障性能的全局评价。大网络的邻接矩阵用 $\boldsymbol{A}^0$ 表示,对角线为子网络的邻接矩阵,子网络间的连接逻辑在相应位置标出,如图 5-10 所示。由于子网络在拼接过程中,同一节点的序号可能随着交互逻辑改变,当网络规模较大时,手动记录不切实际。本节采用递归算法处理这一过程,实现子网络拼接过程中节点序号的自动更新。

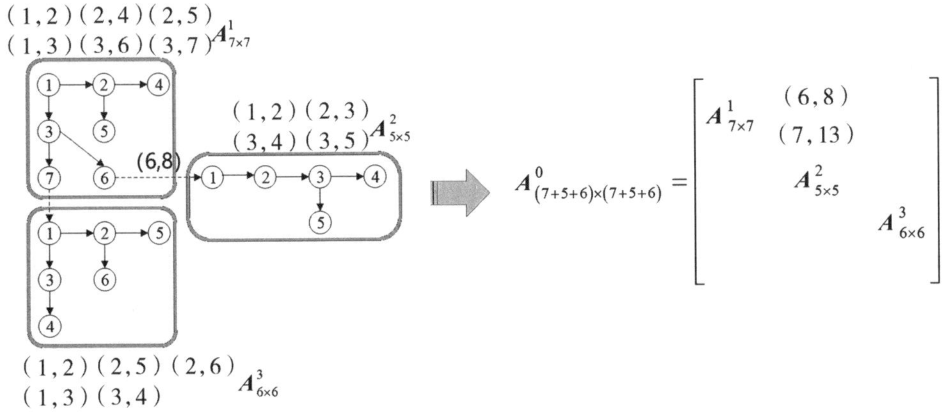

图 5-10 子网络拼接过程示意图

(3) sub $(G)_{\text{A-B}}$ 中节点的全概率。通过多智能体交互网络中船员执行任务的顺序和可能的结果,确定所有可能的工况组合,根据工况组合,确定屏障被触发后智能体的交互过程,采用蒙特卡洛仿真方法模拟屏障被触发后智能体的交互过程。采用蒙特卡洛仿真量化Ⅱ型屏障被触发后有效或失效的概率。

根据Ⅰ型屏障和Ⅱ型屏障在作业过程中被触发的概率,以及Ⅱ型屏障被触发后有效或失效的概率,以此为输入,建立概率流动模型,计算在当前安全屏障设置方案下任务最终成功/失败的概率,以此实现安全屏障的全局性能评价。

假设多智能体交互网络 G 中有 n 个节点,$\lambda = (v_{ij})_{1\times n}, i,j = 1,2,\cdots,n$,向量元素 v_{ij} 为多智能体交互网络中所有节点的概率值,该向量未知,需要求解。当对应节点为事故类型时,v_{ij} 的值等于在当前安全屏障设置方案下任务最终失败的概率 P_{fl};当对应节点为工作流程的汇节点时,v_{ij} 的值等于在当前安全屏障设置方案下任务最终成功的概率 P_{succ}。

受电路基本原理的启发,作者建立了一种概率流动模型,用于评估安全屏障性能并分析网络内风险的传播路径。图 5-11(a)给出了一个有向加权网络的示例,网络中的风险传播过程可以抽象为电路中电流的流动。因此,将有向加权网络转化为等效电阻网络,如图 5-11(b)所示。

如图 5-11 所示,将网络中的有向边类比为电流的方向,网络中的触发事件(源节点)类比于电源的正极,而汇节点(任务状态)被视为电源的负极,促成事件为中

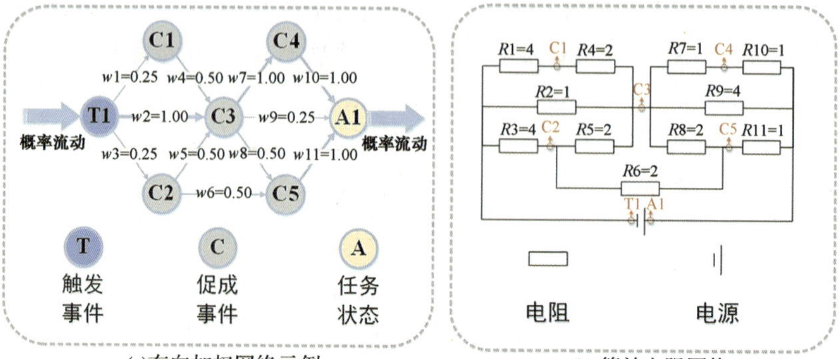

(a)有向加权网络示例　　(b) 等效电阻网络

图 5-11　概率流动模型建模原理示意图

间节点。某个节点的电导由源自目标节点的边的归一化权重确定。根据欧姆定律，从节点 v_i 到节点 v_j 的子电流可以通过下式计算：

$$I_{ij} = \lambda_i \cdot c_{ij} = \lambda_i \cdot \frac{w_{ij}}{\sum_{j \in V} w_{ij}} \tag{5.1}$$

其中，λ_i 是通过节点 v_i 的总电流，c_{ij} 表示节点 v_i 和节点 v_j 之间的电导。根据基尔霍夫电流定律，网络中每个中间节点的总电流（不适用于源节点和汇节点）为：

$$\lambda_i = \sum_{j \in V} I_{ij} = \sum_{j \in V} I_{ji} \tag{5.2}$$

将网络中的每个节点作为触发事件，有如下关系：

$$\begin{aligned}
v_1&: 0 + \lambda_2 c_{21} + \lambda_3 c_{31} + \cdots + \lambda_N c_{N1} + \mu_1 = 0 + \lambda_1 c_{12} + \lambda_1 c_{13} + \cdots + \lambda_1 c_{1N} \\
v_2&: \lambda_1 c_{12} + 0 + \lambda_3 c_{32} + \cdots + \lambda_N c_{N2} + \mu_2 = \lambda_2 c_{21} + 0 + \lambda_2 c_{23} + \cdots + \lambda_2 c_{2N} \\
&\vdots \\
v_N&: \lambda_1 c_{1N} + \lambda_2 c_{2N} + \lambda_3 c_{3N} + \cdots + 0 + \mu_N = \lambda_N c_{N1} + \lambda_N c_{N2} + \lambda_N c_{N3} + \cdots + 0
\end{aligned} \tag{5.3}$$

其中，μ_i 表示通过源节点或汇节点的电流，当 v_i 为源节点时为正，当 v_i 为汇节点时为负；否则为 0。为了方便计算，将上式改写为：

$$\boldsymbol{\lambda} \cdot \boldsymbol{C} + \mu = \boldsymbol{I} \cdot \boldsymbol{C}^{\mathrm{T}} \cdot \zeta \tag{5.4}$$

其中，$\boldsymbol{\lambda}$ 是 CN 中每个节点收敛的电流组成的行向量，是未知的，需要求解。可以通过引入对角矩阵将其转换为对称矩阵：

$$\boldsymbol{I} \cdot \boldsymbol{C}^{\mathrm{T}} \cdot \zeta = \boldsymbol{\lambda} \cdot \boldsymbol{W} \tag{5.5}$$

其中，对角矩阵 $\boldsymbol{W}$ 定义为：

$$\boldsymbol{W} = \begin{bmatrix} \sum_{j \in V} c_{1j} & 0 & \cdots & 0 \\ 0 & \sum_{j \in V} c_{2j} & \cdots & 0 \\ \vdots & \vdots & & \vdots \\ 0 & 0 & \cdots & \sum_{j \in V} c_{Nj} \end{bmatrix}$$

对于汇节点 $\boldsymbol{W}=0$,可推出:

$$\boldsymbol{\lambda}\times\boldsymbol{C}+\mu=\boldsymbol{\lambda}\times\boldsymbol{W} \tag{5.6}$$

已知 $\boldsymbol{W}$ 和 $\boldsymbol{C}$,需要求解 $\boldsymbol{\lambda}$。可推出以下关系:

$$\{\boldsymbol{C}^{\mathrm{T}}-\boldsymbol{W}\}\cdot\boldsymbol{\lambda}^{\mathrm{T}}=-(\boldsymbol{\mu}_{\mathrm{sink}}+\boldsymbol{\mu}_{\mathrm{source}})^{\mathrm{T}}\cdot\boldsymbol{\mu}_{\mathrm{sink}}=\boldsymbol{H}\cdot\boldsymbol{\lambda}^{\mathrm{T}} \tag{5.7}$$

其中,$\boldsymbol{\mu}_{\mathrm{source}}$ 由所开发算法的输入决定,是已知的。考虑 μ_i 和 λ_i 的定义,可将 $\boldsymbol{\mu}_{\mathrm{sink}}$ 改写为:

$$\boldsymbol{\mu}_{\mathrm{sink}}=\boldsymbol{H}\cdot\boldsymbol{\lambda}^{\mathrm{T}} \tag{5.8}$$

其中,$\boldsymbol{H}$ 为 $N\cdot N$ 的对角矩阵,表示为:

$$\boldsymbol{H}=\begin{bmatrix}0 & 0 & \cdots & 0\\ 0 & & 0 & 0\\ \vdots & \cdots & -1 & \vdots\\ 0 & 0 & \cdots & -1\end{bmatrix}$$

其中,汇节点所在行或列的对角线上的元素为-1,否则为0。

继续推出:

$$\{\boldsymbol{C}^{\mathrm{T}}-\boldsymbol{W}+\boldsymbol{H}\}\cdot\boldsymbol{\lambda}^{\mathrm{T}}=-\boldsymbol{\mu}_{\mathrm{source}}{}^{\mathrm{T}} \tag{5.9}$$

最终,$\boldsymbol{\lambda}^{\mathrm{T}}$ 可通过求解 $\{\boldsymbol{C}^{\mathrm{T}}-\boldsymbol{W}+\boldsymbol{H}\}$ 广义逆得到,如下所示:

$$\boldsymbol{\lambda}^{\mathrm{T}}=\{\boldsymbol{C}^{\mathrm{T}}-\boldsymbol{W}+\boldsymbol{H}\}^{\dagger}\cdot(-\boldsymbol{\mu}_{\mathrm{source}})^{\mathrm{T}} \tag{5.10}$$

表5-7对所提出的算法进行了说明。依次将网络中每个节点设置为源节点,即向量中的对应项设置为1,通过概率流动模型,可得到每个节点的概率流入量。$\boldsymbol{A}_{\mathrm{Q}}$ 中非零元素的个数代表了源节点的影响,可以用来表示目标节点的评价指标值。

表5-7 概率流动模型算法设计

输入:大小为 $N\cdot N$ 的邻接矩阵 $\boldsymbol{A}$。

参数:大小为 $N\cdot N$ 的邻接矩阵 $\boldsymbol{C}$,大小为 $N\cdot N$ 的对角矩阵 $\boldsymbol{H}$,大小为 $N\cdot N$ 的对角矩阵 $\boldsymbol{W}$,大小为 $1\cdot N$ 的向量 $\boldsymbol{\mu}_{\mathrm{source}}$,大小为 $N\cdot N$ 的矩阵 $\boldsymbol{A}_P$,大小为 $1\cdot N$ 的向量 $\boldsymbol{\lambda}$。

输出:大小为 $N\cdot 2$ 的影响力矩阵 $\boldsymbol{A}_Q$。

初始化 $\boldsymbol{\mu}_{\mathrm{source}}\leftarrow 0,\ C_{ij}\leftarrow\dfrac{A_{ij}}{\sum_{j=1}^{N}A_{ij}},\ \boldsymbol{H}\leftarrow 0,\ W_{ii}\leftarrow\sum_{j=1}^{N}C_{ij},\ \boldsymbol{A}_Q\leftarrow 0,\ \boldsymbol{A}_P\leftarrow 0,\ \lambda\leftarrow 0$

for $i\leftarrow 1$ to N do

$\boldsymbol{A}_Q(i,1)\leftarrow i$

if $\boldsymbol{A}(i,1:N)$ 的和为0,then

$\boldsymbol{H}(i,i)\leftarrow -1$

end if

end for

for $i\leftarrow 1$ to N do

$\boldsymbol{\mu}_{\mathrm{source}}(1,i)\leftarrow 1$

$\lambda\leftarrow(\boldsymbol{C}^{\mathrm{T}}-\boldsymbol{W}+\boldsymbol{H})^{\dagger}\cdot(-\boldsymbol{\mu}_{\mathrm{source}})^{\mathrm{T}}$

for $j\leftarrow 1$ to N do

  if $\lambda(j,1)>0$ then

续表

```
A_P(i,j) ← A_P(i,j) + 1
      end if
end for
end for
for i ← 1 to N    do
A_Q(i,2) ← [A_P(i,1:N) + A_P(1:N,i)]
end for
return A_Q
```

5.3.3 屏障性能指标及评价模型

根据多智能体交互网络参数,提出安全屏障的关键性能评价指标,计算安全屏障的关键性能评价指标的重要度和敏感度,基于重要度和敏感度,绘制屏障管理矩阵,结合工程实际情况,调整屏障设置方案,对比方案调整前后安全屏障的关键性能指标评价结果。若评价结果得到优化,则表明调整措施有效,否则修正屏障设置方案,直至安全屏障的关键性能指标评价结果可以被接受为止。

本书提出了 9 项安全屏障的关键性能评价指标,如下所示:

①Ⅰ型屏障在作业过程中被触发的概率 $P1_t$,反映了Ⅰ型屏障在整个系统中的活跃度;

②Ⅱ型屏障在作业过程中被触发的概率 $P2_t$,反映了Ⅱ型屏障在整个系统中的活跃度;

③Ⅰ型屏障被触发后有效的概率 $P1_{t-v}$,可用于评价屏障自身的局域性能;

④Ⅱ型屏障被触发后有效的概率 $P2_{t-v}$,可用于评价屏障自身的局域性能;

⑤Ⅰ型屏障被触发后失效的概率 $P1_{t-inv}$,可用于评价屏障自身的局域性能;

⑥Ⅱ型屏障被触发后失效的概率 $P2_{t-inv}$,可用于评价屏障自身的局域性能;

⑦在当前安全屏障设置方案下,任务最终成功的概率 P_{succ} 可反映屏障对于任务成功这一事件的贡献程度;

⑧在当前安全屏障设置方案下,任务最终失败的概率 P_{fl} 可反映屏障对于任务失败这一事件的贡献程度;

⑨屏障与工作流程的结合度 P_{tig},表示至少有一个屏障参与作业时,对任务完成的贡献,计算方式为 P_{tig}:

$$P_{\text{tig}} = \frac{(P_{\text{fl}} - P_{\text{fl}}^{*})}{P_{\text{fl}}} \tag{5.11}$$

式中,P_{fl}^{*} 为未设置屏障时任务完成的概率。

建立屏障重要度和敏感度评价模型,对每项指标实施性能评价。屏障重要度表示屏障对所研究体系的重要程度，评价指标的计算结果可直接反映这一特征。屏障敏感度表示的是通过调节该屏障优化所研究体系的难易程度。建立敏感度线性评价模型：

假设网络中屏障节点为 a，屏障被触发后指向节点 b_1，否则指向节点 $b_2, b_3, \cdots, b_n$。则屏障对成功的初始贡献度为：

$$P_1 = P_a A(a, b_1) \cdot P_{b_1\text{end}} + P_a \sum_{i=2}^{n} [w_i(1 - A_{ab_i}) \cdot P_{b_1\text{end}}] \tag{5.12}$$

若屏障发挥作用，则会在网络中引入扰动 δ，则有：

$$P_1' = P_a [A(a, b_1) + \delta] \cdot P_{b_1\text{end}} + P_a \sum_{i=2}^{n} [w_i(1 - A_{ab_i} - \delta) \cdot P_{b_1\text{end}}] \tag{5.13}$$

继续改写为：

$$\frac{P_1' - P_1}{\delta} = \frac{P_a \delta [P_{b_1\text{end}} - \sum_{i=2}^{n} (w_i \cdot P_{b_1\text{end}})]}{\delta} \tag{5.14}$$

则可推出线性敏感度 w_i 的计算方式为：

$$w_i = \frac{P(a, b_i)}{\sum_{i=2}^{n} P(a, b_i)} \tag{5.15}$$

以所得重要度和敏感度为坐标，绘制屏障管理矩阵，结合工程实际情况，调整屏障设置方案，对比方案调整前后所述安全屏障的关键性能指标评价结果。若评价结果得到优化，则表明调整措施有效，否则修正屏障设置方案，直至所述安全屏障的关键性能指标评价结果可以接受为止。每项指标的目标值根据实际应用情形会有所不同，以屏障与工作流程的结合度 P_{tig} 为例，若在作业中偏向预防性措施，则应降低工作流程对于Ⅱ型屏障的依赖程度，即使得 P_{tig} 的重要度值尽可能小；相应地，应使得Ⅰ型屏障的 P_{tig} 的重要度值尽可能大；理想状态下，P_{tig} 敏感性应趋于收敛，使得屏障性能尽可能稳定。

5.4　锚泊区域安全屏障性能评估案例分析

锚泊作业是船舶作业的关键性操作。锚泊操纵因其碰撞风险大、作业时间长、操纵要求高等特点，已成为影响航运安全的重要因素之一。本节针对锚泊区域抛锚任务阶段中船长、大副、锚机操作员、锚泊设备的交互过程，在功能层建立 STPA 控制结构，采用所提出的安全屏障性能评估方法，对功能层任务相关安全屏障性能实施量化评估。

5.4.1　抛锚阶段多智能体交互网络

基于功能层建立的锚泊 STPA 控制结构如图 5-12 所示。

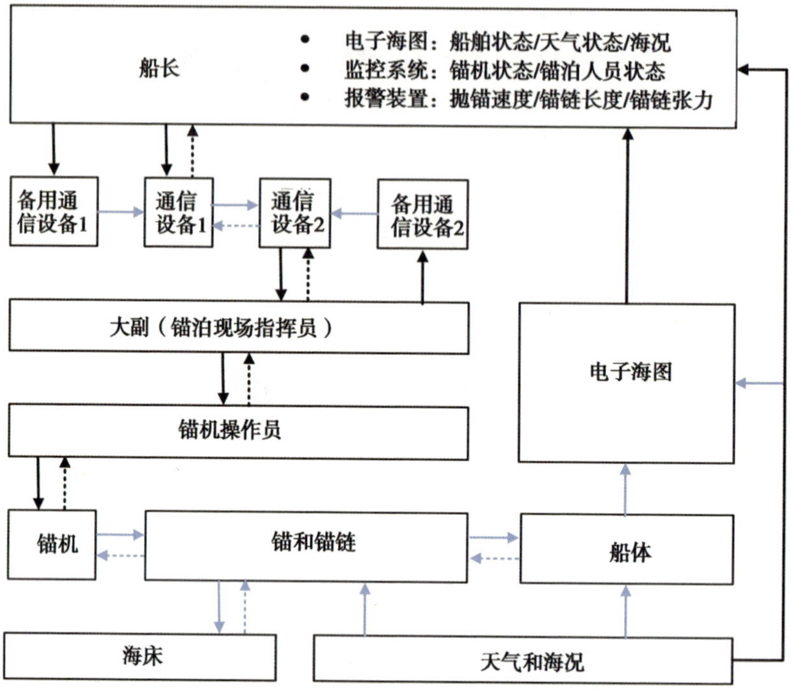

图 5-12　基于功能层建立的锚泊 STPA 控制结构

抛锚阶段工作流程的划分及任务执行过程包括：

（1）船长下达抛锚指令，大副确认抛锚指令

船长通过电子海图确认判断满足抛锚条件后，在驾驶台采用通信设备向大副下达抛锚指令。建立通信前，船长和大副需各自提前检查通信设备和备用通信设备；通信过程中，双方需遵守闭环通信规则，直至确保大副正确理解抛锚指令，则认为完成当前工作流程，否则认为任务执行失败。下达指令期间，船长需通过监控系统对锚泊现场执行状态进行监督，如初始通信设备故障，则替换备用通信设备，如备用通信设备故障，则执行通信应急程序。

（2）大副向锚机操作员传递抛锚指令，锚机操作员确认抛锚指令

大副在锚泊现场向锚机操作员传递抛锚指令，通信过程中，双方需遵守闭环通信规则，直至确保锚机操作员正确理解抛锚指令，则认为完成当前工作流程，否则认定任务状态为失败。

（3）锚机操作员执行抛锚指令

锚机操作员在锚泊现场执行抛锚操作，执行过程中需要规范穿戴防护用具，并保持安全站位。若抛锚程序正确执行且并未发生险情，则认为完成当前工作流程，

否则认定任务状态为失败。执行抛锚操作过程中，船长和大副需对锚泊现场进行状态监督，如果抛锚作业存在不安全状态，需要及时纠正，如果发生意外险情，需要执行应急程序消除险情。

如前所述，构建的多智能体交互网络具有风险记忆性。例如，不规范的备锚操作可能导致锚泊设备维护检查不足，从而使抛锚阶段设备故障率提高；此外，由于认知或记忆问题，大副可能将错误的抛锚指令传递给锚机操作员，错误的指令信息会成为隐患，影响锚机操作员抛锚任务的执行，船长可通过监控系统发现锚泊现场的作业异常状态，并予以纠正，使其回归正常的工作流程。最终，构建抛锚阶段多智能体交互子网络如图 5-13(a)~(i)所示。

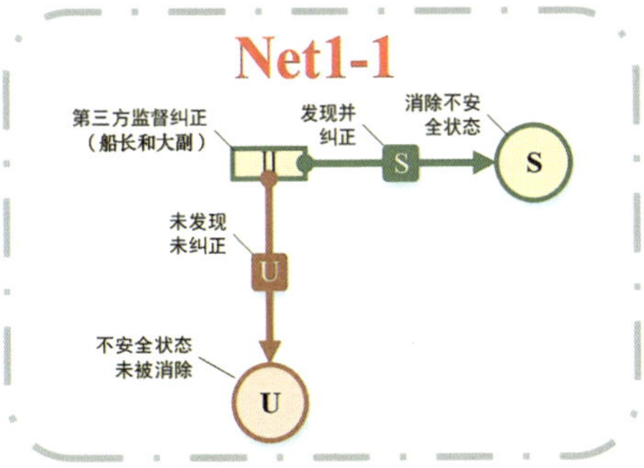

(a) 船长和大副监督纠正模块

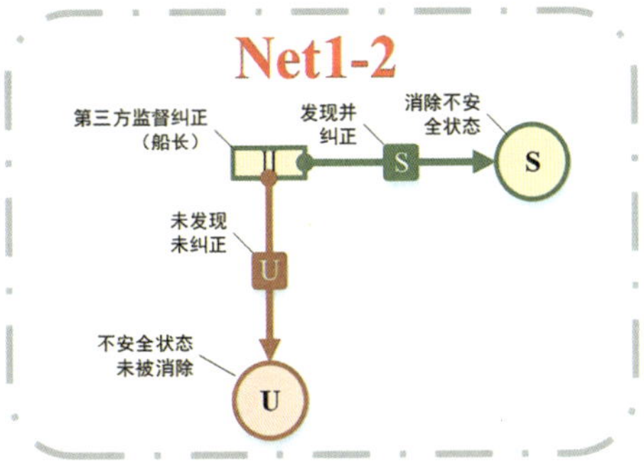

(b) 船长监督纠正模块

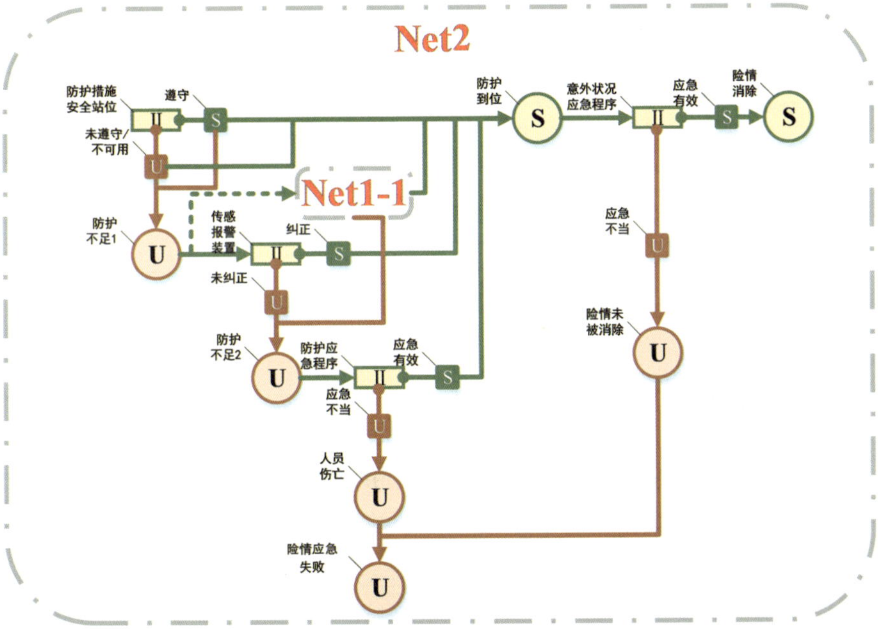

(c) 险情处理模块

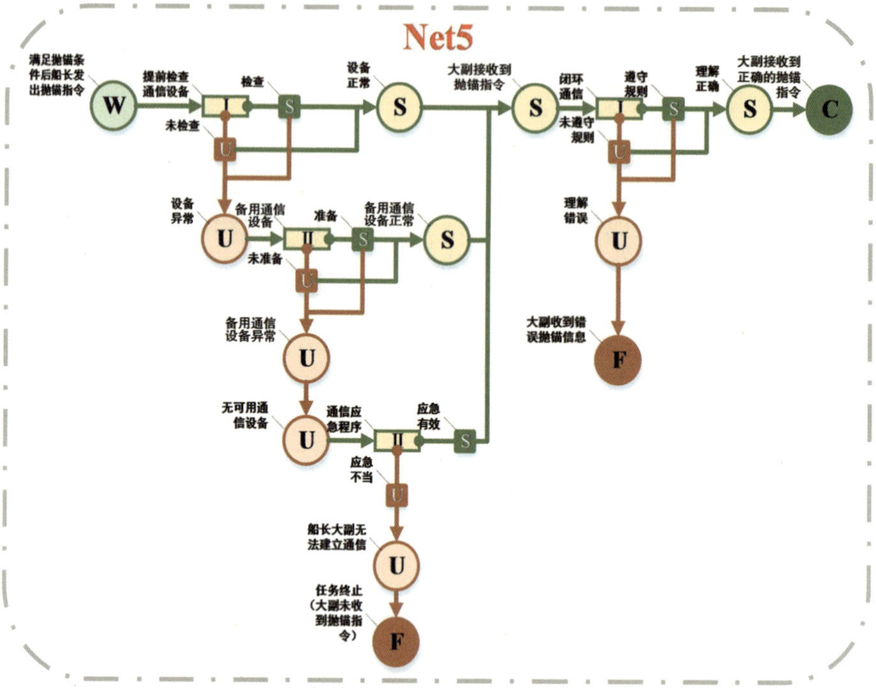

(d) 船长向大副下达抛锚指令

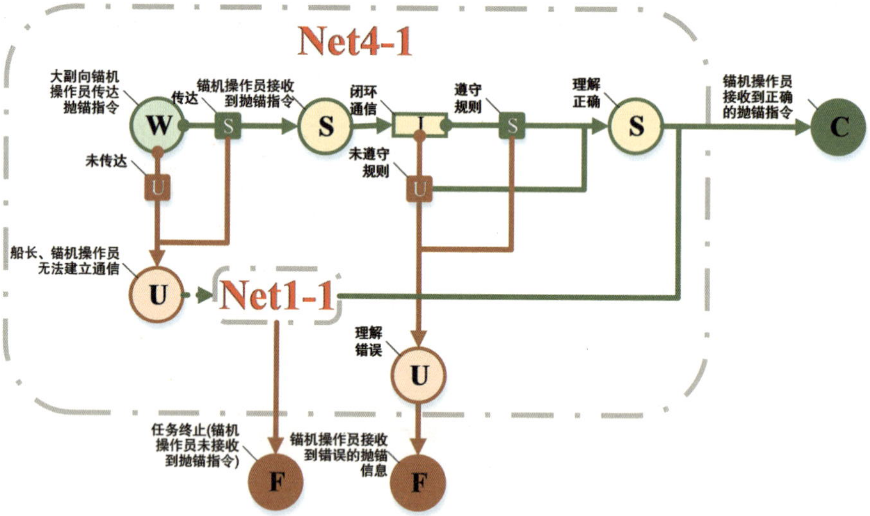

(e) 大副向锚机操作员传达正确的抛锚指令

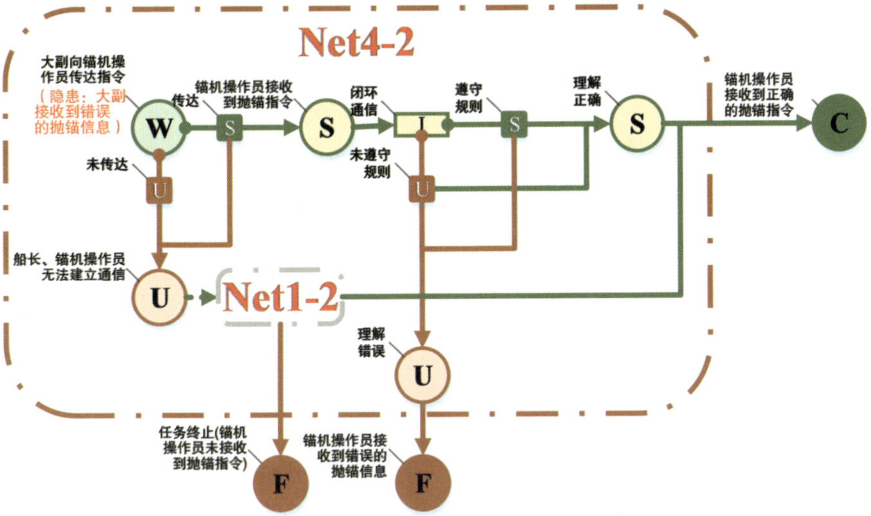

(f) 大副向锚机操作员传达正确的抛锚指令

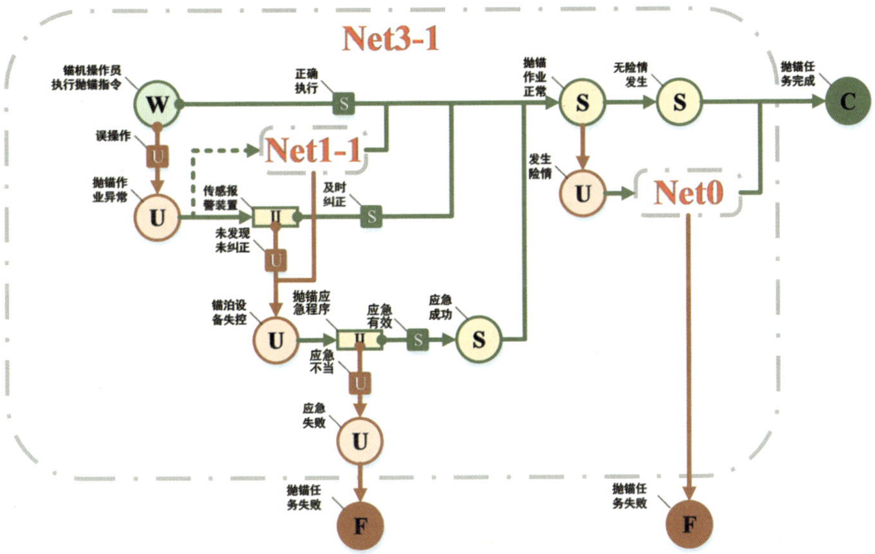

(g) 锚机操作员执行正确的抛锚指令(船长和大副纠正)

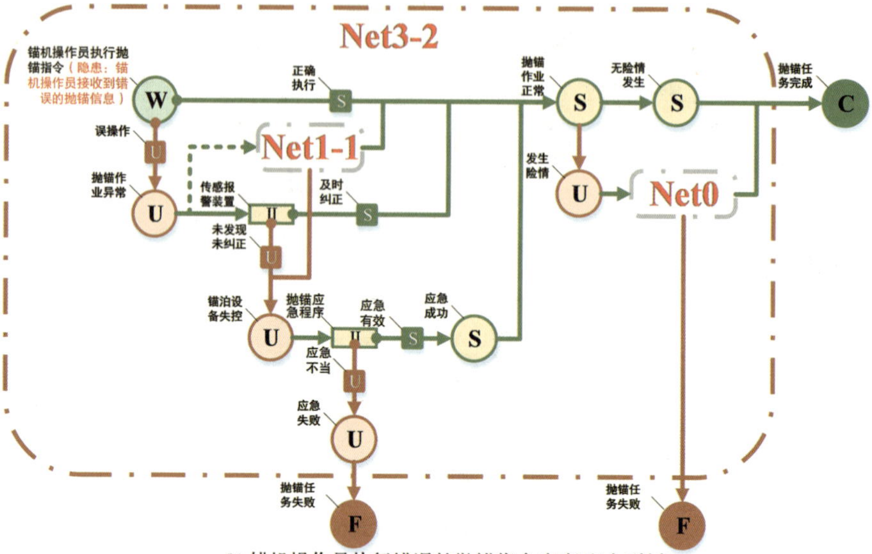

(h) 锚机操作员执行错误的抛锚指令(船长和大副纠正)

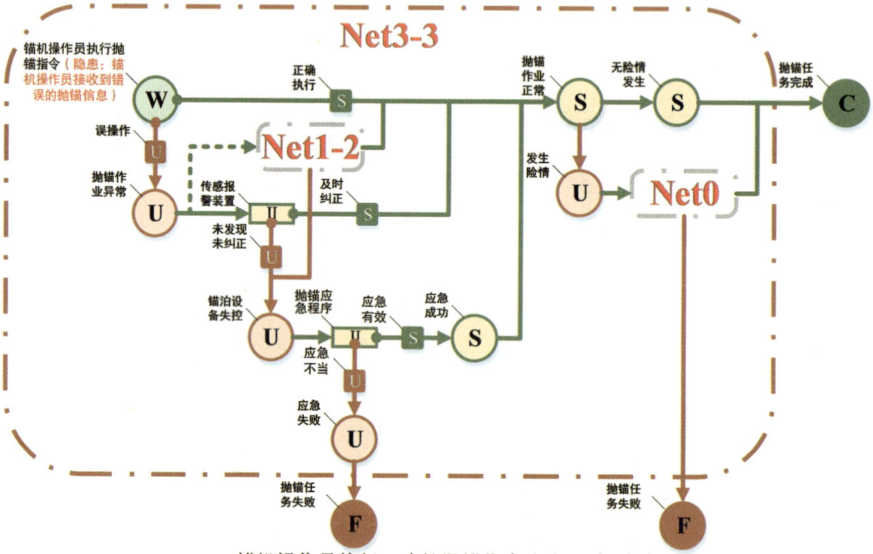

(i) 锚机操作员执行正确的抛锚指令(船长和大副纠正)

图 5-13　抛锚阶段多智能体交互子网络

抛锚作业阶段相关安全屏障功能如表 5-8 所示，抛锚作业以Ⅱ型屏障为主，在重大事故发生前，对船员的不安全行为与状态予以纠正，使得作业回归正常的工作流程。多智能体交互网络中允许考虑屏障功能降级的情况，例如，即使在作业过程中合规穿戴防护装备并保持安全站位，但事故发生时可能仍然无法避免发生人身伤害事件。相反地，尽管驾驶台和锚泊现场之间的不恰当通信已经导致了许多严重事故，但大部分情况下即使不遵守“闭环通信规则”，消息也能够准确地传递给对方。

表 5-8　抛锚作业阶段相关安全屏障功能

节点序号	节点名称	说明
1	作业防护装备	Ⅱ型屏障，当发生危险时，用于保护船员避免人身伤害的装备或措施，例如：划定安全作业区域、张贴安全标识、穿戴防护装备等，锚泊现场作业时应合规穿戴安全装备，保持安全站位，保障安全标识清晰可见
2	监控系统	Ⅱ型屏障，当被控制方执行工作指令时，控制方通过监控系统（远程电子监控或现场查看）检查作业状态是否按照预期进行，若发现作业状态异常，需予以纠正
3	锚机传感报警装置	Ⅱ型屏障，锚机装置配有张力传感器、出链长度传感器、出链速度传感器，当检测值超出安全阈值时，会触发报警装置进行状态预警，提醒船员采取应急措施纠正当前不安全状态
4	闭环通信规则	Ⅰ型屏障，船员之间使用闭式回路通信以避免误解：发送者发出信息，接收者重复信息，发送者予以确认
5	通信装置测试程序	Ⅰ型屏障，驾驶台与锚泊现场建立远程通信时，在消息发出前需要提前测试通信设备的可用性，以确保消息能够顺利发出
6	备用通信设备	Ⅱ型屏障，应准备备用通信设备，当基本通信设备突发故障时需要替换设备恢复通信
7	通信应急程序	Ⅱ型屏障，当通信设备均不可用时，启动通信应急程序恢复通信。将应急程序进行打包，处理为二型屏障进行分析，如需分析应急过程的更多细节，可采用 STPA 的分层控制思想，将应急过程处理为一个独立的网络实施屏障进行分析
8	锚泊应急程序	Ⅱ型屏障，区别于序号 9“险情应急程序”，指由于人为操作不当造成的紧迫情况，此类程序一般有较为清晰的处理流程，锚泊现场船员可依据规定采取恰当的应急措施
9	险情应急程序	Ⅱ型屏障，区别于序号 8“锚泊应急程序”，指由于非人为因素造成的意外紧迫局面，此类状况具有不可预判性，需要紧急联系船长，制定应急预案，消除险情

5.4.2　屏障性能的局域和全局评价

节点之间的条件概率包括船员的可靠性数据和事故故障率两种类型，可基于历史运营数据库和事故报告等失效事故统计获取，应用 HRA（Human Reliability Analysis）框架对所收集的数据进行分类整理，如表 5-9 所示。

表 5-9　HRA 基本数据库

序号	一级分类	二级分类	解释	频率	外因	内因	频次
1	误操作	任务执行	选错	NA	设计相似性	NA	7/8 058
2	误操作	任务生成	记错或解释错	经常	NA	NA	2/2 088
3	误操作	任务生成	记错或解释错	很少	NA	NA	6/423
4	误操作	任务生成	记错或解释错	很少	存在其他误差因素	NA	4/134
5	误操作	任务生成	记错或解释错	很少	极易出错	NA	2/9
6	遗漏	认知问题	不记得(信息未记住,书面信息未阅读或解释正确)	熟练	NA	NA	1/15 200
7	遗漏	认知问题	不记得(信息未记住,书面信息未阅读或解释正确)	经常	NA	NA	3/3 067
8	遗漏	认知问题	不记得(信息未记住,书面信息未阅读或解释正确)	很少	NA	NA	1/48
9	遗漏	认知问题	不记得(信息未记住,书面信息未阅读或解释正确)	很少	中高度水平压力	NA	3/185
10	遗漏	认知问题	不记得(信息未记住,书面信息未阅读或解释正确)	很少	中高度水平压力	不符合人体工程学的工作环境	2/41
11	遗漏	认知问题	不记得(信息未记住,书面信息未阅读或解释正确)	很少	压力适中	动态工作环境导致易出错	1/7
12	遗漏	认知问题	不记得(信息未记住,书面信息未阅读或解释正确)	极少	NA	NA	1/3
13	遗漏	故意	核对	NA	压力适中	NA	2/651
14	遗漏	故意	核对	NA	中高度水平压力	NA	2/180

该 HRA 框架可以与 STPA 很好地结合起来,为本书所提出框架的数据输入提供支撑。根据抛锚过程中不安全行为的基本特征,将数据库中的数据类型进行归类组合,再通过不同船员类型适任程度、身体状况等致因因子加以修正,即可得到船员不安全行为与状态的条件概率,最终确定基于抛锚过程的多智能体交互网络条件概率表如表 5-10 所示。

表 5-10　基于抛锚过程的多智能体交互网络条件概率表

网络编号	起始点	终点	条件概率
Net1-1	(抛锚)第三方监督纠正(船长和大副)	发现并纠正	0.939 2
		未发现未纠正	0.060 8
	发现并纠正	消除不安全状态	1.000 0
	未发现未纠正	不安全状态未被消除	1.000 0
	不安全状态未被消除	任务终止(锚机操作员未接收到抛锚指令)	1.000 0
	消除不安全状态	锚机操作员接收到正确的抛锚指令	1.000 0
Net1-2	(抛锚)第三方监督纠正(大副)	发现并纠正	0.796 4
		未发现未纠正	0.203 6
	发现并纠正	消除不安全状态	1.000 0
	未发现未纠正	不安全状态未被消除	1.000 0
	不安全状态未被消除	防护不足	1.000 0
	消除不安全状态	防护到位	1.000 0
	消除不安全状态	锚机操作员接收到正确的抛锚指令	1.000 0
	不安全状态未被消除	任务终止(锚机操作员未接收到抛锚指令)	1.000 0
	消除不安全状态	抛锚作业正常	1.000 0
	不安全状态未被消除	锚泊设备失控	1.000 0
	消除不安全状态	抛锚作业正常	1.000 0
	不安全状态未被消除	锚泊设备失控	1.000 0

续表

网络编号	起始点	终点	条件概率
Net2	防护装备和安全站位	遵守	0.987 9
		未遵守/不可用	0.012 1
	遵守	防护到位	0.999 1
		防护不足 1	0.000 9
	未遵守/不可用	防护到位	0.777 8
		防护不足 1	0.222 2
	防护到位	意外状况应急程序	1.000 0
	意外状况应急程序	应急有效(意外状况应急程序)	0.634 1
		应急不当(意外状况应急程序)	0.366 0
	应急有效(意外状况应急程序)	险情消除	1.000 0
	应急不当(意外状况应急程序)	险情应急失败	1.000 0
	防护不足 1	Net1-1	1.000 0
	防护不足 1	传感报警装置	1.000 0
	传感报警装置	纠正	0.920 0
		未纠正	0.080 0
	纠正	防护到位	1.000 0
	未纠正	防护不足 2	1.000 0
	防护不足 2	防护应急程序	1.000 0
	防护应急程序	应急有效(防护应急程序)	0.970 1
		应急不当(防护应急程序)	0.029 9
	应急有效(防护应急程序)	防护到位	1.000 0
	应急不当(防护应急程序)	人员伤亡	1.000 0
	人员伤亡	险情应急失败	1.000 0
	险情消除	抛锚任务完成	1.000 0
	险情应急失败	抛锚任务失败	1.000 0

续表

网络编号	起始点	终点	条件概率
Net3-1	锚机操作员执行抛锚指令	正确执行	0.971 8
		误操作	0.028 2
	正确执行	抛锚作业正常	1.000 0
	抛锚作业正常	无险情发生	1.000 0
	无险情发生	抛锚任务完成	1.000 0
	误操作	抛锚作业异常	1.000 0
	抛锚作业异常	Net1-1	1.000 0
	抛锚作业异常	传感报警装置	1.000 0
	传感报警装置	及时纠正	0.920 0
		未发现未纠正	0.080 0
	及时纠正	抛锚作业正常	1.000 0
	未发现未纠正	锚泊设备失控	1.000 0
	锚泊设备失控	抛锚应急程序	1.000 0
	抛锚应急程序	应急有效(抛锚应急程序)	0.776 9
		应急不当(抛锚应急程序)	0.223 1
	应急有效(抛锚应急程序)	应急成功	1.000 0
	应急成功	抛锚作业正常	1.000 0
	应急不当(抛锚应急程序)	应急失败	1.000 0
	应急失败	抛锚任务失败	1.000 0
	抛锚作业正常	无险情发生	0.902 0
		发生险情	0.098 0
	无险情发生	抛锚任务完成	1.000 0
	发生险情	Net2	1.000 0

续表

网络编号	起始点	终点	条件概率
Net3-2	锚机操作员执行抛锚指令(隐患:锚机操作员接收到错误的抛锚信息)	正确执行	0.927 8
		误操作	0.072 2
	正确执行	抛锚作业正常	0.000 0
	抛锚作业正常	无险情发生	1.000 0
	无险情发生	抛锚任务完成	1.000 0
	误操作	抛锚作业异常	1.000 0
	抛锚作业异常	Net1-1	1.000 0
	抛锚作业异常	传感报警装置	1.000 0
	传感报警装置	及时纠正	0.920 0
		未发现未纠正	0.080 0
	及时纠正	抛锚作业正常	1.000 0
	未发现未纠正	锚泊设备失控	1.000 0
	锚泊设备失控	抛锚应急程序	1.000 0
	抛锚应急程序	应急有效(抛锚应急程序)	0.747 1
		应急不当(抛锚应急程序)	0.252 9
	应急有效(抛锚应急程序)	应急成功	1.000 0
	应急成功	抛锚作业正常	1.000 0
	应急不当(抛锚应急程序)	应急失败	1.000 0
	应急失败	抛锚任务失败	1.000 0
	抛锚作业正常	无险情发生	0.902 0
		发生险情	0.098 0
	无险情发生	抛锚任务完成	1.000 0
	发生险情	Net2	1.000 0

续表

网络编号	起始点	终点	条件概率
Net3-3	锚机操作员执行抛锚指令(隐患:锚机操作员接收到错误的抛锚信息)	正确执行	0.927 8
		误操作	0.072 2
	正确执行	抛锚作业正常	0.000 0
	抛锚作业正常	无险情发生	1.000 0
	无险情发生	抛锚任务完成	1.000 0
	误操作	抛锚作业异常	1.000 0
	抛锚作业异常	Net1-2	1.000 0
	抛锚作业异常	传感报警装置	1.000 0
	传感报警装置	及时纠正	0.920 0
		未发现未纠正	0.080 0
	及时纠正	抛锚作业正常	1.000 0
	未发现未纠正	锚泊设备失控	1.000 0
	锚泊设备失控	抛锚应急程序	1.000 0
	抛锚应急程序	应急有效(抛锚应急程序)	0.747 1
		应急不当(抛锚应急程序)	0.252 9
	应急有效(抛锚应急程序)	应急成功	1.000 0
	应急成功	抛锚作业正常	1.000 0
	应急不当(抛锚应急程序)	应急失败	1.000 0
	应急失败	抛锚任务失败	1.000 0
	抛锚作业正常	无险情发生	0.902 0
		发生险情	0.098 0
	无险情发生	抛锚任务完成	1.000 0
	发生险情	Net2	1.000 0

续表

网络编号	起始点	终点	条件概率
Net4-1	大副向锚机操作员传达抛锚指令	传达	0.996 9
		未传达	0.003 1
	传达	锚机操作员接收到抛锚指令	1.000 0
	未传达	船长、锚机操作员无法建立通信	1.000 0
	锚机操作员接收到抛锚指令	闭环通信规则	1.000 0
	船长、锚机操作员无法建立通信	Net1-1	1.000 0
	闭环通信规则	遵守规则	0.985 8
		未遵守规则	0.014 3
	遵守规则	理解正确	0.999 0
		理解错误	0.001 0
	未遵守规则	理解正确	0.970 2
		理解错误	0.029 0
	理解正确	锚机操作员接收到正确的抛锚指令	1.000 0
	理解错误	锚机操作员接收到错误的抛锚信息	1.000 0
	锚机操作员接收到正确的抛锚指令	Net3-1	1.000 0
	锚机操作员接收到错误的抛锚信息	Net3-2	1.000 0
Net4-2	大副向锚机操作员传达抛锚指令(隐患:大副收到错误的抛锚信息)	传达	0.996 9
		未传达	0.003 1
	传达	锚机操作员接收到抛锚指令	1.000 0
	未传达	船长、锚机操作员无法建立通信	1.000 0
	船长、锚机操作员无法建立通信	Net1-2	1.000 0
	锚机操作员接收到抛锚指令	闭环通信规则	1.000 0
	闭环通信规则	遵守规则	0.014 3
		未遵守规则	0.999 0
	遵守规则	理解正确	0.999 0
		理解错误	0.001 0
	未遵守规则	理解正确	0.970 2
		理解错误	0.029 9
	理解正确	锚机操作员接收到正确的抛锚指令	0.000 0
	理解错误	锚机操作员接收到错误的抛锚信息	1.000 0
	锚机操作员接收到正确的抛锚指令	Net3-1	1.000 0
	锚机操作员接收到错误的抛锚信息	Net3-3	1.000 0

续表

网络编号	起始点	终点	条件概率
Net5	满足抛锚条件后船长发出抛锚指令	提前检查通信设备	1.000 0
	提前检查通信设备	检查	0.996 9
		未检查	0.003 1
	检查	设备正常	0.970 1
		设备异常	0.029 9
	未检查	设备正常	0.944 0
		设备异常	0.056 0
	设备正常	大副接收到抛锚指令	1.000 0
	大副收到抛锚指令	闭环通信规则	1.000 0
	闭环通信规则	遵守规则	0.996 9
		未遵守规则	0.003 1
	遵守规则	理解正确	0.999 0
		理解错误	0.001 0
	未遵守规则	理解正确	0.970 1
		理解错误	0.029 9
	理解正确	大副接收到正确的抛锚指令	1.000 0
	理解错误	大副接收到错误的抛锚信息	1.000 0
	设备异常	备用通信设备	1.000 0
	备用通信设备	准备	0.976 0
		未准备	0.024 0
	准备	备用通信设备可用	0.997 0
		备用通信设备不可用	0.006 0
	未准备	备用通信设备可用	0.944 0
		备用通信设备不可用	0.056 0
	备用通信设备正常	大副接收到抛锚指令	1.000 0
	备用通信设备异常	无可用通信设备	1.000 0
	设备异常	无可用通信设备	1.000 0
	无可用通信设备	通信应急程序	1.000 0
	通信应急程序	应急有效(通信应急程序)	0.974 0
		应急不当(通信应急程序)	0.026 0
	应急有效(通信应急程序)	船长和大副建立通信	1.000 0
	应急不当(通信应急程序)	任务终止(大副未接收到抛锚指令)	1.000 0
	应急有效(通信应急程序)	大副接收到抛锚指令	1.000 0
	大副接收到正确的抛锚指令	Net4-1	1.000 0
	大副接收到错误的抛锚信息	Net4-2	1.000 0

将多智能体交互子网络组装为一个整体,以便于实施全局性分析。组装后的多智能体交互总网络如图 5-14 所示。

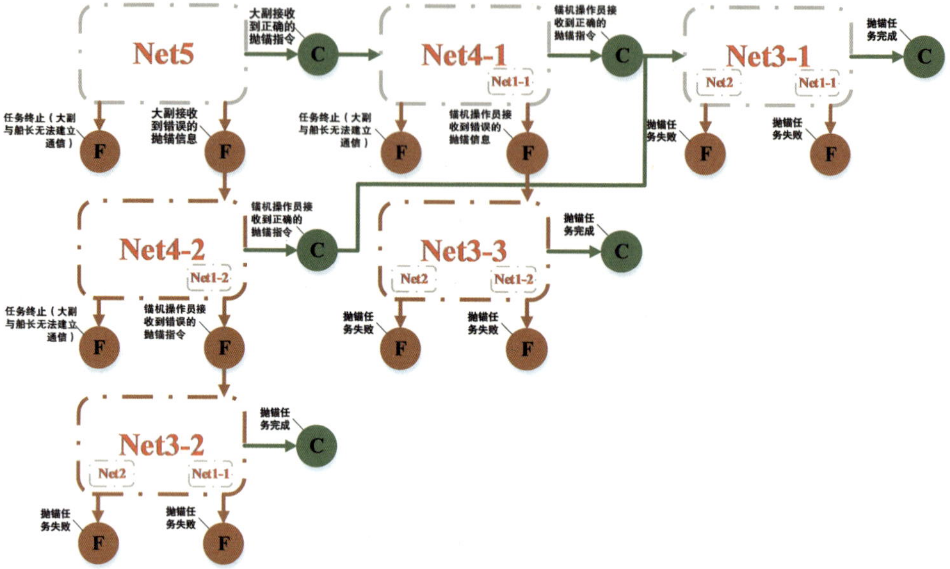

图 5-14 抛锚阶段多智能体交互总网络

根据图 5-14 中多智能体交互总网络中执行任务的顺序和可能的结果,确定共有 6 种工况组合,具体包括:

(1)工况 1:船长与大副无法建立通信,抛锚任务失败。

(2)工况 2:大副接收到错误的抛锚信息,导致锚机操作员接收到错误的抛锚信息,若船长及时发现并纠正,使得锚机操作员接收到正确的抛锚消息,则可能成功,否则抛锚任务失败。

(3)工况 3:大副接收到错误的抛锚信息,导致锚机操作员接收到错误的抛锚信息,要么执行错误的指令,抛锚任务失败;要么被船长及时发现并纠正,执行正确指令。

(4)工况 4:大副接收到正确的抛锚指令,锚机操作员接收到正确的指令并执行指令。

(5)工况 5:大副接收到正确的抛锚指令,锚机操作员未接收到信息,若被船长及时发现并纠正,则执行正确指令,否则任务失败。

(6)工况 6:大副接收到正确的抛锚指令,锚机操作员接收到错误的抛锚信息,要么执行错误的指令,抛锚任务失败;要么被船长和大副及时发现并纠正,执行正确的指令。

接下来,采用蒙特卡洛仿真方法模拟屏障被触发后多智能体的交互过程。在本案例中,假设"查看监控"这一行为服从泊松分布,通过泊松期望可直接计算出相关交互过程的条件概率。设定执行任务总时长为 T,若 $2T$ 内未完成任务,则认为抛锚失败。若想避免任务失败,工况 2 和工况 5 必须及时发现问题并纠正,工况 3 和工况 6 必须在任务开始的一段时间内发现问题并纠正,工况 4 必须在险情发生前发现问题并纠正,因此,在本案例中多智能体真正需要交互的部分包括 3 个部分:

①至少在 T 内通过监控系统发现锚机操作员未执行指令。假定查看监控系统和发现不安全行为为独立事件,同时发生时屏障发挥作用,假定查看监控行为符合泊松分布过程, T 内查看次数符合泊松分布:

$$P\{N(t)=k\} = \frac{(\lambda t)k}{k!} \cdot e-\lambda t \text{ , } k=0,1,2,\cdots;\lambda = 0.5;T = 10;P_1 = 0.9$$

发现问题并纠正的概率为: $1-(1-P_1)\lambda t$ 。

②在 $[0,T]$ 内某个 ΔT 内通过监控系统发现锚机操作员的错误操作。

发现问题并纠正的概率为: $[1-(1-P_2)\lambda t]\cdot\left[1-\left(1-\frac{\Delta t}{T}\right)\lambda t\right]$, $\Delta t=2$, $P_2=0.8$

③在 $[0,T]$ 内某个 t_0 时刻 $[0,t_0]$ 前通过监控系统发现锚机操作员防护站位问题。若 t_0 为随机变量,则发现问题并纠正的概率为: $N(\mu t_0,\sigma)$,若 t_0 为常量,则发现问题并纠正的概率的计算方法同②。

由此,可得到Ⅰ类预防性屏障和Ⅱ预防性屏障在作业过程中被触发的概率,以及Ⅱ类预防性屏障被触发后有效或失效的概率。以此为输入,应用概率流动模型计算在当前安全屏障设置方案下任务最终成功/失败的概率,即可实现安全屏障的全局性能评价。最终计算得到整个多智能体交互网络汇节点的全概率如表 5-11 所示。

表 5-11　整个多智能体交互网络汇节点的全概率

所属子网络序号	汇节点名称	节点概率值
Net5	任务终止(船长收到抛锚指令)	7.3762×10^{-7}
Net4-1	任务终止(大副未收到抛锚指令)	2.2225×10^{-5}
Net4-2	任务终止(大副未收到抛锚指令)	8.7359×10^{-7}
Net3-1	抛锚任务完成	9.9884×10^{-1}
Net3-2	抛锚任务完成	3.2186×10^{-4}
Net3-3	抛锚任务完成	3.1991×10^{-4}
Net3-1	抛锚任务失败	4.9468×10^{-4}
Net3-2	抛锚任务失败	1.8586×10^{-7}
Net3-3	抛锚任务失败	2.9978×10^{-6}

5.4.3 敏感度-重要度风险矩阵

以安全屏障性能评价指标 P_t 为例，采用敏感度-重要度风险矩阵对网络中的屏障展开分析，计算所得重要度和敏感度参见表 5-12。

表 5-12 抛锚作业安全屏障评价指标 P_t 的重要度和敏感度

屏障序号	屏障名称	重要度	敏感度
1	作业防护装备	$3.031\ 4\times10^{-3}$	$4.160\ 0\times10^{-6}$
2	监控系统	$1.829\ 6\times10^{-3}$	$8.657\ 4\times10^{-7}$
3	锚机传感报警装置	$5.364\ 3\times10^{-4}$	$1.218\ 6\times10^{-4}$
4	闭环通信规则	$9.435\ 2\times10^{-1}$	$9.958\ 0\times10^{-5}$
5	通信装置测试程序	$9.474\ 0\times10^{-1}$	$9.933\ 4\times10^{-5}$
6	备用通信设备	$6.213\ 3\times10^{-5}$	$6.213\ 3\times10^{-5}$
7	通信应急程序	$1.327\ 3\times10^{-5}$	$1.280\ 1\times10^{-5}$
8	锚泊应急程序	$1.440\ 4\times10^{-5}$	$1.854\ 1\times10^{-5}$
9	险情应急程序	$7.319\ 5\times10^{-4}$	$1.153\ 2\times10^{-3}$

将表 5-12 中节点按重要度递增进行排序，以重要度为横坐标，以敏感度为纵坐标，绘制安全屏障风险矩阵，参见图 5-15。

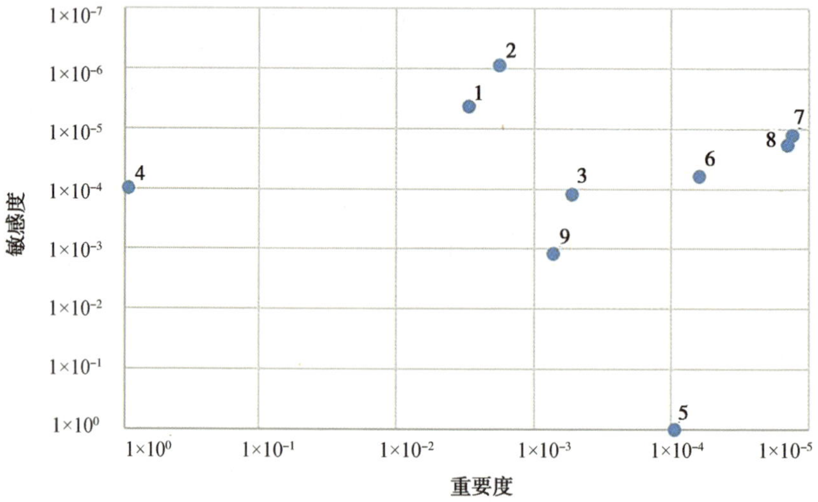

图 5-15 安全屏障评价指标 P_t 的重要度-敏感度风险矩阵

由图 5-15 可知,越靠近坐标原点,屏障的重要度和敏感度越大。其中,Ⅰ型屏障“闭环通信规则”的重要度最高,闭式回路通信利于确保船员间信息交流及时、准确,对于锚泊作业的顺利实施至关重要,而其敏感性较低说明在当前屏障体系下,相关措施在作业中被船员落实得很好,在优化方案时无须为该屏障投入过多资源。Ⅰ型屏障“通信装置测试程序”的重要度较低而敏感度较高,说明在抛锚作业中不会经常触发该屏障,仅需在最初建立通信时对设备进行查验即可,而其敏感度较高是由于该屏障所需资源较为简单,不会与工作流程造成资源竞争。此外,Ⅱ型屏障“备用通信设备”的重要度偏低,这是由于船上通信设备可靠性较高,船员在进行通信时,即使不使用备用通信设备,也能保证较高的通信设备可用性。Ⅱ型屏障“作业防护装备”“监控系统”具有较高的重要度和较低的敏感度,是由于此类屏障的减缓性功能一旦被突破,会造成严重后果,但在实际作业中想要提升屏障性能较为困难,需要投入大量资源,且可能收效甚微。Ⅱ型屏障“锚机传感报警装置”“险情应急程序”具有较高的重要度和敏感度,在优化屏障设置方案时应列为重点改进对象。相反地,Ⅱ型屏障“通信应急程序”“锚泊应急程序”的重要度和敏感度都很低,说明在作业过程中被触发的概率很低,即使被触发也能很快纠正,不会造成严重后果。总体来说,就指标 P_t 而言,Ⅱ型屏障对于当前风险体系的管控影响较大,在优化安全屏障设置方案时,应偏重于减缓性措施的资源投入。

第6章

船员不安全行为与状态的智能监测与预警技术

6.1　船员不安全行为与状态的辨识算法模型

计算机视觉、深度学习神经网络被越来越多地应用于各个高风险行业中，通过对不安全行为与状态的识别和警告来提高现场的安全作业水平。根据行为的复杂性和抽象性，EDWARDS 等[81]将人类行为分为 5 类：姿势、手势、动作、互动（包括人与人之间和人与物之间）以及活动。GUO 等[82]扩展了该框架，将安全合规和安全参与作为第六类行为，强调遵守安全操作规程以及安全监督的作用。作业人员不安全行为与状态的识别范围可以归纳为 3 类：未正确佩戴个人防护设备（PPE）、暴露在危险区域、未遵守安全操作规程。建筑安全与交通安全领域中的应用实践表明，基于计算机视觉技术的不安全行为检测有助于现场危险行为的管控与预警，然而由于不安全行为的复杂性，智能检测技术在实时性、精确性上仍存在诸多的局限性。因此，使用智能监测技术对船员不安全行为与状态进行管理具有重大意义且具有挑战性。

6.1.1　船上多尺度目标检测模型

（1）Baseline 基准模型构建

本书使用 MMDetection[83]开源平台，搭建基于二阶段的检测框架，建立了 Faster R-CNN[84] + ResNet50[85] + FPN[86]的基准模型。其中，模型训练均基于

Microsoft COCO[87]数据集上的预训练权重,以提升模型训练的收敛速度。

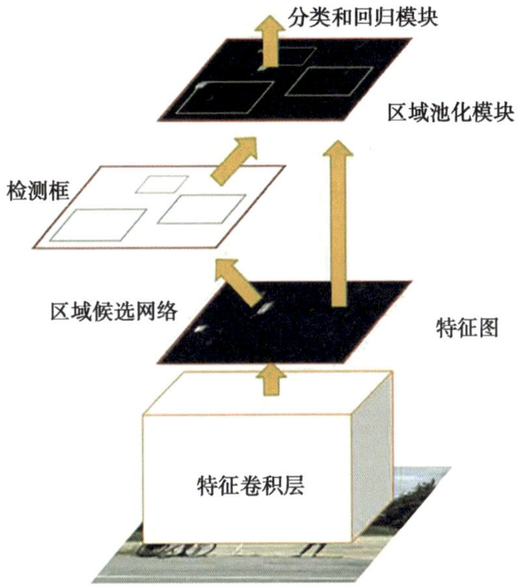

图 6-1　Faster R-CNN 模型基本结构

如图 6-1 所示,Faster R-CNN 模型的主体部分可以分为 4 个模块,分别为特征卷积层(Conv layers)、区域候选网络(Region proposal network,RPN)、区域池化模块(RoI pooling)以及分类和回归模块(Classifier)。输入模型的图片首先通过一组 Conv + Relu + Pooling 层提取图像的特征图,用于后续 RPN。RPN 的输入为第一步中的特征图,输出为多个区域池化模块。每个区域池化模块的具体表示是 1 个概率值和 4 个坐标值:概率值表示区域存在物体的概率;坐标值表示物体的预测位置,在进行训练时会用这个坐标与真实的坐标进行回归使测试时预测的物体位置更加准确。第三个区域池化模块将 RPN 输出的区域池化模块和特征卷积层输出的特征图作为输入,将两者进行融合后得到固定大小的区域特征图。最后一个模块将第三步得到的区域特征图输出为区域池化模块中所属的类别以及物体在图像中的位置。该层通过 Softmax 对图像进行分类,并通过边框回归修正物体的位置。

骨干网络部分采用被广泛认可的高精度深层网 ResNet50,其网络结构如图 6-2 所示。该网络分为五个阶段,第一阶段是图像预处理,首先通过卷积 CONV、批量归一化 BN 和激活函数 RELU 层,然后在最大池化 maxpool 层中得到输出。最后四个阶段在结构上类似,包括可以串联的卷积模块。其中,第二阶段包含 3 个模块,其余三个阶段分别包含 4 个、6 个和 3 个模块。

特征图部分采用特征金字塔网络(Feature pyramid network, FPN),如图 6-3 所示。FPN 利用了卷积神经网络(Convolutional neural network, CNN)自带的金字塔式的结构特点,使用了自底向上、自上而下和横向连接 3 个不同的路径,生成了具

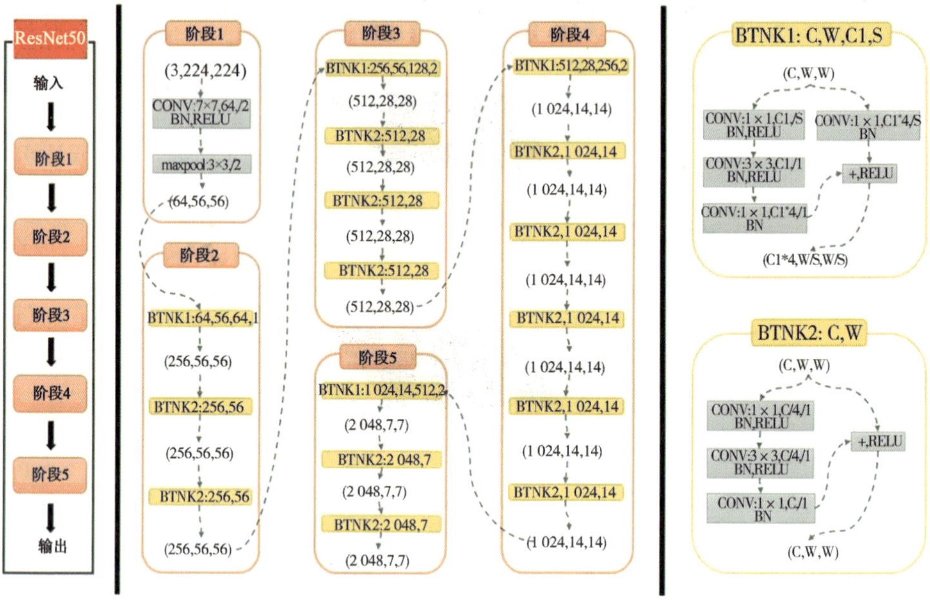

图 6-2 ResNet50 网络结构

有高语义信息的特征图。CNN 中,深层网络容易响应语义特征,而浅层网络容易响应图像特征。然而,在目标检测任务中往往因为 CNN 这个结构特点带来了一些问题。深层网络虽然能够较好地响应图像语义特征,但是由于特征图的尺寸太小,包含的几何信息并不多,不利于目标的定位和检测;浅层网络虽然包含比较多的几何信息,但是图像的特征信息并不丰富,不利于图像的分类。该问题在小目标检测中尤为突出。FPN 能够合并深层和浅层特征,提升网络模型的目标检测和分类能力。

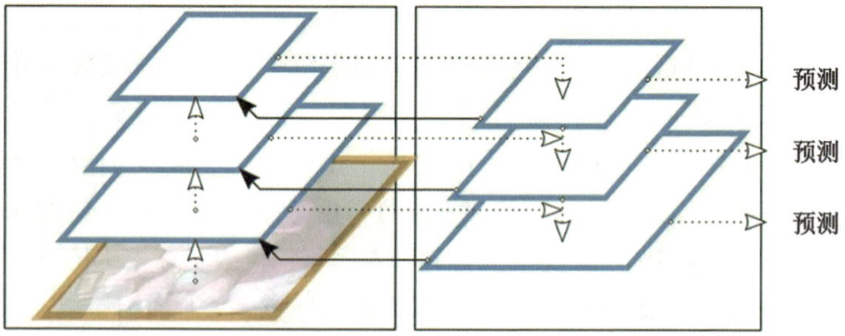

图 6-3 FPN 结构

(2)模型改进和优化

针对港航环境下小目标检测困难以及目标遮挡等问题,对 Faster R-CNN 网络模型进行了改进,进一步提升了算法的精度和鲁棒性。首先,在骨干网络中插入可变卷积模块(Deformable convolutional network, DCN)以及在 Faster R-CNN 主体网络中引入全局语义信息(Global context)模块,提升小目标的特征提取能力;其次,使用软化的非极大值抑制算法(Soft-NMS)改进网络模型的推断算法,以改善目标遮挡给目标检测带来的影响。

图 6-4 所示为可变形卷积模块的网络示意图。传统卷积采用固定尺寸的卷积核,不能很好地适应目标的几何形变,而可变形卷积 DCN 的卷积核是可变的,能够更准确地提取港航环境中安全帽、手机等目标特征。

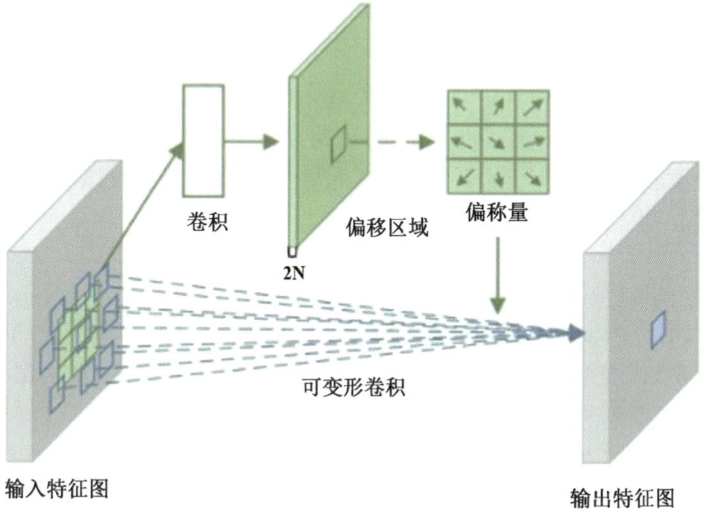

图 6-4　可变形卷积模块的网络示意图

图 6-5 所示为全局语义信息 Global context 模块。Global context 模块的主要目标是通过显式建模通道间的相互依赖关系来重新校准通道方式的特征响应。

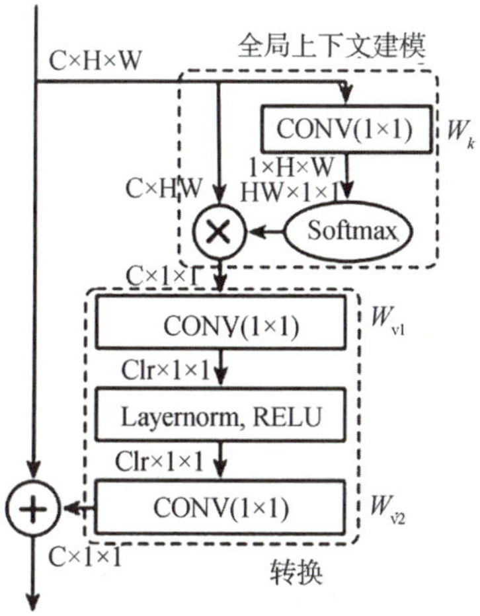

图 6-5　Global context 模块

Global context 模块的三个主要步骤依次为：全局上下文建模；Channel-wise 依赖关系转换；特征融合。在网络中使用 Global context 模块，能够提升复杂港航场景下对小目标的检测精度。

模型的推断算法采用软化的非极大值抑制算法 Soft-NMS[88] 替换传统的极大值抑制 NMS 算法。与传统的 NMS[89] 算法相比，Soft-NMS 算法对被遮挡目标的识别效果更好。在进行目标检测时，网络会在目标附近产生几个候选框，每个框会有相应的分数。NMS 算法的核心思想是对候选框打分，然后选择分数最高的检测框，将其作为最终检测结果，其次将分数较低、重叠度过高的检测框分数置 0 后去除。

然而在船上的一些场景中，会有两个目标重叠的情况发生，如船员戴安全帽和穿救生衣在甲板工作会出现不同程度的遮挡和重叠。对船员进行检测时，NMS 会将两个重叠度较高的检测框去除一个，从而导致漏检。为解决该问题，采用高斯加权改进的 Soft-NMS 算法：

$$S_i = S_i e^{-\frac{IoU(M,b_i)^2}{\sigma}} (\forall b_i \notin D) \tag{6.1}$$

其中，S_i 为当前检测框的得分；M 表示得分最高的检测框；b_i 表示在检测时产生的方框；$IoU(M, b_i)$ 代表当前检测框和得分最高的检测框的重叠度；D 为最终检测结果集合；σ 表示高斯惩罚函数的方差。

在高斯加权时，越接近高斯分布的中心，惩罚就越大，得分权重就越低。Soft-NMS 算法通过这种权重打分的方式，避免了打分为 0 的问题，从而有助于提高检测算法对重叠遮挡目标的检测精度。

6.1.2 船员疲劳监测模型

船员疲劳监测模型可分为人脸检测与疲劳状态判定 2 个模块。整个检测流程如图 6-6 所示：首先利用改进的人脸检测模型 RetinaFace[90] 检测出实时采集的视频中的驾驶员人脸图像，依据提取到的 5 个人脸关键点确定眼睛、嘴巴的位置；然后裁剪出眼睛、嘴巴区域的图像，进行眼睛、嘴巴开闭状态的识别；最后基于 PERCLOS 准则，融合眼睛、嘴巴两种特征进行疲劳判定，从而对船舶驾驶员的疲劳状态进行实时检测和预警。

(1) 人脸检测

人脸检测是船员不安全行为与状态识别的关键性技术之一，考虑到人脸检测模型的精度和实时性需求，针对 RetinaFace 人脸检测模型的主干特征提取网络进行精简、优化，在确保检测精度不损失太多的前提下尽可能降低模型参数量，提高实时性。采取优化网络结构的思想，尽可能地减少参数量。采用的优化方法是用

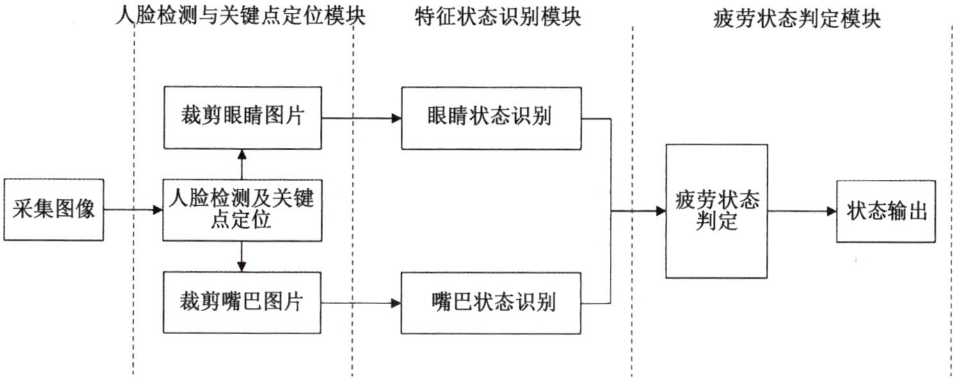

图 6-6 船员疲劳检测流程图

轻量级的卷积神经网络 MobileNet 对 RetinaFace 的主干特征提取网络 ResNet50 进行替换。MobileNet 的核心思想是用深度可分离卷积(Depthwise separable convolution)代替普通卷积,其结构如图 6-7 所示。

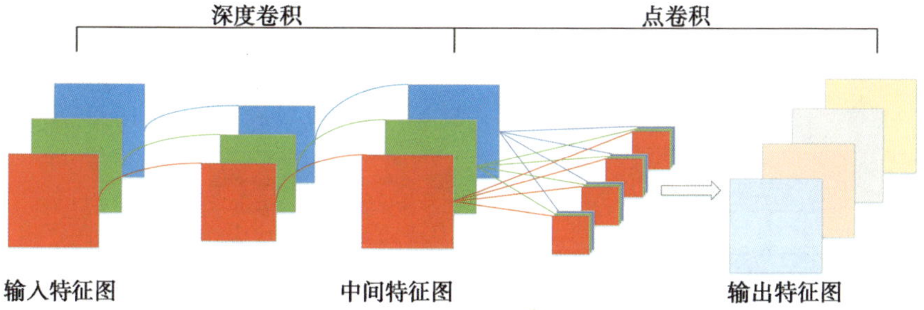

图 6-7 深度可分离卷积结构图

(2)疲劳状态判定

传统疲劳检测算法大多采用计算关键点间距的方式识别眼睛、嘴巴的开闭状态,进而检测驾驶员是否疲劳。由于船舶驾驶台空间大、背景复杂,人脸区域图像相对较小,检测密集人脸关键点存在易受干扰、鲁棒性不强等问题。因此,我们提出了一种基于卷积神经网络的眼睛、嘴巴状态识别模型。基于 Channel split 和 Channel shuffle 思想搭建改进的 ShuffleNet v2[91]卷积神经网络,在网络的特征提取部分,Channel split 运算将输入特征按通道数分为两组进入左右两条支路,在分组卷积之后进行通道拼接,同时使用 Channel shuffle 操作将组间的特征进行打乱,从而提高图像特征的信息复用率;在每次卷积之后使用批量归一化(Batch normolization)调整数据流的均值和标准差,确保神经网络每一层的输入保持相同的分布,避免产生梯度消失问题。在网络的分类部分,使用全局平均池化代替全连接层,将输入的二维特征图压缩成一个一维向量,可以更好地将分类标签与网络提取到的特征图对应起来;加入 Dropout 层防止网络过拟合。

图 6-8 所示为卷积神经网络常用的 2 个模块:当卷积步长等于 1 的时候,采用左边的模块,由于残差边没有卷积,因此宽高不变,主要用于加深网络层数;当卷积步长等于 2 的时候,采用右边的模块,由于残差边有卷积,因此宽高可变,主要用于压缩特征层的宽高,进行下采样。

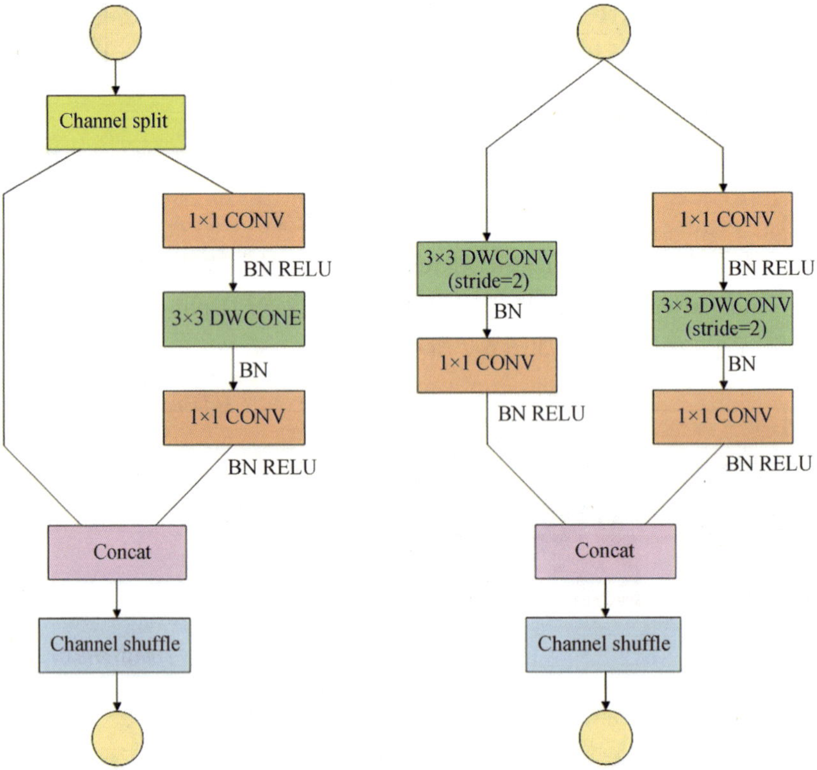

图 6-8 卷积神经网络常用的 2 个模块

(3) 疲劳状态判定

当驾驶员疲劳时会出现眨眼频率异常、打哈欠,甚至长时间闭眼等明显的疲劳现象,因此可以通过提取驾驶员眼睛、嘴巴的疲劳特征来评估船舶驾驶员当前时刻的精神状态。眼睑闭合持续时间百分比(PERCLOS)是一项广泛用于评估驾驶员是否疲劳的重要指标,其定义为单位时间内闭眼时长所占的比例。当该指标超过一定的阈值时就可以认定船舶驾驶员处于疲劳状态。考虑到船舶驾驶员疲劳时会出现频繁打哈欠的现象,所以将 PERCLOS 参数应用到打哈欠的检测当中。

6.1.3 缆绳违规操作识别模型

(1) Yolov4-mobilenetv3 模型构建

本书中使用 CUDA 10.1 开源平台和 pytorch 科学计算工具,搭建基于单阶段的检测框架,建立了 Yolov4[92] +mobilenetv3[93] +PANet[94] 的检测模型。其中,模型训练均基于 Microsoft COCO 数据集上的预训练权重,以提升模型训练的收敛速度。

如图 6-9 所示,Yolov4 模型主要由 3 个部分组成,分别为 Backbones、Neck 和 Heads。Backbones 的主要目的是在不同图像细粒度上聚合并形成图像特征的卷积神经网络。Neck 主要用于特征提取,形成一系列混合和组合的图像特征,并将图像特征传递到预测层。Heads 主要是对图像特征进行预测,生成边界框并预测类别。

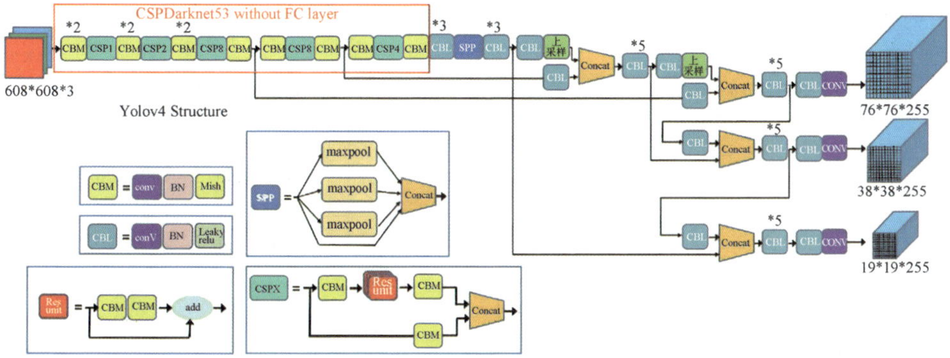

图 6-9　Yolov4 模型基本结构

Neck 采用的是 PANet 结构,如图 6-10 所示。PANet 是一种基于图像恢复金字塔注意力模块的图像修复模型,它能够从多尺度特征金字塔中提取到长距离与短

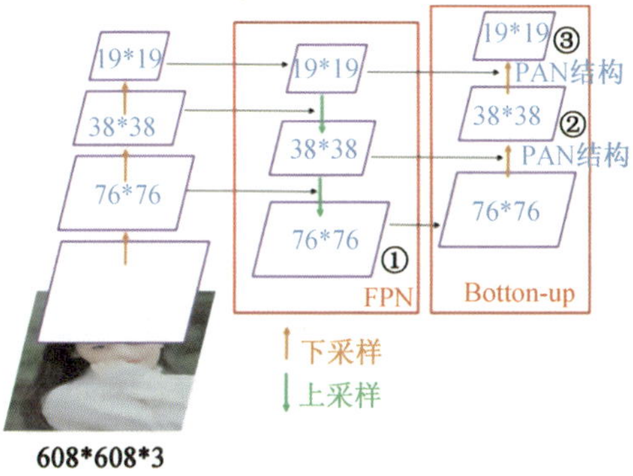

图 6-10　PANet 结构

距离的特征关系。FPN 是自上向下的一个特征金字塔,将高层的特征信息通过上采样的方式进行传递融合,得到进行预测的特征图,高维度向低维度传递语义信息。PAN 则是对 FPN 的补充,刚好反过来,是自下向上的金字塔,低维度向高维度再传递一次语义信息,将低层的定位特征传递上去。两者的结合使用,使网络从不同的主干层对不同的检测层进行参数聚合,获得图像语义信息和定位特征,进一步提高特征提取的能力。

(2)模型改进和优化

针对船舶甲板上计算资源有限以及不安全行为识别的实时性问题,将 Yolov4 的 Backbones 改进为 Mobilenetv3 模块,这进一步减少了计算消耗并提升了识别速度。图 6-11 所示为改进后的 Yolov4-mobilenetv3 模型结构图。

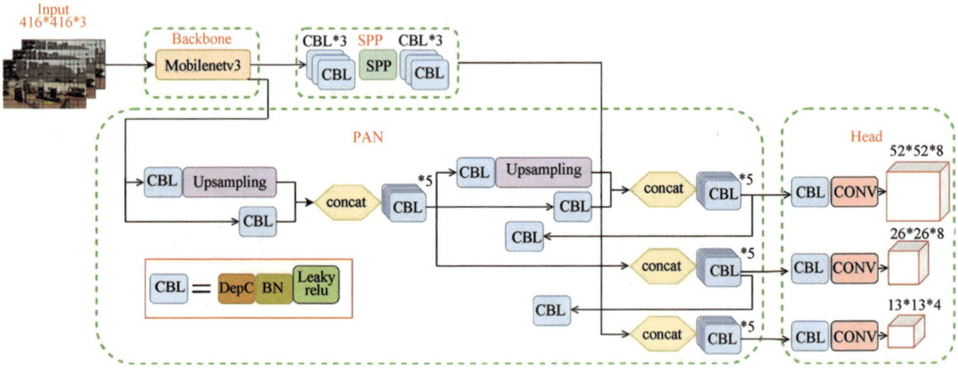

图 6-11 改进后的 Yolov4-mobilenetv3 模型结构图

模型的数据增强采取的是 mosaic 方法。mosaic 数据增强方式是一次性从数据集中随机读取 4 张图片进行放缩或裁剪,然后将初步处理的 4 张图片按照左上、左下、右下、右上的顺序进行位置分布,组合后得到一张新的图,并将标签数据处理后进行对应。mosaic 的优势是可以一次性输入 4 张图,受 batchsize 的影响较小,能增加训练数据,组合后的图像拥有不同的背景,空间语义信息更加丰富,模型的泛化性能得到增强。

6.2 实船数据验证

使用精度指标和速度指标对不同 CNN 模型的性能进行比较。精度指标采用精确率(Precision,P)、召回率(Recall,R)、准确度(Accuracy,Acc),mAP_0.5 为阈值取 0.5 时的平均准确率,mAP_0.5:0.95 为阈值取 0.5~0.95(步长为 0.05)时 10 个不同值的平均检测精度。另外,使用每秒传输帧数(Frames per second, FPS)作为速度指标。

6.2.1　模型测试结果分析

(1) 船上多尺度目标检测模型测试结果分析

船上多尺度目标检测模型除了用于手机、烟头、安全帽等小目标的检测之外，还可用于驾驶台船员值班、跌倒的监测。以下分别分析了多尺度目标检测模型在船员吸烟、打电话、船员戴安全帽和穿救生衣、船员值班状态以及人员跌倒 4 个任务下的识别结果。

吸烟、打电话部分的识别结果如表 6-1 所示。数据集使用本项目构建的吸烟、打电话数据集(训练集 ∶ 测试集 = 9 ∶ 1)，表中为模型在测试集上的性能指标。Class 代表类别标签，分为 Usingphone(打电话)、Smoke(吸烟)、Likephone(疑似打电话)以及 Likesmoking(疑似吸烟)；GTs 为检测框真值的数量，Dets 代表真实的检测框数量，GTs 和 Dets 用于计算模型的召回率 *R* 和精确率 *P*；*R* 表示模型的召回率；这里的 *AP* 是指单个类别的平均检测精度；mAP_0.5 为阈值取 0.5 时各类别的平均检测精度。

表 6-1　吸烟、打电话的识别结果分析

Class	GTs	Dets	*R*	*AP*
Usingphone(打电话)	456	627	0.993	0.905
Smoke(吸烟)	516	781	0.891	0.959
Likephone(疑似打电话)	103	267	0.995	0.940
Likesmoking(疑似吸烟)	68	96	0.996	0.997
mAP_0.5				0.933

通过分析表 6-1 可得，模型能够对吸烟、打电话的行为进行较为准确的识别，4 个类别的平均检测精度 mAP_0.5 能够达到 93.3%。其中，对船员打电话的识别精度和召回率分别为 90.5% 和 99.3%；对船员吸烟的识别精度和召回率分别为 95.9% 和 89.1%。此外，模型还对疑似打电话和疑似吸烟的行为进行了识别，以区分打电话和吸烟行为。模型对疑似打电话行为的识别精度和召回率分别为 94% 和 99.5%，对疑似吸烟的行为的识别精度和召回率分别为 99.7% 和 99.6%。

对安全帽、救生衣的识别结果分析如表 6-2 所示。数据集使用本书中构建的安全帽、救生衣数据集(训练集 ∶ 测试集 = 9 ∶ 1)，表 6-2 中数据为模型在测试集上的测试结果。数据集标签中戴安全帽用“Hat”表示，未戴安全帽用“Person”表示，穿救生衣用“Reflective-clothes”表示，未穿救生衣用“Other-clothes”表示。GTs 为检测框真值的数量，Dets 代表真实的检测框数量，GTs 和 Dets 用于计算模型的召回率 *R* 和精确率 *P*；*R* 表示模型的召回率；这里的 *AP* 是指单个类别的平均检测精度；

mAP_0.5 为阈值取 0.5 时各类别的平均检测精度。

表 6-2　安全帽、救生衣的识别结果分析

Class	GTs	Dets	*R*	*AP*
Hat(戴安全帽)	1 254	1 481	0.901	0.883
Person(未戴安全帽)	9 938	11 641	0.935	0.886
Reflective-clothes(穿救生衣)	450	697	0.893	0.795
Other-clothes(未穿救生衣)	4 527	6 592	0.799	0.652
mAP_0.5				0.804

安全帽、救生衣数据集与其他几个不安全行为数据集相比,包含大量的密集小目标,但模型仍能够对船员不安全行为进行较为准确的识别。其中,对船员戴安全帽的识别精度和召回率分别为 88.3%和 90.1%,对船员未戴安全帽的识别精度和召回率分别为 88.6%和 93.5%,对船员穿救生衣的识别精度和召回率分别为79.5%和 89.3%,对船员未穿救生衣的识别精度和召回率分别为 65.2%和79.9%。4 类行为的平均识别精度 mAP_0.5 为 80.4%。

人员离岗、跌倒的识别结果如表 6-3 所示。数据集分别使用本书中构建的人员离岗、跌倒数据集(训练集 : 测试集=9 : 1),表 6-3 中数据为模型在测试集上的识别精度指标。数据集标签中使用“Person”表示值班驾驶员,使用“Fall”表示人员跌倒。GTs 为检测框真值的数量,Dets 代表真实的检测框数量,GTs 和 Dets 用于计算模型的召回率 R 和精确率 P;R 表示模型的召回率;AP 是指单个类别的平均检测精度;mAP_0.5 为阈值取 0.5 时各类别的平均检测精度。

表 6-3　人员离岗、跌倒的识别结果分析

Class	GTs	Dets	*R*	*AP*	mAP_0.5
Person(值班驾驶员)	604	802	0.946	0.950	0.950
Fall(人员跌倒)	523	744	0.948	0.892	0.892

通过分析表 6-3 可得,模型能够对驾驶员值班和人员跌倒情况进行准确的预警。其中,对值班驾驶员的识别精度和召回率分别为 95%和 94.6%。对人员跌倒的识别精度和召回率分别为 89.2%和 94.8%。

图 6-12 展示了船上多尺度目标检测模型在 4 个不同场景任务下的识别准确度。各子图中,横坐标 Iteration 表示模型的训练迭代次数,纵坐标 Accuracy 表示识别准确度。可以得出,随着训练的进程,模型在人员离岗监测、人员跌倒检测、戴安全帽、穿救生衣识别以及吸烟、打电话识别 4 个场景任务下,识别准确度 Accuracy 均能达到 94%以上。

此外,表 6-4 给出了船上多尺度目标检测模型在 4 个不同场景任务下的识别准确度。在 Faster R-CNN * 算法模型中,通过使用 FP16 半精度技术对模型的训练

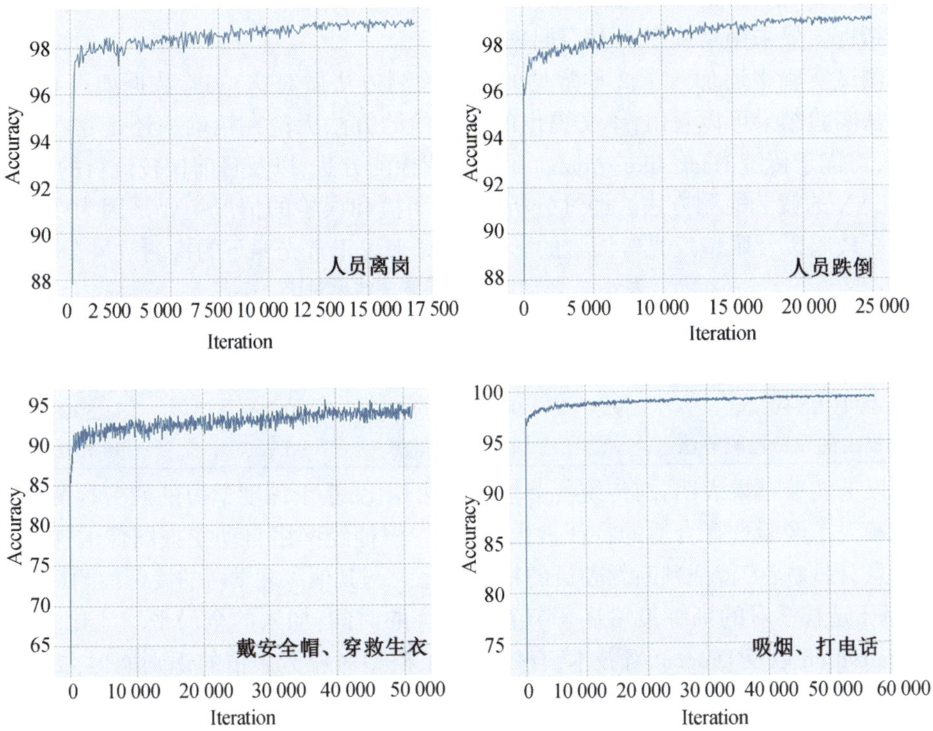

图 6-12　船上多尺度目标检测模型在 4 个不同场景任务下的识别准确度

和推理进行了优化，算法速度相比基线模型获得了一定的提升，在使用英伟达 RTX 3090 显卡时能够达到 30FPS，能够满足工程应用的要求。

表 6-4　船上多尺度目标检测模型实时性分析

模型名称	FPS
Faster R-CNN	25
Faster R-CNN * +FP16	30

（2）船员疲劳监测模型测试结果分析

测试船员疲劳监测模型过程中使用的数据集是在航海模拟器中自行拍摄的视频数据集，包含不同测试人员在各种光照环境下拍摄的模拟驾驶视频，每个视频包括不同的眼睛、嘴巴状态。自建数据集可以较好地模拟船舶驾驶台值班环境的复杂性，比如空间范围大、容易遮挡、环境光线差异大、背景复杂等，更能够体现算法的实用性。

模型在模拟驾驶台环境中可以较为准确地检测出实验人员的疲劳状态，对不同环境光照、是否戴眼镜、侧脸等干扰因素具有较强的鲁棒性。为进一步验证算法的有效性，在自建数据集中随机选取 24 段视频，以每 100 帧为一个检测周期统计这 24 个视频中真实疲劳次数，算法检测疲劳次数，以及算法检测正确的疲劳次数。评价指标主要采用精确率 P 和召回率 R。

测试实验中还加入了 2 种常见的疲劳检测方法做对比，实验数据如表 6-5 所示。从实验结果可以看出，本文提出的疲劳检测方法无论在精确率还是在召回率方面，均优于传统 Haar-like+Adaboost 的疲劳检测方法，以及目前比较流行的 MTCNN+CNN 的疲劳检测方法。经过分析，出现漏检和误检的情况主要是因为受到环境光线较暗以及眼镜反光等因素的影响，相对来说正常光照下的检测效果会更好。

表 6-5　不同疲劳检测算法结果对比

算法	N_r	N_D	N_P	精确率 P	召回率 R
Haar-like+Adaboost	92	96	75	78.12%	81.52%
MTCNN+CNN	92	94	84	89.36%	91.30%
本书提出的疲劳检测算法	92	93	89	95.70%	96.73%

以上实验结果表明，与传统疲劳检测算法相比，基于深度学习的疲劳检测算法不依赖人工经验选择合适的特征参数，利用卷积神经网络自动挖掘图像的深层语义信息，提取疲劳特征判断驾驶员的精神状态。与其他深度学习的疲劳检测算法相比，基于迁移学习的训练策略显著节省了训练的时间；加入的全局平均池化、Batch Normalization 以及 Dropout 等技术，有效改善了模型对疲劳表情的识别能力，提高了疲劳检测的准确率，对船舶驾驶台的复杂环境具有较强的鲁棒性。正常情况下，普通人的眨眼频率为 15 ~ 30 次/min，平均每次眨眼持续 0.2 ~ 0.4 s。本文提出的疲劳检测算法在 Nvidia GTX950M GPU 上运行时检测每张图片只需要 0.083 s。所以使用本书提出的疲劳检测算法基本可以实现对驾驶员的疲劳状态进行实时检测。

（3）缆绳违规操作识别模型测试结果分析

实验数据集使用本项目构建的船上缆绳违规操作数据集。图 6-13 比较了缆绳违规操作识别模型中使用五个不同的主干网络获得的 mAP 的总体精确率。由此可见，使用 Darknet53 作为主干的 Yolov3 和使用 CSPDarknet53 作为骨干的 Yolov4 的总体准确率比使用 Yolov4 和 Mobilenetv3 作为主干略高，然而差别很小，只有 0.16%。因为 Mobilenetv3 主干提供了轻量级处理，略微降低了精确率。其中，对“横跨绷紧的缆绳”“横跨缆绳”“坐在缆桩上”“脚踩缆绳”四个动作的识别精度均在 94%以上。

关于 Mobilenetv3 算法与其他算法计算量的比较如图 6-14 所示。Mobilenetv3 比 Darknet53 和 CSPDarknet53 少 96%，比 Mobilenetv1 少 44%，比 Mobilenetv2 少 12%，因此基于 Yolov4 改进的识别算法可以大大减轻船上计算负担，也更适合对船上的不安全行为与状态进行实时监测。

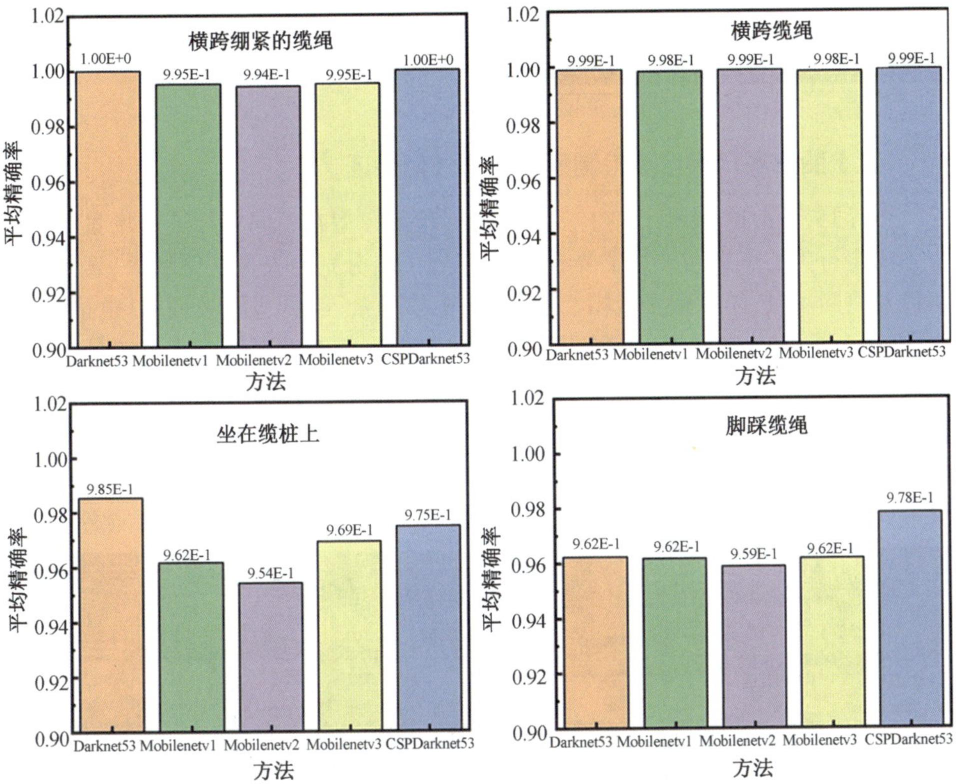

图 6-13 不同缆绳违规操作行为识别精度

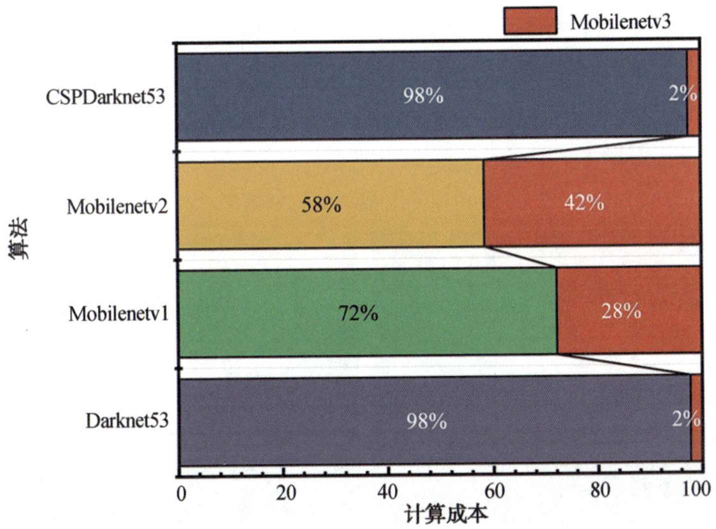

图 6-14 Mobilenetv3 算法与其他算法计算量的比较

6.2.2 模型泛化性能验证

（1）船上多尺度目标检测模型泛化性能验证

图6-15至6-18展示了船上多尺度目标检测模型在不同实际港航场景下对发生不安全行为的识别结果。主要有4个场景任务，分别为人员跌倒场景，驾驶员值班以及离岗场景，船员戴安全帽、穿救生衣工作场景，船员违规吸烟、打电话场景。由图6-15可看出，本文提出的多尺度目标检测模型能够精准地检测出船员是否摔倒和昏迷；通过图6-16可看出，多尺度目标检测模型能够准确监测值班驾驶员是否在岗，并在离岗超过一定时间后发出报警提示；由图6-17可看出，多尺度目标检测模型能够精准地对密集小目标进行定位和识别，且针对遮挡目标也具有较强的鲁棒性。

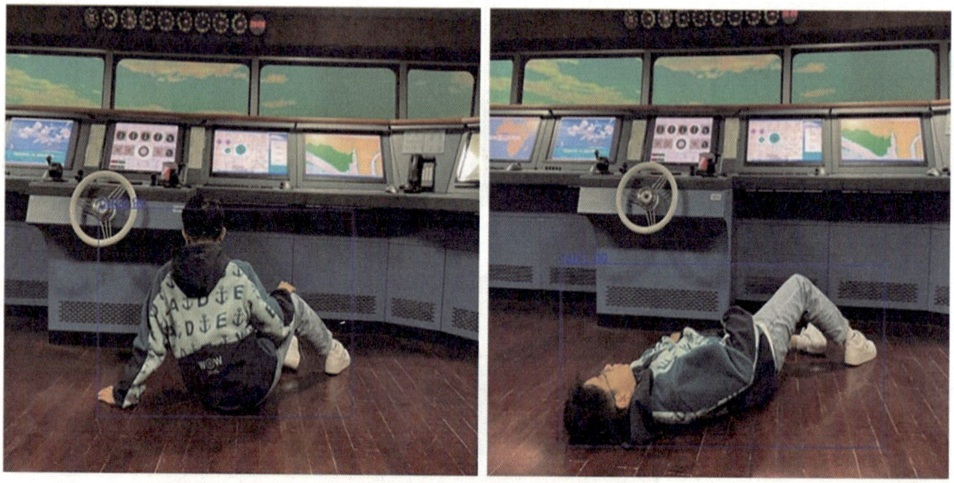

图6-15　人员跌倒识别结果

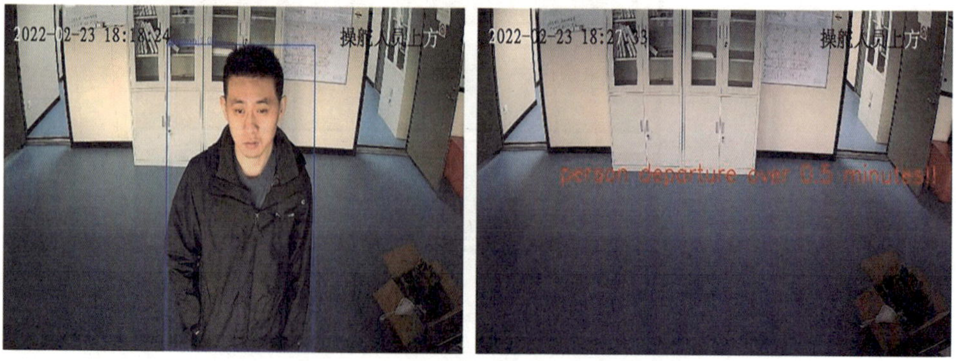

图6-16　驾驶员值班以及离岗识别结果

图 6-17　船员戴安全帽、穿救生衣工作识别结果

（2）船员疲劳监测模型实船数据验证

船员疲劳监测模型主要用于船舶驾驶台对船员的疲劳状态进行监测。将摄像头安装在驾驶台前方合适的位置，实时监测值班驾驶员的疲劳状态。图 6-18 所示为在“长江叁号”高端豪华游轮上对船员进行疲劳检测的结果。模型通过结合视频中船员闭眼、打哈欠的频率，能够对船员疲劳状态实现精准的判断，并在后台进行及时的预警。

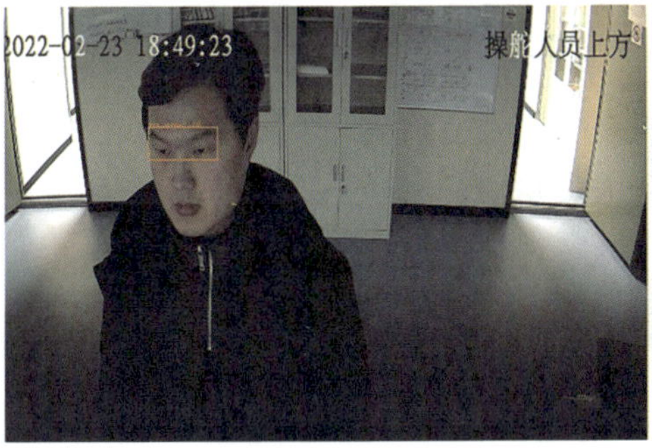

正常状态

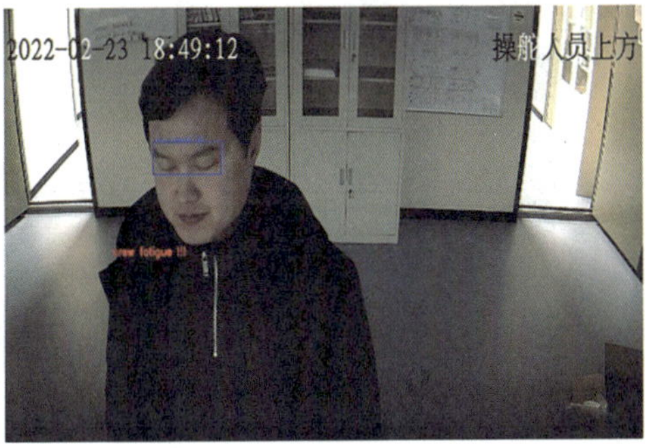

疲劳状态

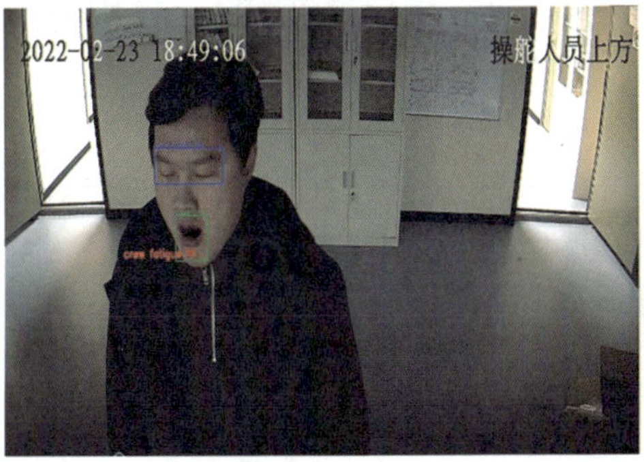

疲劳状态

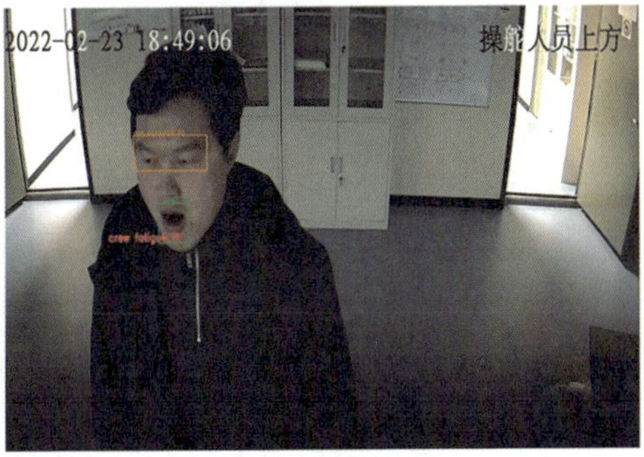

疲劳状态

图 6-18　船员疲劳状态监测

(3)缆绳违规操作识别模型实船数据验证

缆绳不安全行为的主要场景为前后甲板,本文提出的缆绳违规操作识别模型可以准确地检测出船舶营运期间船员在缆绳操作过程中的不安全行为。图 6-19 展示了实际工作中在甲板上检测到的不安全行为,包括横跨缆绳、脚踩缆绳、坐在缆桩上。可以看出,该算法可以较好地识别各类容易导致危险的不安全行为,并可以实时地发出报警对船员进行提醒。

图 6-19　缆绳违规操作识别

6.3　船员不安全行为与状态特征数据库的设计和构建

为满足航运公司对船员管理的需求和对船员不安全行为与状态进行有效管控,进一步支持船员不安全行为与状态的监测和预警,在提出的船员不安全行为与状态数据采集技术方案和辨识模型的基础上,本书构建了船员行为安全特征数据库。该数据库的构建对船员行为模式的识别和分析、提出并开发船员不安全行为与状态预警模型具有重要的支撑作用。

首先,该数据库根据本书第 2 章中整理出的 31 种典型的船员不安全行为与状态并将其划分为感知失误、决策失误、技能失误和违规等 4 个主要类别。在此基础上，系统地梳理了 2 艘应用示范船舶所属管理公司的安全管理体系（Safety management system，SMS）文件，并以此搭建了基于违规行为的船员行为安全特征数据库架构。

其次，该数据库通过分析上述船员不安全行为与状态的致因因素和表现形式，并结合船员不安全行为与状态信息采集系统的设计方案，研究了多源异构信息的通信互联及融合技术，基于采集的视频、图像、数字信息（智能手环数据）等多源异构信息提高了对船员不安全行为与状态检测的准确性和高效性。在多源信息融合的基础上，通过深入分析船员行为模式及其内在机理、船员不安全行为与状态的非线性映射，建立了船员不安全行为与状态辨识的算法模型，并根据已采集的船员不安全行为与状态数据集对辨识算法进行训练和满足特定场景的优化。

该数据库的构建不仅可通过与船员不安全行为与状态监测预警系统的连通，对船员不安全行为与状态进行辨识，实现船员不安全行为与状态的警示、报警与预警，为航运公司的决策者、管理者提供管理和决策参考；还可通过与船员不安全行为与状态信息采集系统的动态连通，确保船员不安全行为与状态数据集的持续更新、存储、检索和实时调用，提高辨识船员不安全行为与状态的准确性，进而为船舶的智能化管理提供管理依据。

6.3.1　数据来源

（1）典型事故

典型事故数据资料是船员安全行为特征数据库的主要数据来源之一，该部分数据资料可具体参考本书第 2 章内容。

（2）体系文件

在由海上事故调查报告生成的 31 种典型的船员不安全行为与状态的基础上，研究团队组织了多次包括具备丰富航海实践经验的管理级船舶驾驶员在内的研讨会。经过充分地研讨、分析得知，仅由海上事故调查报告析出的船员违规行为仍不够全面，存在一定的局限性。有相当一部分违规行为在航运公司安全管理体系（SMS）中被明确，但由于航运公司的有效监管，这部分违规行为发生的概率极低，并未导致海上事故的发生。因此，为进一步完善、优化船员行为安全特征数据库的构建，课题组基于为项目提供应用示范的 2 艘船舶，引入其所属船舶管理公司的 SMS 文件，系统地梳理在 SMS 文件中明确的船员违规行为，并以此为重要依托完成典型船员不安全行为数据集的建立。

航运公司的安全管理体系（SMS）主要依据《国际船舶安全营运和防止污染管理规则》（ISM 规则）、《中华人民共和国船舶安全营运和防止污染管理规则》（NSM

规则)和国际、国内法定规范及规则强制性规定制定,同时充分考虑了 IMO、主管机关、船级社和其他海运业组织所建议适用的规则、指南和标准,并结合公司的具体管理实际。SMS 可涵盖公司船舶安全管理活动的各个方面,将公司船岸安全管理活动规范化、程序化和文件化,主要包括手册类文件、程序类文件、岸基工作须知类文件和其他参考资料等,如图 6-20 所示。为本书研究成果提供示范应用的 2 艘船舶分别为中远海运散货运输有限公司旗下的 210 000 DWT 散货船和长江海外游轮旅游有限公司旗下的“长江叁号”高端豪华游轮,因此,结合项目的应用示范和示范验证,引入深圳远洋运输股份有限公司和长江海外游轮旅游有限公司 SMS 文件对船员违规行为进行梳理和分析。其中,深圳远洋运输股份有限公司 SMS 的修订编号为 9.6,于 2020 年 12 月 15 日起生效运行,船员违规行为的梳理主要依据船舶操作须知和职业健康与安全手册展开;长江海外游轮旅游有限公司 SMS 的版本为 7.0,于 2020 年 6 月 1 日起生效运行,船员违规行为的梳理主要依据须知手册展开。

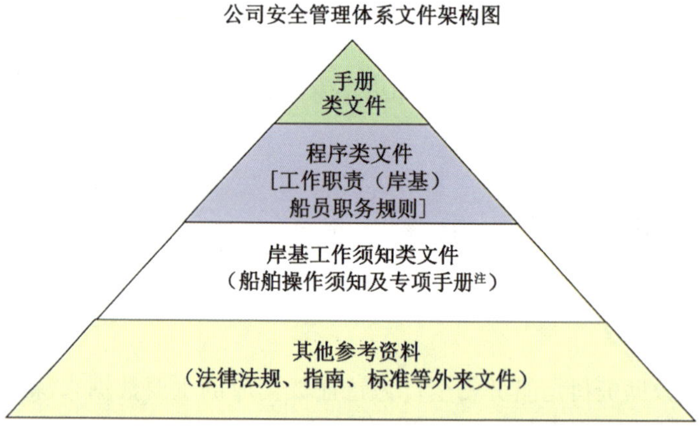

注：专项手册指船舶培训手册、SSP、SOPEP、船舶岗位指南、垃圾管理计划和船舶设备操作说明书等。

图 6-20　公司安全管理体系文件架构图

船员违规行为的梳理主要依据 ISM 规则、NSM 规则的第 7 条(船上操作的方案制定)和第 8 条(应急准备)两个部分,以及深圳远洋运输股份有限公司和长江海外游轮旅游有限公司的 SMS 文件展开。其中,第 7 条中的关键性操作是指涉及船舶安全和防止污染的船上操作,根据不同特点可标识为临界性操作和特殊性操作情况:临界性操作是指其错误会即刻导致危及人员、环境或船舶的事故或险情的操作,特殊性操作是指其错误仅在已造成危险情况或事故已发生时才会明显看出的操作。通过梳理分析,提取出的船员违规行为共有 125 项,涵盖 5 种航行水域、6 种船舶类型、不同航行状态下的多个场景,并可对具体的不安全行为进行详情展示,包括类别(场所)、船舶类型、航行状态、航行水域、操作场景、引导词、来源索引、数据采集手段、行为编码、行为描述等。其中,类别(场所)包括驾驶台、甲板等;船舶类型包括散货船、客船、集装箱船、油船、滚装船等;航行状态包括航行、停泊(锚泊、系泊、靠泊)等;航行水域包括港口水域、桥区水域、长江航道、长江中游等。

在构建基于 SMS 文件的船员安全行为特征数据库时,采用了“Human HAZOP”方法对可能出现的不安全行为与状态进行识别和分析。该方法是从危险与可操作性(Hazard and operability, HAZOP)分析演变而来的,其主要分析在关键操作或维护活动中出现人为失误的可能性。Human HAZOP 分析是一种识别和分析系统中的危险以及运行问题的技术,同时也是一种高度组织化、结构化和条理化的过程,在识别船员不安全行为与状态的过程中,其利用关键引导词(例如“是”“否”“更多”“更少”等)和具体的操作步骤来识别船员行为发生偏差可能导致的不期望事件或系统危险。以长江海外游轮旅游有限公司 SMS 文件 XZ315 4.3 中的高空舷外作业为例,行为描述为“遇大雪、冰冻以及六级以上大风时,不得从事高空舷外作业”,当引导词为“是”时,则说明“遇大雪、冰冻以及六级以上大风时,从事高空舷外作业”的行为为不安全行为,如图 6-21 所示。

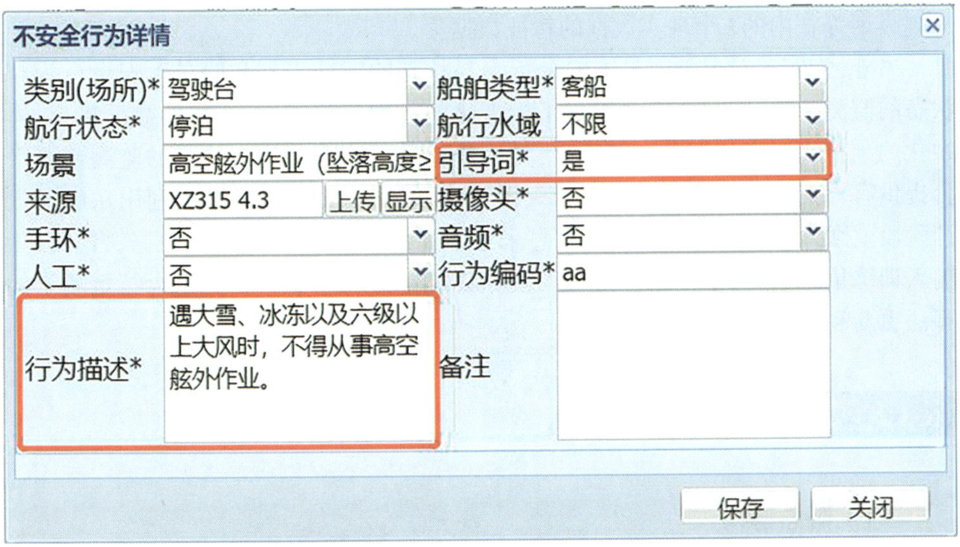

图 6-21 基于 Human HAZOP 的船员违规行为识别与分析示例

此外,为构建典型船员不安全行为与状态数据集,课题组在梳理船员违规行为的同时,明确了可进行信息采集的手段,以实现对船员的动态行为、生理状态等特征实时采集和人工录入,主要包括摄像头、智能手环、音频识别等方式。

(3)现实数据

现实数据有别于事故数据,其具有可采集、可应用的特征,同时借鉴通过典型事故采集到的不安全行为数据,目的是以过去的事故经验教训来减少现实中不安全行为与状态及其引发的风险。

现实数据区别于体系文件，主要体现在其实践性和针对性。不安全行为极其复杂，体系文件是从规则和理论层面进行描述，如果要应用于实践层面，需要对其进行工程化和典型化，需考虑技术手段、工程实现难度以及实际效用。利用现实数据构建不安全行为与状态数据库，可为船舶工作现场不安全行为与状态识别提供直接数据判断标准，也可为避免不安全行为与状态所导致的事故提供预警或处理决策。

因此，现实数据的来源主要考虑了不安全行为与状态的重要性、数据的可推广性和可用性以及技术的可实现性等方面，选择了基于视频、图像以及生理数据的数据源。采集数据的场景主要为实船，为了提高数据的泛化能力和不安全行为与状态识别准确度，适当补充非实船数据，比如船舶模拟器现场数据，网络爬虫搜索的相关行为特征数据，使数据的场景足够丰富、类型足够多样，从而满足设计的效果或目标要求。采集数据的过程还要兼顾典型事故的经验教训以及航运公司的体系文件和实际管理需求，最终确定船员不安全行为与状态特征数据集。目前，该数据库已采集包括人员离岗、PPE 检测、违规使用手机、人员跌倒、人员疲劳、缆绳操作、违规吸烟等在内的7 个现实数据的特征数据集。

另外，为实现对典型船员不安全行为与状态的特征识别和船员不安全行为与状态的监测预警，在数据库中提供了标准化的数据集格式、标准化的数据接口、体系化的预警规则库和划分预警阈值，为构建船员不安全行为与状态的监测预警平台提供有力支持。在梳理分析船员失误行为和违规行为的基础上，利用从船舶设计阶段就融入设计的船员不安全信息采集系统，在实船上采集现实数据，将其作为输入训练集，对船员不安全行为与状态辨识算法模型进行训练，并进行特定场景的算法更新和优化。

6.3.2 数据库系统设计

（1）概念结构

船员的不安全行为特征数据库包括船员不安全行为，机器学习所需要的数据集以及事故案例集。

①船员不安全行为

船员不安全行为根据事故报告和公司的安全管理体系（SMS）文件归纳整理。

a.基于事故报告总结的不安全行为

根据事故报告总结的不安全行为在失误类型和行为类别方面进行了分类描述。其中失误类型分为技能型、决策型和认知型。行为类别分为失误和违规。

b.基于体系文件的不安全行为

基于体系文件的不安全行为在以下方面进行了描述：场所、船舶类型、航行状态、航行水域、操作场景。为了能智能判断船员的不安全行为,需要对船员行为进行采集,用摄像头、音频和手环进行采集,同时管理员还可以对船员的不安全行为进行人工判断。

②机器学习所需要的数据集

为了自动判断船员的不安全行为并实现自动报警功能,需要利用机器学习的方法和相关技术,根据采集的船员的行为,进行智能判断。在进行机器学习时,需要用到不安全行为的数据集。按照不安全行为的种类,数据集分为安全帽、救生衣数据集,疲劳检测数据集,人员跌倒数据集,人员离岗数据集,吸烟、打电话数据集和缆绳违规操作数据集。每个数据集包括机器学习需要的图片及相关标注,以及经过机器学习所生成的相关配置文件。

③事故案例集

本数据库系统中的船员不安全行为一部分归纳自事故案例集,本部分用于存储该部分案例集。案例集包括文件名、文件内容、事故简介等。

(2)实体关系图

实体关系图(Entity-relationship)也被称为 ER 图、实体联系模型、实体联系模式图或 ER 模型,是一种用于数据库设计的结构图。一幅 ER 图包含不同的符号和连接符,用于显示两个重要的资讯:系统范围内的主要实体,以及这些实体之间的相互关系。图 6-22 就是本系统数据库的实体关系图。

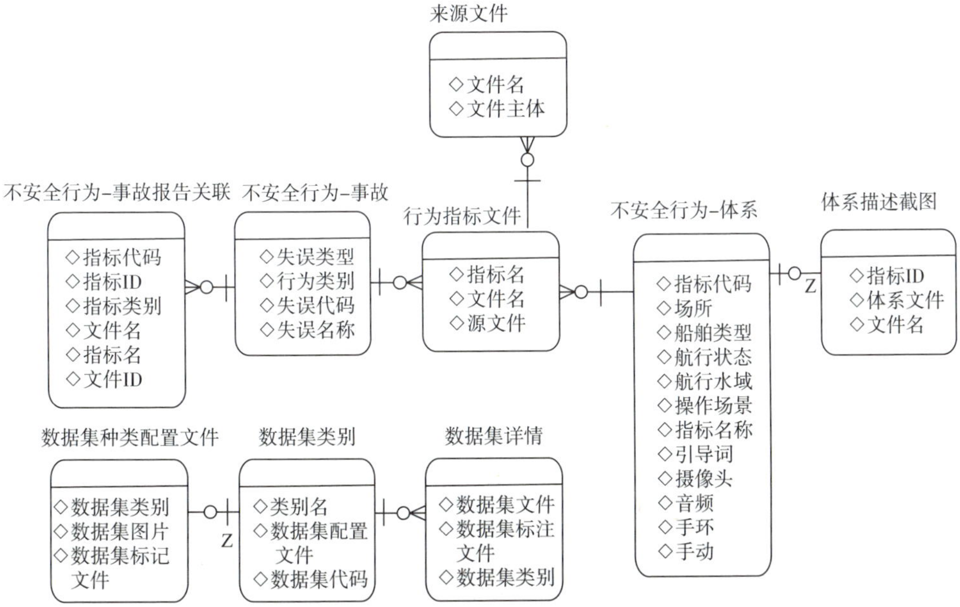

图 6-22 本系统数据库的实体关系图

(3)实体结构

根据系统设计及各实体关系及其属性,对数据库中的实体结构进行设置,如表 6-6~表 6-12 所示,是对不安全行为_事故、不安全行为_体系、行为指标文件关联、行为指标文件、体系描述截图、数据集类别、数据集文件等实体结构的设置情况。

表 6-6 不安全行为_事故(t_unsafe_index_Acc)

序号	字段名	数据类型	含义	是否允许为空	备注
1	error_type	varchar	失误类型	否	SKL:技能型;DECN:决策型;KNOW:认知型
2	action_type	varchar	行为类别	否	ERR:失误;VIOL:违规
3	error_code	varchar	失误代码	否	—
4	error_name	varchar	失误名称	否	—

表 6-7 不安全行为_体系(t_unsafe_index_SMS)

序号	字段名	数据类型	含义	是否允许为空	备注
1	index_code	varchar	指标代码	否	—
2	site	varchar	场所	否	NA:不限;BR:驾驶台;DK:甲板
3	ship_type	int	船舶类型	否	NA:不限;PA:客船;BK:散货船
4	nav_state	varchar	航行状态	否	NA:不限;ON:航行;BH:锚泊
5	nav_area	varchar	航行水域	否	NA:不限;PT:港口;CH:航道;BG:桥区;MD:长江中游
6	op_type	varchar	操作场景	否	—
7	index_name	varchar	指标名称	否	—
8	danger_yn	int	引导词	否	—
9	from_camera	int	摄像头	否	—
10	from_audio	int	音频	否	—
11	from_band	int	手环	否	—
12	from_manu	int	手动	否	—

表 6-8　行为指标文件关联(t_index_file)

序号	字段名	数据类型	含义	是否允许为空	备注
1	index_code	varchar	指标代码	否	—
2	index_id	int	指标 ID	否	—
3	index_type	int	指标类别	否	—
4	file_name	var	文件名	否	—
5	index_name	var	指标名	否	—
6	file_id	int	文件 ID	否	—

表 6-9　行为指标文件(t_index_file_bin)

序号	字段名	数据类型	含义	是否允许为空	备注
1	index_code	varchar	指标名	否	—
2	file_name	varchar	文件名	否	—
3	file_bin	longblob	源文件	否	—

表 6-10　体系描述截图(t_index_img_bin)

序号	字段名	数据类型	含义	是否允许为空	备注
1	index_id	int	指标 ID	否	—
2	index_img_bin	longtext	体系文件	否	Base64 格式
3	index_file_name	varchar	文件名	否	—

表 6-11　数据集类别(t_ml_ds_type)

序号	字段名	数据类型	含义	是否允许为空	备注
1	type_name	varchar	类别名	否	—
2	type_xml	longblob	数据集的配置文件	否	—
3	type_code	varchar	数据集代码	否	—

表 6-12　数据集种类配置文件(t_ml_ds_file)

序号	字段名	数据类型	含义	是否允许为空	备注
1	ds_type	varchar	数据集类别	否	—
2	ds_image	longtext	数据集图片	否	—
3	ds_xml	longblob	数据集标注文件	否	—

(4)通用字段

上述每一个实体类对应数据库中的一个表格,在数据库设计时,为了详细记录每一条记录的详细信息,每一个实体表均包含的字段及含义如表 6-13 所示。

表 6-13　实体表包含的字段及含义

序号	字段名	数据类型	含义
1	id	long	主键,唯一标识
2	create_by	varchar	创建人
3	create_time	datetime	创建时间
4	modify_by	varchar	修改人
5	modify_time	datetime	修改时间
6	version	integer	版本号
7	removed	bool	删除标识

表 6-13 中,create_by 代表记录的创建人;create_time 代表记录的创建时间;modify_by 代表记录的修改人;modify_time 代表记录的修改时间;version 代表该条记录的版本号,用于解决并发冲突的问题,本报告采用乐观锁来解决并发冲突的问题;removed 表示删除标识,为保证数据的安全,数据库中的数据只增加不删除,在查询时只查询 removed 为 false 的数据。在应用端执行删除操作时,仅仅将 removed 设为 true,而不是在数据库中真正执行删除操作。如果发现数据被误删除,则可以请求数据库管理员将误删除数据的 removed 字段改为 false,则该数据就可以恢复了,这样就有效解决了数据库误删除的问题。

6.3.3　数据库实现

(1)数据库存储引擎

本节主要在对比分析现有的开发技术基础之上,从中优选了 MySQL 数据库管理系统、Tomcat 技术以及 ExtJS 语言等系统组合,为本系统的设计和实现提供服务。MySQL 之所以成为当下最主流的开源数据库软件,是因为与其他数据库相比较,其相对优势较为突出。作为一个成熟的数据库管理系统,在功能上要满足现有的商业需求。MySQL 基本实现了 ANSI SQL 92 的大部分标准,在字段类型支持方面,MySQL 支持的类型要多于 Oracle 和其他一些商业数据库(比如 DB2、Sybase 等);在事务支持方面,MySQL 虽然没有自己的存储引擎,但是已通过第三方插件式存储引擎 InnoDB 实现了 ANSI SQL 92 定义的所有级别的事务隔离。

整体来说,MySQL 的功能完全可以满足通用商业需求,提供足够强大的服务。性能上:MySQL 最大的特点就是性能高,与其他所有商用的通用数据库管理系统相比,仅仅有 Oracle 数据库能够与其一较高下。可靠性上:当前最火的 Facebook 大型网站都使用 MySQL 数据库,排名在全球前 10 位的大型网站里,大部分都有部分业务是运行在 MySQL 数据库环境上的,如 Yahoo、Google 等。因此可以看出,

MySQL 的可靠性好,简单、高效。易用性上:MySQL 一直奉行简单易用的原则,也正是靠这一特性吸引了大量的初级数据库用户。安装上:MySQL 安装包仅 100 MB 左右,其他几大商业数据库与其相比完全不是一个数量级。它的安装也比 Oracle 等商业数据库容易很多,不论是通过已经编辑好的二进制分发包安装,还是通过源码编译安装,都非常简单。

MySQL 是一个真正的多用户、多线程 SQL 数据库服务器。SQL(结构化查询语言)是世界上最主流的和标准化的数据库语言。MySQL 数据库的特点主要有以下几个方面:

①可运行在不同平台。

②使用核心线程的完全多线程服务,这意味着可以采用多 CPU 体系结构。

③使用 C 和 C++编写,并使用了多种编辑器进行测试,保证源代码的可移植性。

④支持 AIX、FreeBSD、macOS、OpenBSD、HP - UX、Linux、Novell Netware、Windows、Solaris、OS/2 Wrap 等多种操作系统。

⑤支持多线程,充分利用 CPU 资源。

⑥提供 TCP/IP、ODBC 和 JDBC 等多种数据库连接途径。

⑦可以处理拥有上千万条记录的大型数据库。

⑧优化的 SQL 查询算法,能有效地提高查询速度。

⑨提供用于管理、检查、优化数据库操作的管理工具。

⑩为多种编程语言提供了 API。这些编程语言包括 C、C++、Python、Java、Perl、PHP、Eiffel、Ruby 和 Tcl 等。

⑪既能够作为一个单独的应用程序应用在客户端服务器网络环境中,也能够作为一个库嵌入其他的软件中提供多语言支持,常见的编码如中文的 GB 2312、BIG5、日文的 Shift_JIS 等都可以用作数据表名和数据列名[95-98]。

⑫与其他数据库管理系统相比,MySQL 数据库是免费开源软件,并且适用于中小型管理信息系统,这一种数据库正适合本书的研究内容。

(2)数据管理系统的实现

本系统采用 B/S 架构和 Spring 框架,服务器端采用 Tomcat,数据库采用 MySQL,前台使用 ExtJS,数据库映射采用 Hibernate,数据库连接池技术采用 Proxool;系统构建工具为 Maven,版本控制工具为 Git。

数据管理系统主要功能包括增加、删除、查询和修改。为了方便用户使用,系统可以为不同用户设置不同的权限。系统的运行界面如图 6-23~图 6-32 所示。

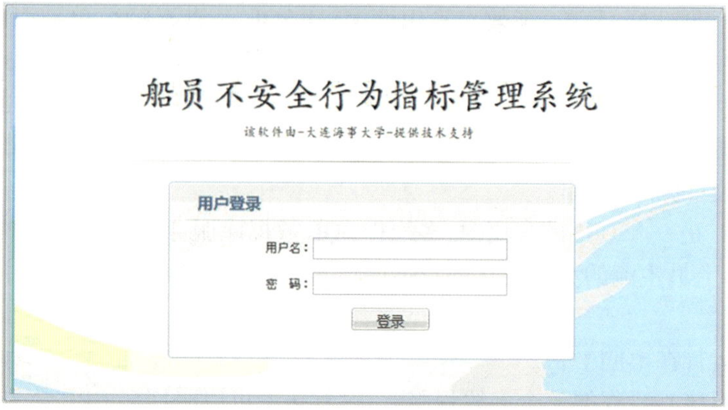

图 6-23 船员不安全行为特征数据库登录界面

图 6-24 船员不安全行为特征数据库主界面

	行为类别	失误描述	备注	代码
1	认知失误	未能对当时危险局面做出充分估计	对危险局面估计不足、COLREGs 7	aa
2	认知失误	未充分估计当前环境对船舶操纵的影响	风流、潮汐	aa
3	认知失误	未尽到当时特殊情况下所要求的戒备	COLRGEs 2、内河避碰规则 3	aa
4	决策失误	未遵守船舶在能见度不良时的行动规则	COLRGEs 19、内河避碰规则 23-27	aa
5	决策失误	未遵守船舶在互见中的行动规则	COLRGEs 13-18、内河避碰规则 10-22	aa
6	决策失误	未遵守狭水道等特殊水域航行规则	COLREGs 9、10、珠江口、定线制规定	aa
7	决策失误	未及早地采取有效的避碰行动	COLRGEs 8、内河避碰规则 9	aa
8	决策失误	未采用安全航速	COLRGEs 6、内河避碰规则 7	aa
9	决策失误	未严格执行计划航线		aa
10	决策失误	未遵循海员通常做法或习惯航法	例如，未遵循上航船"右三左七"的习惯航法，过于靠近右岸航行	aa
11	决策失误	忽视报警信号或警告	不听VTS/值班员警告	aa
12	决策失误	应急处置措施不当	主机、舵机、电力突发故障，应急措施不当；货舱进水船长应急处置措施不当；防台措…	aa
13	决策失误	锚泊位置选择不当	两船并绑锚泊未与下游锚泊船保持安全距离；锚地选择不当	aa
14	决策失误	未控制好船位	将靠离泊操作不当和船舶操纵不当的具体行为拆分成为未控制好船位、未采用安全航速…	aa
15	技能失误	未保持正规瞭望	COLREGs 5、内河避碰规则 6	aa
16	技能失误	未正确发出声响和灯光信号	COLREGs Part D、内河避碰规则第4章	aa
17	技能失误	未正确显示号灯号型	COLREGs Part C、内河避碰规则第3章	aa
18	技能失误	过度依赖助航仪器	完全依赖助航仪器，未运用目视、听觉等	aa
19	技能失误	未充分利用助航仪器	包括未正确使用AIS、雷达；航行中仅依赖AIS；航行中仅依赖ECS；未有效利用AIS、…	aa
20	技能失误	值班水手操舵失误		aa
21	违规行为	值班驾驶员未及时核对计划航线	海图作业规定SWI-7.1-06 4.2.2	aa
22	违规行为	值班人员未按规定核对航向、船位	值班期间未使用可用的、必要的助航仪器，以足够频繁的时间间隔对所航行的航向、船…	aa
23	违规行为	违反船舶作业规程	针对火灾事故	aa

图 6-25 基于数据的不安全行为

	类别(场所)	船舶类型	航行状态	航行水域	场景	行为描述	引导词	摄像头	手环	音频	人工	来源索引
1	甲板	散货	不限	不限	船舶作业	船员作业前4小时内，禁止饮酒，作业期间呼吸中酒…	否	否	是	否	是	SWI-6.2
2	甲板	散货	不限	不限	驾驶台值班	船员值班前4小时内，禁止饮酒，值班期间呼吸中酒…	否	否	是	否	是	SWI-6.2
3	甲板	散货	不限	不限	船舶控制毒品和酒精…	船员在船任何时候不得饮酒过量、不得酗酒	否	否	否	否	是	SWI-6.2
4	甲板	散货	不限	不限	船舶控制毒品和酒精…	禁止船上任何人员使用（除医用麻醉品外）、买卖、…	否	否	否	否	是	SWI-6.2
5	不限	散货	不限	不限	船岸通道作业	船岸通道作业人员必须使用救生衣、安全带、保险绳…	否	否	否	否	否	SWI-7.1
6	甲板	散货	不限	不限	船岸通道作业	船岸通道收放应由不少于2人协同作业	否	否	否	否	否	SWI-7.1
7	驾驶台	散货	停泊	港口	驾驶台值班	值班水手应佩戴臂章	否	是	否	否	否	SWI-6.2
8	不限	散货	停泊	港口	驾驶台值班	系泊中，值班驾驶员应在甲板上（装卸现场）执行值…	否	是	否	否	否	SWI-6.2
9	不限	散货	停泊	港口	驾驶台值班	应有至少一名值班驾驶员和值班水手保持甲板值班	否	是	否	否	否	SWI-6.2
10	甲板	散货	停泊	港口	驾驶台值班	舷梯口要24小时有人值守	否	是	否	否	否	SWI-6.2
11	甲板	散货	停泊	港口	驾驶台值班	轮值船员在值班执勤时，不得携带移动电话。	否	是	否	否	否	SWI-6.2
12	驾驶台	散货	停泊	港口	驾驶台值班	轮值船员在值班执勤时，禁止从事与值班无关得事情…	否	是	否	否	否	SWI-6.2
13	驾驶台	散货	航行	港口	驾驶台操作	值班驾驶员应密切配合引航员	否	否	否	否	否	SWI-7.1
14	驾驶台	散货	航行	港口	驾驶台操作	经过报告点时按规定向VTS报告	否	否	否	否	否	SWI-7.1
15	驾驶台	散货	航行	港口	驾驶台操作	保持VHF16频道或港口指定频道的连续守听	否	否	否	否	否	SWI-7.1
16	驾驶台	散货	航行	港口	驾驶台操作	正确显示规定的信号（号灯、号型与旗号）	否	否	否	否	否	SWI-7.1
17	驾驶台	散货	航行	港口	驾驶台操作	不得超过港口规定的航速，任何时候都应使用安全航…	否	否	否	否	否	SWI-7.1
18	驾驶台	散货	航行	港口	驾驶台操作	保持正规瞭望	否	否	否	否	否	SWI-7.1
19	驾驶台	散货	航行	不限	驾驶台值班	风力8级或涌浪高达5米以上时，船长应亲自在驾驶台…	否	否	否	否	否	SWI-7.1
20	驾驶台	散货	航行	不限	驾驶台操作	能见度降至3 n mile及以下时，必须全面实施雾航安…	否	否	否	否	否	SWI-7.1
21	驾驶台	散货	航行	不限	驾驶台操作	当能见度低于5 n mile且有进一步降低的可能时，应…	否	否	否	否	否	SWI-7.1
22	驾驶台	散货	航行	桥区	驾驶台操作	在桥梁水域附近锚泊	是	否	否	否	否	SWI-7.1

图 6-26　基于体系文件的不安全行为

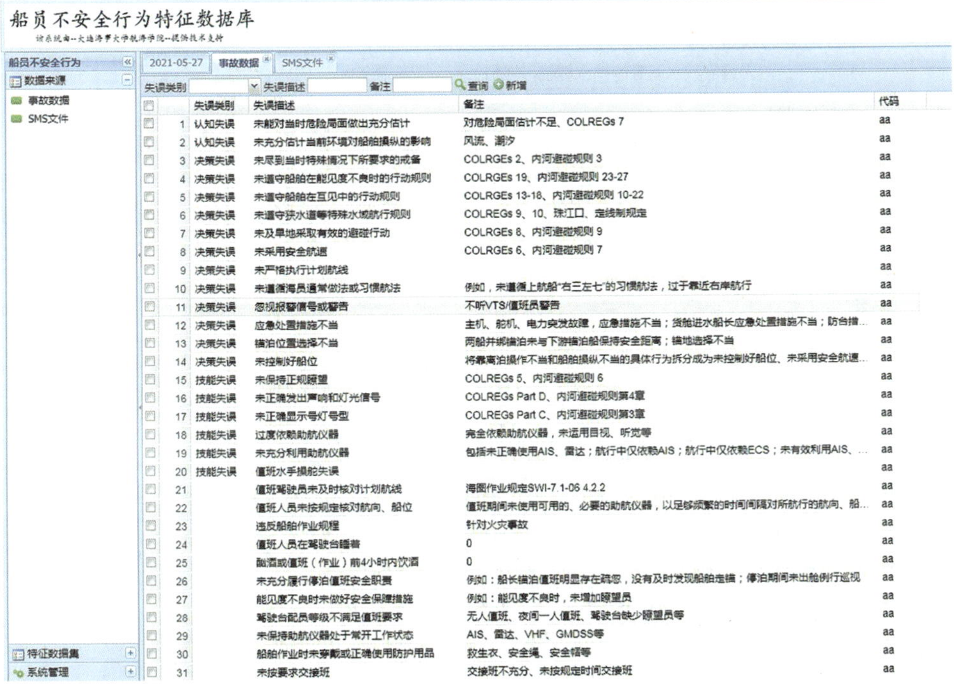

	失误类别	失误描述	备注	代码
1	认知失误	未能对当时危险局面做出充分估计	对危险局面估计不足、COLREGs 7	aa
2	认知失误	未充分估计当前环境对船舶操纵的影响	风流、潮汐	aa
3	决策失误	未尽到当时特殊情况下所要求的戒备	COLRGEs 2、内河避碰规则 3	aa
4	决策失误	未遵守船舶在能见度不良时的行动规则	COLRGEs 19、内河避碰规则 23-27	aa
5	决策失误	未遵守船舶在互见中的行动规则	COLRGEs 13-18、内河避碰规则 10-22	aa
6	决策失误	未遵守狭水道等特殊水域航行规则	COLREGs 9、10、珠江口、定线制规定	aa
7	决策失误	未及早地采取有效的避碰行动	COLRGEs 8、内河避碰规则 9	aa
8	决策失误	未采用安全航速	COLRGEs 6、内河避碰规则 7	aa
9	决策失误	未严格执行计划航线		aa
10	决策失误	未遵循海员通常做法或习惯航法	例如，未遵循上航船"右三左七"的习惯航法，过于靠近右岸航行	aa
11	决策失误	忽视报警信号或警告	不听VTS/值班员警告	aa
12	决策失误	应急处置措施不当	主机、舵机、电力突发故障，应急措施不当；货舱进水船长应急处置措施不当；防台措…	aa
13	决策失误	锚泊位置选择不当	两船并绑锚泊未与下游锚泊船保持安全距离；锚地选择不当	aa
14	决策失误	未控制好船位	将靠离泊操作不当和船舶操纵不当的具体行为拆分成为未控制好船位、未采用安全航速…	aa
15	技能失误	未保持正规瞭望	COLREGs 5、内河避碰规则 6	aa
16	技能失误	未正确发出声响和灯光信号	COLREGs Part D、内河避碰规则第4章	aa
17	技能失误	未正确显示号灯号型	COLREGs Part C、内河避碰规则第3章	aa
18	技能失误	过度依赖助航仪器	完全依赖助航仪器，未运用目视、听觉等	aa
19	技能失误	未充分利用助航仪器	包括未正确使用AIS、雷达；航行中仅依赖AIS；航行中仅依赖ECS；未有效利用AIS、…	aa
20	技能失误	值班水手操舵失误		aa
21		值班驾驶员未及时核对计划航线	海图作业规定SWI-7.1-06 4.2.2	aa
22		值班人员未按规定核对航向、船位	值班期间未使用可用的、必要的助航仪器，以足够频繁的时间间隔对所航行的航向、船…	aa
23		违反船舶作业规程	针对火灾事故	aa
24		值班人员在驾驶台睡着	0	aa
25		酗酒或值班（作业）前4小时内饮酒	0	aa
26		未充分履行停泊值班安全职责	例如：船长锚泊值班明显存在疏忽，没有及时发现船舶走锚；停泊期间未出舱例行巡视	aa
27		能见度不良时未做好安全保障措施	例如：能见度不良时，未增加瞭望员	aa
28		驾驶台配员等级不满足值班要求	无人值班、夜间一人值班、驾驶台缺少瞭望员等	aa
29		未保持助航仪器处于常开工作状态	AIS、雷达、VHF、GMDSS等	aa
30		船舶作业时未穿戴或正确使用防护用品	救生衣、安全绳、安全帽等	aa
31		未按要求交接班	交接班不充分、未按规定时间交接班	aa

图 6-27　基于事故数据的船员不安全行为特征数据库

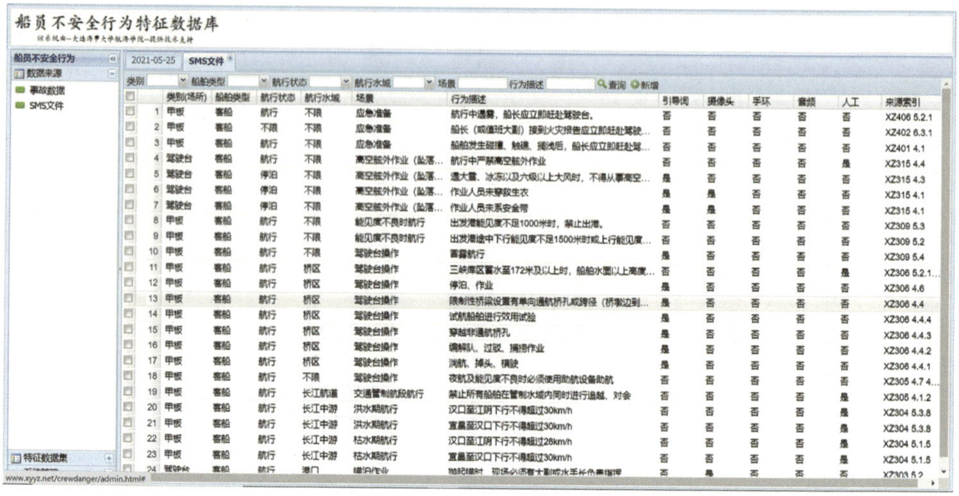

	类别(场所)	船舶类型	航行状态	航行水域	场景	行为描述	引导词	摄像头	手环	音频	人工	来源索引
1	甲板	客船	航行	不限	应急准备	航行中遇雾，船长应立即赶赴驾驶台。	否	否	否	否	否	XZ406 5.2.1
2	甲板	客船	不限	不限	应急准备	船长（或值班大副）接到火灾报告应立即赶赴驾驶…	否	否	否	否	否	XZ402 6.3.1
3	甲板	客船	航行	不限	应急准备	船舶发生碰撞、触礁、搁浅后，船长应立即赶赴驾…	否	否	否	否	否	XZ401 4.1
4	驾驶台	客船	航行	不限	高空舷外作业（坠落…	航行中严禁高空舷外作业	否	否	否	否	是	XZ315 4.4
5	驾驶台	客船	停泊	不限	高空舷外作业（坠落…	遇大雾、冰冻以及六级以上大风时，不得从事高空…	是	否	否	否	否	XZ315 4.3
6	驾驶台	客船	停泊	不限	高空舷外作业（坠落…	作业人员未穿救生衣	是	是	否	否	否	XZ315 4.1
7	驾驶台	客船	停泊	不限	高空舷外作业（坠落…	作业人员未系安全带	是	是	否	否	否	XZ315 4.1
8	甲板	客船	航行	不限	能见度不良时航行	出发港能见度不足1000米时，禁止出港。	否	否	否	否	否	XZ309 5.3
9	甲板	客船	航行	不限	能见度不良时航行	出发港途中下行能见度不足1500米时或上行能见度…	否	否	否	否	否	XZ309 5.2
10	甲板	客船	航行	不限	驾驶台操作	雷雾航行	是	否	否	否	否	XZ309 5.4
11	甲板	客船	航行	桥区	驾驶台操作	三峡库区蓄水至172米及以上时，船舶水面以上高度…	否	否	否	否	是	XZ306 5.2.1…
12	甲板	客船	航行	桥区	驾驶台操作	停泊、作业	是	否	否	否	否	XZ306 4.6
13	甲板	客船	航行	桥区	驾驶台操作	限制性桥梁设置有单向通航桥孔或跨径（桥墩边到…	是	否	否	否	否	XZ306 4.4
14	甲板	客船	航行	桥区	驾驶台操作	试航船舶进行效用试验	是	否	否	否	否	XZ306 4.4.4
15	甲板	客船	航行	桥区	驾驶台操作	穿越非通航桥孔	是	否	否	否	否	XZ306 4.4.3
16	甲板	客船	航行	桥区	驾驶台操作	编解队、过驳、捕捞作业	是	否	否	否	否	XZ306 4.4.2
17	甲板	客船	航行	桥区	驾驶台操作	滞航、掉头、横驶	是	否	否	否	否	XZ306 4.4.1
18	甲板	客船	航行	不限	驾驶台操作	夜航及能见度不良时必须使用助航设备助航	否	否	否	否	否	XZ305 4.7 4…
19	甲板	客船	航行	长江航道	交通管制航段航行	禁止所有船舶在管制水域内同时进行追越、对会	否	否	否	否	是	XZ305 4.1.2
20	甲板	客船	航行	长江中游	洪水期航行	汉口至江阴下行不得超过30km/h	否	否	否	否	是	XZ304 5.3.8
21	甲板	客船	航行	长江中游	洪水期航行	宜昌至汉口下行不得超过30km/h	否	否	否	否	是	XZ304 5.3.8
22	甲板	客船	航行	长江中游	枯水期航行	汉口至江阴下行不得超过28km/h	否	否	否	否	是	XZ304 5.1.5
23	甲板	客船	航行	长江中游	枯水期航行	宜昌至汉口下行不得超过30km/h	否	否	否	否	是	XZ304 5.1.5
24	驾驶台	客船	航行	港口	锚泊作业	抛起锚时，现场必须有大副或水手长负责指挥	否	是	否	否	否	XZ303 5.2

图 6-28　基于 SMS 文件的船员不安全行为特征数据库

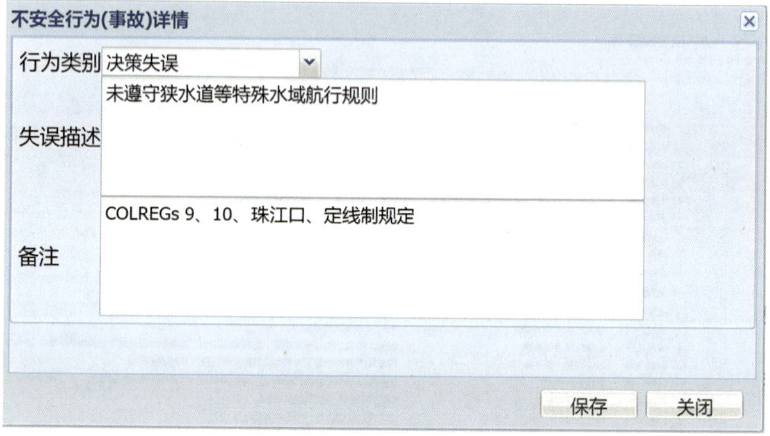

图 6-29　基于事故的不安全行为管理对话框

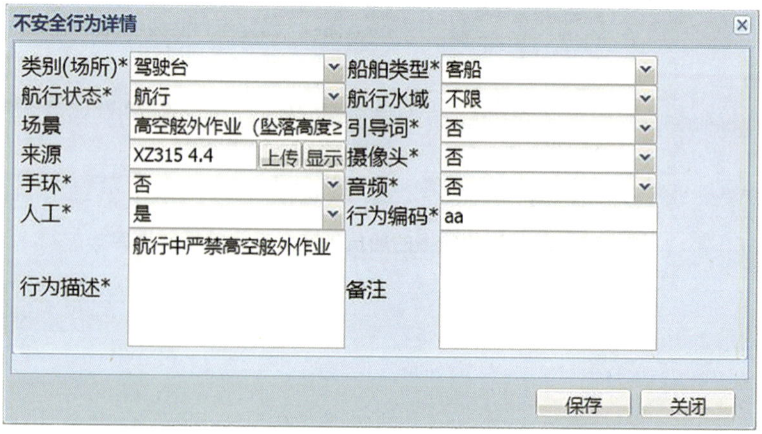

图 6-30　基于体系系统建立的不安全行为管理对话框

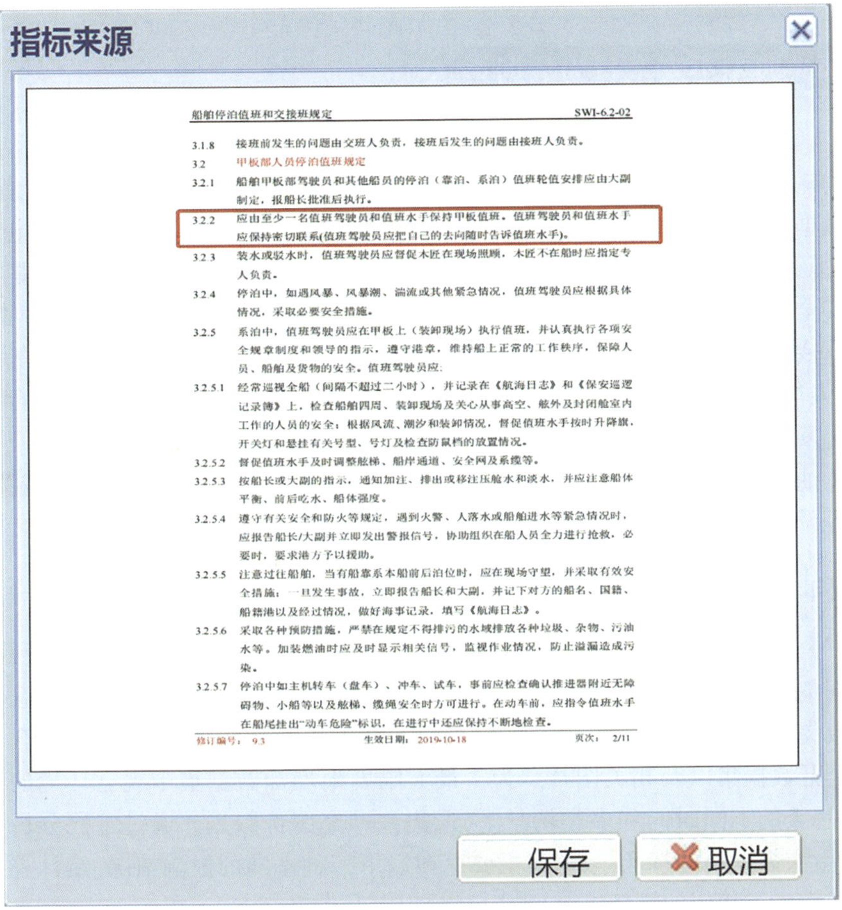

船舶停泊值班和交接班规定　SWI-6.2-02

3.1.8 接班前发生的问题由交班人负责，接班后发生的问题由接班人负责。

3.2 甲板部人员停泊值班规定

3.2.1 船舶甲板部驾驶员和其他船员的停泊（靠泊、系泊）值班轮值安排应由大副制定，报船长批准后执行。

3.2.2 应由至少一名值班驾驶员和值班水手保持甲板值班。值班驾驶员和值班水手应保持密切联系(值班驾驶员应把自己的去向随时告诉值班水手)。

3.2.3 装水或驳水时，值班驾驶员应督促木匠在现场照顾，木匠不在船时应指定专人负责。

3.2.4 停泊中，如遇风暴、风暴潮、湍流或其他紧急情况，值班驾驶员应根据具体情况，采取必要安全措施。

3.2.5 系泊中，值班驾驶员应在甲板上（装卸现场）执行值班，并认真执行各项安全规章制度和领导的指示，遵守港章，维持船上正常的工作秩序，保障人员、船舶及货物的安全。值班驾驶员应:

3.2.5.1 经常巡视全船（间隔不超过二小时），并记录在《航海日志》和《保安巡逻记录簿》上，检查船舶四周、装卸现场及关心从事高空、舷外及封闭舱室内工作的人员的安全；根据风流、潮汐和装卸情况，督促值班水手按时升降旗，开关灯和悬挂有关号型、号灯及检查防鼠档的放置情况。

3.2.5.2 督促值班水手及时调整舷梯、船岸通道、安全网及系缆等。

3.2.5.3 按船长或大副的指示，通知加注、排出或移注压舱水和淡水，并应注意船体平衡、前后吃水、船体强度。

3.2.5.4 遵守有关安全和防火等规定，遇到火警、人落水或船舶进水等紧急情况时，应报告船长/大副并立即发出警报信号，协助组织在船人员全力进行抢救，必要时，要求港方予以援助。

3.2.5.5 注意过往船舶，当有船靠系本船前后泊位时，应在现场守望，并采取有效安全措施；一旦发生事故，立即报告船长和大副，并记下对方的船名、国籍、船籍港以及经过情况，做好海事记录，填写《航海日志》。

3.2.5.6 采取各种预防措施，严禁在规定不得排污的水域排放各种垃圾、杂物、污油水等。加装燃油时应及时显示相关信号，监视作业情况，防止溢漏造成污染。

3.2.5.7 停泊中如主机转车（盘车）、冲车、试车，事前应检查确认推进器附近无障碍物、小船等以及舷梯、缆绳安全时方可进行。在动车前，应指令值班水手在船尾挂出"动车危险"标识，在进行中还应保持不断地检查。

修订编号：9.3　生效日期：2019-10-18　页次：2/11

图 6-31　体系文件描述

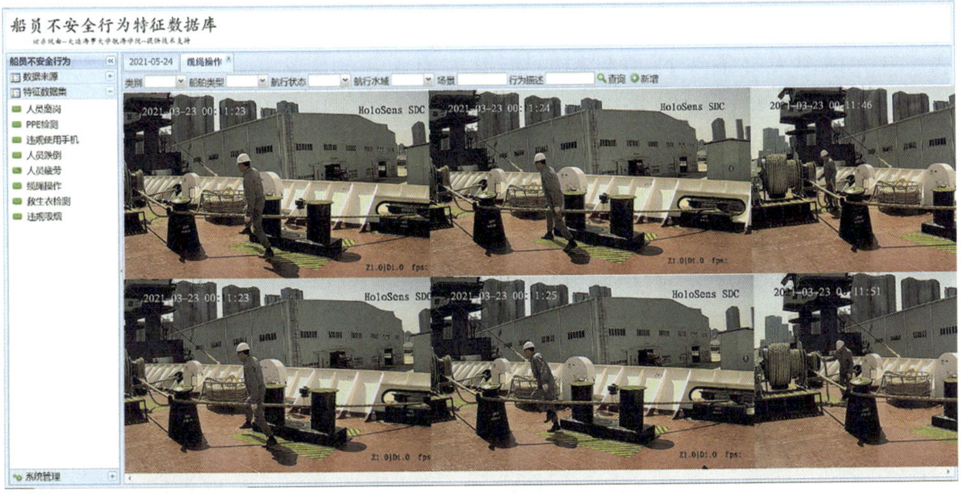

图 6-32　船员不安全行为的特征数据集

6.3.4 典型不安全行为数据集

构建完成的船员不安全行为数据集一共包含 6 个子数据集,分别为安全帽、救生衣数据集,疲劳检测数据集,人员跌倒数据集,人员离岗数据集,吸烟、打电话数据集,缆绳违规操作数据集。其中,安全帽、救生衣数据集可用于船上人员是否正确戴安全帽和穿救生衣的识别;疲劳检测数据集用于驾驶台值班人员眨眼频率、打瞌睡等疲劳状态的监测;人员跌倒数据集用于检测船上人员是否跌倒、昏迷等异常状态;人员离岗数据集用于监测驾驶台是否有值班人员,如在值班时间驾驶台无人值班时发出报警;吸烟、打电话数据集用于监测船员是否保持正规的值班以及是否在禁止抽烟区域抽烟等;缆绳违规操作数据集用于识别船员是否正确操作绞缆机、锚机等设备。

(1)安全帽、救生衣数据集

安全帽、救生衣数据集由 9 547 张图片组成,其中包含多种图片像素分辨率。该数据集由两部分组成:第一部分是由摄像头监控系统在“长江叁号”高端豪华游轮上收集的,包含船员在船上有无戴安全帽、穿救生衣的场景;第二部分包含了网上的公开数据集以及相关图片。为了最大限度地增加数据集中视觉环境的多样性,在一天的不同时间和多类场景下,采集和补充图像数据。通过定性分析安全帽、救生衣数据集的特征,数据集主要存在以下三种不同的极端情况,给计算机视觉算法带来了相应的挑战。

①港航场景下,光线存在着强烈的变化;

②存在密集目标场景,且有一定程度的遮挡;

③大风浪天气条件下,受到船舶晃动、波浪水花的影响。

安全帽、救生衣数据集中的数据标签。安全帽、救生衣数据集严格按照 PASCAL VOC 2007 格式进行处理,每张图片均使用人工注释器进行手动标注,然后进行精细的检查和验证。其中,共包含了 172 916 个标签注释。数据集图片中的检测目标对象用矩形边界框勾勒轮廓,带注释的标签被分为 4 类,分别为:

①Hat(安全帽)——表示船员正确戴了安全帽;

②Person(人头)——表示船员未戴安全帽;

③Reflective_clothes(反光衣)——表示船员正确穿了救生衣;

④Other_clothes(其他衣服)——表示船员未穿救生衣。

安全帽、救生衣数据集中的数据集评估协议。在安全帽、救生衣数据集上进行目标检测算法的评估遵循 PASCAL VOC 2007 挑战的建议。数据集旨在作为测试数据的基准,因此它不会分为训练和测试部分。但是,对于有兴趣将此数据用于训练目的的研究人员，建议采用 9∶1 划分训练和测试集。

（2）疲劳检测数据集

疲劳检测数据集由 46 511 张图片组成，其中包含多种图片像素分辨率。该数据集由两部分组成：第一部分是利用船舶操纵模拟实验平台上采集的数据；第二部分是来自现有的相关数据集和自行拍摄的视频图像，包含船员在驾驶台区域是否闭眼、打哈欠的相关图片。为了最大限度地增加数据集中视觉环境的多样性，在不同时间和多类场景下，采集和补充图像数据。通过定性分析疲劳检测数据集的特征，数据集主要存在以下四种不同的场景，如图 6-33 所示。

①港航场景下，自然环境的变化导致的疲劳状态；

②港航场景下，长时间持续工作导致的疲劳状态；

③码头靠离泊场景下，自然环境的变化导致的疲劳状态；

④码头靠离泊场景下，长时间持续工作导致的疲劳状态。

图 6-33　疲劳检测数据集的特征

疲劳检测数据集的数据集标签：疲劳的状态是由多因素引起的，特征表现也较多，因此数据集的标注中涉及疲劳产生的整个过程。疲劳检测数据集严格按照 PASCAL VOC 2007 格式进行处理，每张图片均使用人工注释器进行手动标注，然后进行精细的检查和验证。数据集图片中的检测目标对象用矩形边界框勾勒轮廓，带注释的标签被分为 2 类，分别为：

①Eye-closed（闭眼）——表示船员处于闭眼状态；

②Yawn（打哈欠）——表示船员处于打哈欠状态。

图 6-34 展示了疲劳检测数据集中的部分类别和标注情况。

疲劳检测数据集的数据集评估协议。在疲劳检测数据集上进行目标检测算法的评估遵循 PASCAL VOC 2007 挑战的建议。数据集旨在作为测试数据的基准，因此不会分为训练和测试部分。但是，对于有兴趣将此数据用于训练目的的研究人员，建议采用 9∶1 划分训练和测试集。

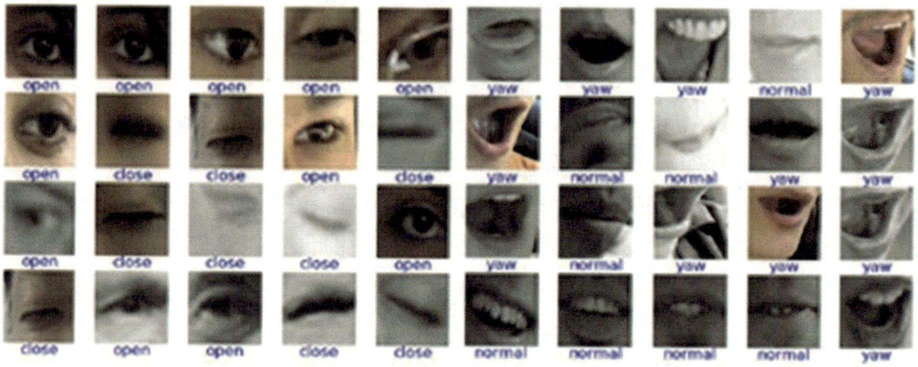

图 6-34　疲劳检测数据集中的部分类别和标注情况

(3) 人员跌倒数据集

人员跌倒数据集由 4 666 张图片组成,其中包含多种图片像素分辨率。该数据集收集了人员摔倒和昏迷的相关图像。数据集包含室内和室外多种人员跌倒场景,如人员突然休克、运动摔倒、受伤倒地等。

人员跌倒数据集的数据集标签。人员跌倒数据集严格按照 PASCAL VOC 2007 格式进行处理,每张图片均使用人工注释器进行手动标注,然后进行精细的检查和验证。其中,共包含了 5 182 个标签注释。数据集图片中的检测目标对象用矩形边界框勾勒轮廓,其中包含 1 类带注释的标签——fall,表示人员发生跌倒。

人员跌倒数据集的数据集评估协议。在人员跌倒数据集上进行目标检测算法的评估遵循 PASCAL VOC 2007 挑战的建议。数据集旨在作为测试数据的基准,因此不会分为训练和测试部分。但是,对于有兴趣将此数据用于训练目的的研究人员,建议采用 9 : 1 划分训练和测试集。

(4) 人员离岗数据集

人员离岗数据集由 3 219 张图片组成,其中包含多种图片像素分辨率。该数据集由两部分组成:第一部分采用从“长江叁号”高端豪华游轮驾驶台上采集的船员值班图像数据;另一部分使用 VOC 公开数据集中的行人数据。

人员离岗数据集的数据集标签。人员离岗数据集严格按照 PASCAL VOC 2007 格式进行处理,每张图片均使用人工注释器进行手动标注,然后进行精细的检查和验证。其中,共包含了 6 123 个标签注释。数据集图片中的检测目标对象用矩形边界框勾勒轮廓,其中含有 1 类带注释的标签——Person,表示船舶值班驾驶员在岗。

人员离岗数据集的数据集评估协议。在人员离岗数据集上进行目标检测算法的评估遵循 PASCAL VOC 2007 挑战的建议。数据集旨在作为测试数据的基准,因此不会分为训练和测试部分。但是,对于有兴趣将此数据用于训练目的的研究人员,建议采用 9∶1 划分训练和测试集。

(5)吸烟、打电话数据集

吸烟、打电话数据集由 10 674 张图片组成,其中包含多种图片像素分辨率。该数据集由两部分组成:第一部分是由摄像头监控系统在“长江叁号”高端豪华游轮上收集的,包含船员在船上吸烟、打电话的场景;第二部分是来自现有的相关数据集和自行拍摄的视频图像。为了最大限度地增加数据集中视觉环境的多样性,在一天的不同时间和多类场景下,采集和补充图像数据。

通过定性分析吸烟、打电话数据集的特征,数据集主要存在以下几个难点,给计算机视觉算法带来了相应的挑战。

①船舶驾驶室后面的背景会干扰前景目标的检测,如白炽灯可能被误检为香烟;

②该数据集中存在较多的小目标(电话、烟头);

③数据集中光线变换明显。

吸烟、打电话数据集的数据集标签。吸烟、打电话数据集严格按照 PASCAL VOC 2007 格式进行处理,每张图片均使用人工注释器进行手动标注,然后进行精细的检查和验证。其中,共包含了 11 445 个标签注释。数据集图片中的检测目标对象用矩形边界框勾勒轮廓,带注释的标签被分为 4 类,分别为:

①Smoke(吸烟)——表示船员正在吸烟;

②Likesmoking(疑似吸烟)——如将笔放在嘴巴附近;

③Usingphone(使用手机)——表示船员正在玩手机;

④Likephone(疑似打电话)——如手拿空调遥控器。

吸烟、打电话数据集的数据集评估协议。在吸烟、打电话数据集上进行目标检测算法的评估遵循 PASCAL VOC 2007 挑战的建议。数据集旨在作为测试数据的基准,因此不会分为训练和测试部分。但是,对于有兴趣将此数据用于训练目的的研究人员,建议采用 9∶1 划分训练和测试集。

(6)缆绳违规操作数据集

缆绳违规操作数据集由 5 300 张图片组成,其中包含多种图片像素分辨率。该数据集是由摄像头监控系统在“育鲲”轮上收集的,包含船员在船上收放缆绳操作的场景。为了最大限度地增加数据集中视觉环境的多样性,从不同的工作场景和拍摄角度,采集和补充图像数据。缆绳操作的不安全行为定义通过以下三种方式搜集:通过整理船公司体系文件中的详细要求,总结出操作过程中的不安全行为;采访船上具有经验的水手,归纳出船上易发生危险的行为;梳理操作规范中的危险操作,归纳出不安全行为。

具体的不安全行为标注及来源如表 6-14 所示。

表 6-14　不安全行为标注及来源

不安全行为	来源
Sitting on the bollard(坐在缆桩上)	采访和公司体系文件
Stamped on the cable(脚踩缆绳)	采访和公司体系文件
Stamped on the bollard(脚踏缆桩)	采访和公司体系文件
Across the cable(横跨缆绳)	操作规范和公司体系文件
Across the taut cable(横跨绷紧的缆绳)	操作规范和公司体系文件
Hand over the cable(手托在缆绳下方)	采访
Stand in the cable(站在缠绕的缆绳中间)	操作规范和公司体系文件

缆绳违规操作数据集的数据集标签。缆绳不安全行为数据集严格按照 PASCAL VOC 2007 格式进行处理,每张图片均使用人工注释器进行手动标注,然后进行精细的检查和验证。其中,共包含了 3 384 个标签注释。数据集图片中的检测目标对象用矩形边界框勾勒轮廓,图 6-35 所示为缆绳违规操作数据集中的部分类别的标注识别情况。

坐在缆桩上、脚踏缆桩和脚踩缆绳　　脚踩缆绳

横跨绷紧的缆绳　　横跨缆绳

图 6-35　缆绳违规操作数据集中的部分类别的标注识别情况

缆绳违规操作数据集的数据集评估协议。在缆绳违规操作数据集上进行目标检测算法的评估遵循 PASCAL VOC 2007 挑战的建议。数据集旨在作为测试数据的基准,因此不会分为训练和测试部分。但是,对于有兴趣将此数据用于训练目的的研究人员,建议采用 9 : 1 划分训练和测试集。

6.4　船员不安全行为与状态的预警方法

6.4.1　预警思路

首先采用人脸识别系统，判定船员身份以及是否符合安全准入条件；采用视频图像传感器采集人员的视频图像，经图像处理后，提取人体行为特征集，与已建立的人员库和不安全行为列表进行对比，据此判断船员是否在进行不安全操作或存在不安全行为或状态，若是，则在不安全行为与状态数据库中搜索对应的不安全行为条款，并给出该不安全行为的内容描述；生成船员不安全行为的报警信息和警示内容，发送给管理人员，经确认后，生成正式的不安全行为报告，并发送给违规人员和相关管理人员，确认后予以警示并要求整改。如果属于虚警，则需要管理人员介入实行更新或修正，以便后期识别危险和进行预警，并提高识别和报警的准确率。具体的技术路线如图 6-36 所示。

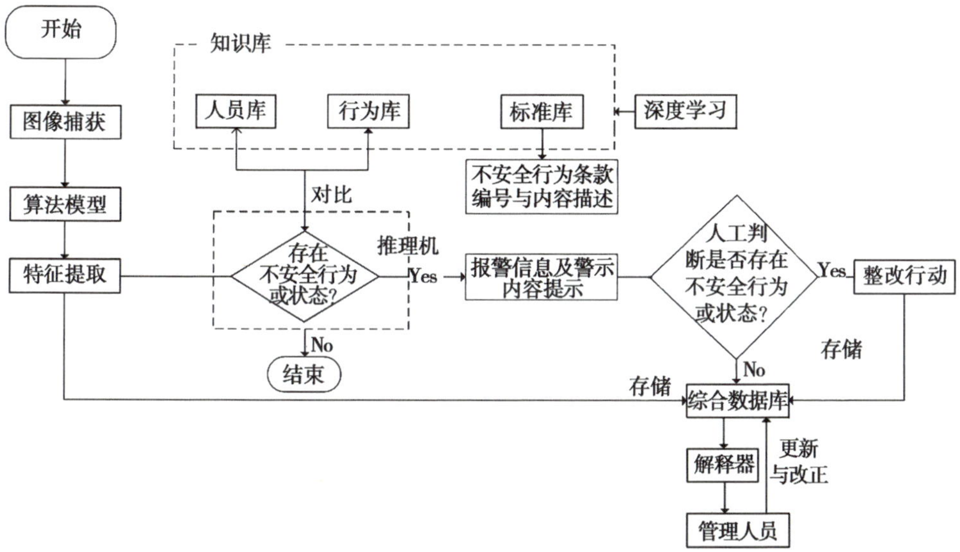

图 6-36　船员不安全行为与状态检测及报警技术路线图

船员不安全行为与状态检测及报警技术体系是一个循环结构。其关键部分是：根据不安全行为预警标准，判断是否需要发出报警信息，如果达到报警标准，则发出不安全行为警示信息，提示有关部门和相关作业人员消除不安全行为，并采取纠正与管控措施；通过管控效果评价，对于合格的则取消报警，恢复正常作业。

6.4.2 预警实现过程

(1)识别任务类型

SPAR-H 使用系数标准认为失误发生概率(NHEP)对不安全行为进行修正。船员通常执行两类任务:诊断和行动。NHEP 在诊断时被指定为 0.01,在行动时被指定为 0.001。本项目研究航行过程中的 HEP,主要是关于行动方面的任务,因此 NHEP 为 0.001。

(2)根据 PSF 水平确定系数

SPAR-H 考虑了 8 种 PSF 对船员行为的影响。所有 PSF 都有特定等级,如:好、正常或差。PSF 的每一级对应一个系数,如表 6-15 所示。

表 6-15 SPAR-H 的 PSF 等级及系数

序号	PSF	PSF 等级	系数
1	时间压力	充足	0.1
		正常	1
		不足	10
2	压力	正常	1
		高	2
		极高	5
3	复杂度	正常	1
		适中	2
		高度复杂	5
4	经验/培训	好	0.5
		正常	1
		不足	5
5	工作程序	正常	1
		有,但质量差	5
		不完整	20
		无法使用	50

续表

序号	PSF	PSF 等级	系数
6	人机界面	好	0.5
		正常	1
		差	10
		有误导性	50
7	适任性	正常	1
		下降	5
		不适任	20
8	工作流程	好	0.5
		正常	1
		差	5

(3) 计算 HEP

如果消极的 PSF 数量小于 3,则使用式(6.2);否则,则使用式(6.3)。公式中 S_i 表示系数[186]。

$$HEP = NHEP \cdot \prod_{1}^{8} S_i \tag{6.2}$$

$$HEP = \frac{NHEP \cdot \prod_{1}^{8} S_i}{NHEP \cdot \left(\prod_{1}^{8} S_i - 1\right) + 1} \tag{6.3}$$

进一步,利用基于 SPAR-H 和贝叶斯网络(BN)的模型,预测人员发生错误的概率。首先,建立船员不安全行为的 BN,为此,需要识别引起人员错误的 UCAs 和导致 UCAs 的 PSF。如图 6-37 所示,利用 BN 对人为错误、UCAs 和 PSF 之间的因果关系进行建模。人为错误是底层;导致 HEP 的 UCAs 构成中间层,影响 UCAs 的 PSFs 为顶层。各层之间的关系可以通过参考文献、历史海上事故报告和专家意见得到。

接下来需要量化 BN 模型,为顶层的每个 PSF 节点的状态设置先验概率值。条件概率可以通过可用信息、专家意见、确定性关系或它们的组合来确定。为计算 HEP,需要确定以下三个概率:$P(PSF_i)$、$P[UCA_i \mid pa(PSF_i)]$ 和 $P[HEP \mid pa(UCA_i)]$,pa 表示父节点。

①$P(PSF_i)$:由于与人员相关的数据较少,$P(PSF_x)$ 可以通过参考文献、历史数据或专家意见获得。

②$P[UCA_i \mid pa(PSF_i)]$:将导致人为错误的主要 UCAs 映射到 SPAR-H 的 PSF

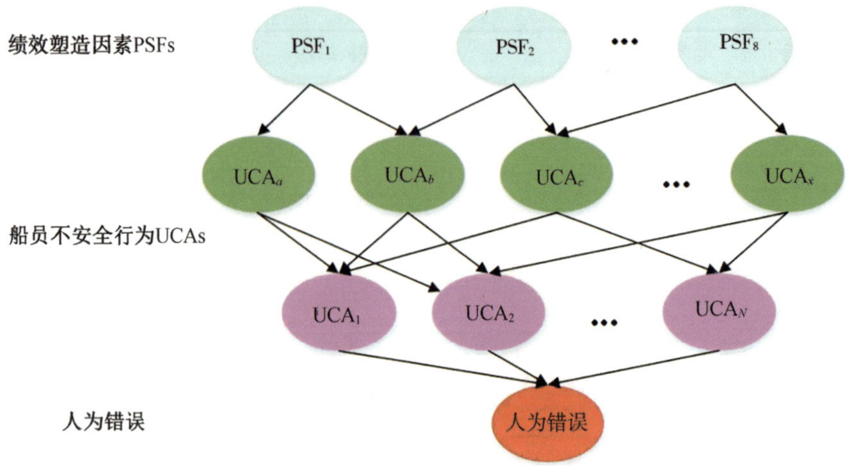

图 6-37 船员不安全行为的 BN 框架

上。每个 UCA 都有一个条件概率表(CPT),描述 PSF 组合对节点的影响。$P[UCA_i | pa(PSF_i)]$用式(6.2)或式(6.3)计算。

③$P[HEP | pa(UCA_i)]$：CPT 的复杂程度将随着父节点的增加呈指数增长。Noisy-OR 逻辑门可以很好地解决这一问题,并用于描述 UCAs 与 HEP 之间的关系。如果父节点中有一个发生 UCA_i,而其他节点处于正常状态,则子节点发生错误的条件概率可计算为：

$$P_{UCA_i} = P(HEP = 1 | \overline{UCA}_1, \overline{UCA}_2, \cdots, UCA_i, \overline{UCA}_{i+1}, \cdots, \overline{UCA}_N) \tag{6.4}$$

HEP 可采用下式计算：

$$P(HEP = 1) = 1 - \prod_{i=1}^{N} (1 - P_{UCA_i}) \tag{6.5}$$

采用上述方法,以值班驾驶员(OOW)为例,进行船员不安全行为的预测分析。海上事故多发生在执行监督、航行和监测任务中。这些任务通常由 OOW 在驾驶室执行。在航行过程中,值班驾驶员需要执行常规任务,识别异常,快速应对不安全情况。尽管驾驶室的自动化程度不断提高,但 OOW 作为最后一道安全屏障,在处理异常事故中仍有重要作用。海上事故发生的原因之一是 OOW 无法预测所有潜在事故,不能对所有突发事件采取预防措施。

UCAs 和 PSF 可以从参考文献、历史海上事故报告和对经验丰富的海员调查的问卷中获得。导致 UCAs 的 PSF 包括工作条件、外部环境、程序、技术、培训、组织和个人因素(如疲劳、经验、精神状态)。

OOW 的主要任务是安全、正确地操作船舶。任务分析的重点是分析导致 OOW 出现错误的环境,并分析在错误行为中可能影响 OOW 的 PSF。Sotiralis 等将 TRACEr 分类法中的 PSF 分为 5 类：个人因素、沟通/信息、内部/外部环境、组织因素、培训/能力。Erdem 和 Akyuz 采用 7 个 PSF 来描述集装箱船舶操作过程中的船员表现,并将 PSF 分为外部因素和内部因素。前者包括压力、有限时间、复杂性和安全文化,而后者涉及经验、培训和疲劳。

OOW 在操船过程中需监测异常环境、做出决策、与驾驶室和外界沟通等。一些不安全行为如忽视关键报警、读取错误、缺乏沟通、疲劳或能力差等都可能导致任务执行失败。在借鉴上述研究实践的基础上,采用标准 PSF 作为基本节点来描述导致 UCAs 的因素。PSF 及其相关的 UCAs 的详细描述见表 6-16,图 6-38 描述了节点之间的因果关系。

表 6-16 PSF 及其相关的 UCAs

PSF	相关的 UCAs
时间压力	该 PSF 涉及执行任务的时间是否足够,以及任务执行是否满足流程要求。在碰撞事件中,时间不足包括一艘船的船员没有意识到另一艘船的到来或发现得太晚
人机界面	该 PSF 指的是人机环境的特征,包括驾驶室设计不良、仪器布局不合理或仪器故障
压力	该 PSF 解释了心理状况对 OOW 表现的不利影响。过度劳累、精神疲劳、激励不足、工作安排不合理都会导致压力提升
经验/培训	该 PSF 与船员的培训时间、培训质量和效果、教育程度、工作年资等有关
工作程序	该 PSF 包括:(a)确保船舶安全操作的安全政策;(b)岸上和船上船员之间的沟通机制;(c)报告事件、未遂事故和事故的程序;(d)为紧急情况做好准备并做出反应
工作过程	PSF 涉及操作节奏、时间压力、生产配额、激励制度、时间表等
复杂度	高度复杂的任务意味着船员缺乏知识、天赋、技能或时间来处理的情形
适任性	如果 OOW 在身体或精神上没有做好准备,违反休息要求(疲劳)或使用药物或酒精,就可能不适任

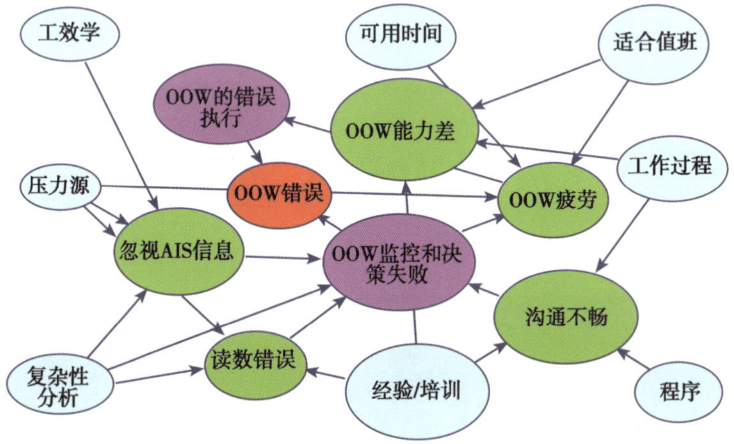

图 6-38 OOW 错误的 BN 模型

BN 模型由顶层 PSF 节点、中间层 UCAs 节点和末端节点(OOW 错误)组成。

节点的状态分配为:PSF 的状态根据其级别设置(如好、正常、差),UCAs 的状态分配为二进制状态(如 yes/no),末端节点也有 yes 或 no 两种状态。

PSF 节点的概率可以从参考文献、历史数据或专家意见中收集。本例采用的先验概率来自 NUREG/CR-6949。与 UCAs 相关的中间节点的 CPT 使用式(6.2)或式(6.3)计算,实现了 SPAR-H 与 BN 的结合。

通过计算 PSF、UCAs 和 OOW 错误的先验概率,所开发的模型可以执行正向(因果)推理,计算出 OOW 错误的概率为 0.023。管理人员可根据可接受风险标准判断该 OOW 是否适任。本例采用了 SPAR-H 与 BN 的混合模型预测船员错误概率,但采用了传统的 PSF 描述船员不安全行为;鉴于该方法的简单实用性,如业内能在 PSF 的确定方面达成共识并有充足的数据记录,则该方法具有较好的推广应用价值。

附录
356份海上交通事故调查报告清单

序号	编号	报告名称
1	CHNPZ1	大连“9·3”“K”轮与“L23626”轮碰撞事故调查报告
2	CHNPZ2	广州“12·24”“宇盛366”轮与“达飞诺玛”轮碰撞事故调查报告
3	CHNPZ3	广州“4·16”“浙兴航3”轮与“康帝侠义”轮碰撞事故调查报告
4	CHNPZ4	广州“3·12”“珠桂6234”轮与“天一5”轮碰撞事故调查报告
5	CHNPZ5	广州“8·3”“阿波萝”轮与“杰城”轮碰撞事故调查报告
6	CHNPZ6	广东汕头“11·14”“吉鑫9”轮与“广运”轮碰撞事故调查报告
7	CHNPZ7	广东汕头“3·19”“永大128”轮与“粤濠渔53009”轮碰撞事故调查报告
8	CHNPZ8	广东汕头“8·10”“BULK INGENUITY”轮与“闽狮渔07056”轮碰撞事故调查报告
9	CHNPZ9	汕尾“11·30”“惠金桥78”轮与“福顺8”轮碰撞事故调查报告
10	CHNPZ10	汕尾“4·18”“中外运福州”轮与“粤陆渔44021”轮碰撞事故调查报告
11	CHNPZ11	广东汕头“9·4”“凯捷”轮与“粤阳西渔39668”轮碰撞事故调查报告
12	CHNPZ13	湛江“2·22”“海口九号”轮与套牌“琼新盈F069”渔业辅助船碰撞事故调查报告
13	CHNPZ14	漳州“11·18”“V SANDERLING”轮与“闽东渔64846”轮碰撞事故调查报告
14	CHNPZ15	湛江“5·24”“鸿达鑫29”轮与“粤电渔83136”轮碰撞事故调查报告
15	CHNPZ16	广州“5·9”“延展58”轮与“振鹏”轮碰撞事故调查报告
16	CHNPZ17	广州“3·19”“锦航”轮与“深蛇1156”渔船碰撞事故调查报告
17	CHNPZ18	广东揭阳“11·10”“恒盛688”轮与“融华666”轮碰撞事故调查报告

续表

序号	编号	报告名称
18	CHNPZ19	广州“9·21”“博运 886”轮与“粤南沙渔 40072”轮碰撞事故调查报告
19	CHNPZ20	广州“5·7”“穗东方 332”轮与“铭扬洲 179”轮碰撞事故调查报告
20	CHNPZ21	上海黄浦“4·1”“华伦 2788”轮与“皖庐江货 0692”轮碰撞事故调查报告
21	CHNPZ22	天津“5·30”“瑞克麦斯汉堡”轮(RICKMERS HAMBURG)与“皖江顺 1318”轮碰撞事故调查报告
22	CHNPZ23	广州“3·28”“MORNING CHERRY”轮与“辰昌 332”轮碰撞事故调查报告
23	CHNPZ24	曹妃甸“06·22”“寿海 9”轮与“冀滦渔 03284”轮碰撞事故调查报告
24	CHNPZ25	天津“4·23”“津工 2”轮与“兴达 777”轮碰撞事故调查报告
25	CHNPZ26	天津“4·13”“海阳 207”轮与“南洞庭 6 号”轮碰撞事故调查报告
26	CHNPZ27	大连“9·18”“C”轮与“W9099”轮碰撞事故调查报告
27	CHNPZ28	浙江宁波“9·26”“皖海丰 1567”轮与“浙象渔 21082”轮碰撞事故调查报告
28	CHNPZ29	唐山“11·24”“冀乐渔 02336”轮与“湘益阳机 5363”轮碰撞事故调查报告
29	CHNPZ30	唐山“07·28”“神华 563”轮与“冀昌渔 02530”轮碰撞事故调查报告
30	CHNPZ31	秦皇岛“12·28”“CSCL MANZANILLO”轮与“鲁潍渔 60012”轮碰撞事故调查报告
31	CHNPZ32	秦皇岛“12·18”“永跃 66”轮与“鲁寿渔 60687”轮碰撞事故调查报告
32	CHNPZ33	宁波象山“10·13”“新明发 127”轮与“粤珠渔 40002”轮碰撞事故调查报告
33	CHNPZ34	珠海“5·23”涉渔三无船舶与“君津达 99”轮碰撞事故调查报告
34	CHNPZ35	汕尾“3·6”“粤安运 62”轮与无名渔船碰撞事故调查报告
35	CHNPZ36	广州“12·26”“仁建 15”轮与“海速 10”轮碰撞事故调查报告
36	CHNPZ37	南海“1·20”“SATSUKI”轮与“粤阳东渔 12158”轮碰撞事故调查报告
37	CHNPZ38	汕尾“11·4”“安盛 22”轮与“闽狮渔 06256”轮碰撞故调查报告
38	CHNPZ39	丹东“11·28”“恩基 5”轮与“丹渔捕 4051”轮碰撞事故调查报告

续表

序号	编号	报告名称
39	CHNPZ40	大连“10·21”“MOUNT FABER”轮与“辽大旅渔 55045”轮碰撞事故调查报告
40	CHNPZ41	营口“12·1”“CHENG LONG”轮与“辽营渔 55078”轮碰撞事故调查报告
41	CHNPZ42	平潭“1·4”“银安”轮与“闽晋渔 05568”轮碰撞事故调查报告
42	CHNPZ43	大连“5·8”“华江 1”轮与“冀乐渔 03002”轮碰撞事故调查报告
43	CHNPZ44	葫芦岛“5·14”“交通 6”轮与“辽葫渔 21095”轮碰撞事故调查报告
44	CHNPZ45	上海闵行“11·16”“佳盈 307”轮与“弋江 1089”轮碰撞事故调查报告
45	CHNPZ46	上海闵行“8·1”“安丰 19”轮与“建兴 77”轮碰撞事故调查报告
46	CHNPZ47	福州“5·16”“鸿鹏”轮与“皖霍邱 1819”轮碰撞事故调查报告
47	CHNPZ48	浙江宁波“9·21”“盛航 189”轮与“浙象渔运 03123”轮碰撞事故调查报告
48	CHNPZ49	上海杨浦“4·3”“华谊货 3003”轮与“世纪之明 16”轮碰撞事故调查报告
49	CHNPZ50	上海黄浦“11·9”“宝迪隆 9”轮与“苏中川 858”轮、“浙德清货 1925”轮碰撞事故调查报告
50	CHNPZ51	上海吴淞“12·31”“北仑海 26”轮与“兴骅 1”轮碰撞事故调查报告
51	CHNPZ52	上海吴淞“3·11”“昱林”轮与“永航 6”轮碰撞事故调查报告
52	CHNPZ53	上海吴淞“1·12”“新泊林 2”轮与“宁连海 358”轮碰撞事故调查报告
53	CHNPZ54	上海吴淞“1·10”“SPARTACUS”轮与“STELLA CHERISE”轮碰撞事故调查报告
54	CHNPZ55	滨州“6·27”“碧海 159”轮与“鲁沾渔 5186”轮碰撞事故调查报告
55	CHNPZ56	青岛“12·20”“SPRING AMIR”轮与“鲁胶渔 60062”轮碰撞事故调查报告
56	CHNPZ57	烟台“10·19”“CHANG RONG”轮与“辽锦渔 15083”轮碰撞事故调查报告
57	CHNPZ58	威海“10·30”“MENARO”轮与“津汉渔 04856”轮碰撞事故调查报告
58	CHNPZ59	上海吴淞“10·21”“海神浚 2”轮与“海港 20”轮碰撞事故调查报告

续表

序号	编号	报告名称
59	CHNPZ60	上海吴淞“11・24”“宁高鹏 666”轮碰撞“金虹 18”轮并肇事逃逸案件调查报告
60	CHNPZ61	上海吴淞“12・10”“新成功 2”轮与“宁高凤 368”轮碰撞事故调查报告
61	CHNPZ62	上海吴淞“7・23”“百池”轮与“江夏祥”轮碰撞事故调查报告
62	CHNPZ63	上海吴淞“8・6”“永泽 1”轮与“金柏 5”轮碰撞事故调查报告
63	CHNPZ64	上海吴淞“4・2”“瑞宁 1”轮与“DSKINGDOM”轮碰撞事故调查报告
64	CHNPZ65	上海吴淞“7・28”“宇顺 217”轮与“新海福”轮碰撞事故调查报告
65	CHNPZ66	上海吴淞“5・4”“EAST POWER”轮与“和河”轮碰撞事故调查报告
66	CHNPZ67	黄海南部“9・3”“NAVIOS ETOILE”轮与“鲁岚渔 61489”轮碰撞事故调查报告
67	CHNPZ68	连云港“7・24”“国裕 808”轮与三无渔船碰撞事故调查报告
68	CHNPZ69	连云港“1・21”“伟翔 9”轮与无证运输船舶碰撞事故调查报告
69	CHNPZ70	上海“01・05”“大新 66”轮与“国良 96”轮碰撞事故调查报告
70	CHNPZ71	营口“10・20”“德鑫海 3”轮与“ASALI”轮碰撞事故调查报告
71	CHNPZ72	黄海“1・1”“MARITIME ROSEMARY”轮与“鲁荣渔 55977”轮碰撞事故调查报告
72	CHNPZ73	上海“12・21”“华隆油 1”轮与“苏灌渔 13144”轮碰撞事故调查报告
73	CHNPZ74	上海“3・18”“SHINN HWAHO”轮拖带“MYUNGJIN200”驳船碰撞“鲁文渔 53661”轮事故调查报告
74	CHNPZ75	上海“2・3”“浙海 505”轮与“恒泰油 009”轮碰撞事故调查报告
75	CHNPZ76	上海“8・19”“庆丰 2”轮与“苏盐货 11315”轮碰撞事故调查报告
76	CHNPZ77	上海“1・2”“长平”轮与“鑫旺 138”轮碰撞事故调查报告
77	CHNPZ78	威海“9・19”“天宇 2”轮与“辽绥渔 66528”轮碰撞事故调查报告
78	CHNPZ79	上海“4・5”“XIANG ZHOU”轮与“VAN MANILA”轮碰撞事故调查报告
79	CHNPZ80	漳州“12・20”“SINOTRANS XIAMEN”轮与“闽狮渔 07878”轮碰撞事故调查报告
80	CHNPZ81	宁波“5・7”“CATALINA”轮与“鲁荣渔 58398”轮碰撞事故调查报告
81	CHNPZ82	青岛“2・27”“新日 6”轮与“鲁胶渔 60968”轮碰撞事故调查报告
82	CHNPZ83	上海“4・28”“三水 805”轮与“浙三渔 00046”轮碰撞事故调查报告

续表

序号	编号	报告名称
83	CHNPZ84	上海“10・29”“SILVER PHOENIX”轮与“浙嵊渔05885”轮碰撞事故调查报告
84	CHNPZ85	广州“5・5”“中兴2”轮与“MOL MOTIVATOR”轮碰撞事故调查报告
85	CHNPZ86	黄海“1・1”“MARITIME ROSEMARY”轮与“鲁荣渔55977”轮碰撞事故调查报告
86	CHNPZ87	舟山“9・19”“新星河”轮与“浙岱渔01589”轮碰撞事故调查报告
87	CHNPZ88	舟山“11・22”“紫云1”轮与“国良399”轮碰撞事故调查报告
88	CHNPZ89	舟山“12・7”“浙三渔555”轮与“富洋”轮碰撞事故调查报告
89	CHNPZ90	舟山“4・26”“KM SINGAPORE”轮与“浙嵊渔07703”轮碰撞事故调查报告
90	CHNPZ91	舟山“12・13”“VOGE CHALLENGER”轮与“浙奉渔13016”轮碰撞事故调查报告
91	CHNPZ92	舟山“5・14”“普远816”轮与“豪海9”轮碰撞事故调查报告
92	CHNPZ93	浙江宁波“5・6”“高诚2”轮与“COSCO FUKUYAMA”轮碰撞事故调查报告
93	CHNPZ94	宁波“12・17”“浙玉机166”轮与“峻洋08”轮碰撞事故调查报告
94	CHNPZ95	东莞沙田“6・12”“SMART LISA”轮碰撞事故调查报告
95	CHNPZ96	宁波象山“10・2”“鑫锦运”轮与“浙象渔40090”轮碰撞事故调查报告
96	CHNPZ97	浙江宁波“4・30”“海甸浚2017”轮与“浙象渔05276”轮碰撞事故调查报告
97	CHNPZ98	浙江宁波“8・7”“苏泰海洋9”轮与“江洲1”轮碰撞事故调查报告
98	CHNPZ99	浙江宁波“12・15”“宝迪隆1”轮与“华伦99”轮碰撞事故调查报告
99	CHNPZ100	浙江宁波“1・6”“捷海189”轮与“浙象渔47118”轮碰撞事故调查报告
100	CHNPZ101	浙江宁波“2・28”“TIANLONG SPIRIT”轮与“EPISKOP”轮碰撞事故调查报告
101	CHNPZ102	舟山“1・16”“富海17”轮与“皖江泰818”轮碰撞事故调查报告
102	CHNPZ103	舟山“1・13”“MINERVA PISCES”轮与“浙普渔42234”轮碰撞事故调查报告
103	CHNPZ104	嘉兴“3・2”“嘉荣39”轮与“金辉166”轮碰撞事故调查报告

续表

序号	编号	报告名称
104	CHNPZ105	浙江台州“8·11”“ASIATIC NEPUNE”轮与“琼三亚渔92118”轮碰撞事故调查报告
105	CHNPZ106	浙江台州“03·11”“浙普工158”轮与三无渔船碰撞事故调查报告
106	CHNPZ107	浙江台州“09·12”“鸿鑫69”轮与无名小渔船碰撞事故调查报告
107	CHNPZ108	舟山“2·20”“GREAT SEA”轮与“鲁荣渔58999”轮碰撞事故调查报告
108	CHNPZ109	舟山“2·11”“YM MILESTONE”轮与“浙象渔43003”轮碰撞事故调查报告
109	CHNPZ110	舟山“3·7”“浙岱渔04206”轮与“杯中22”轮碰撞事故调查报告
110	CHNPZ111	舟山“10·06”“长盛3”轮与“浙岭渔233786”轮碰撞事故调查报告
111	CHNPZ112	舟山“12·26”“华伦67”轮与“浙奉渔26011”轮碰撞事故调查报告
112	CHNPZ113	舟山“3·30”“BUNUN JUSTICE”轮与鲁荣远“渔运001”“鲁荣渔58979”“鲁荣渔58869”船组碰撞事故调查报告
113	CHNPZ114	舟山“8·1”“JIN WAN”轮与“浙普渔68956”轮碰撞事故调查报告
114	CHNPZ115	舟山“8·7”“浙临机589”轮与无名小船碰撞事故调查报告
115	CHNPZ116	舟山“5·8”“NORTHERN JASPER”轮与“SAFMARINE MERU”轮碰撞事故调查报告
116	CHNPZ117	舟山“1·15”“恒帆178”轮与“浙临机621”轮碰撞事故调查报告
117	CHNPZ118	舟山“9·18”“KIRAN CHINA”轮与“浙普渔41117”轮碰撞事故调查报告
118	CHNPZ119	舟山“7·7”“皓翔17”轮与“浙定渔油10688”轮碰撞事故调查报告
119	CHNPZ121	舟山“8·29”“喧腾禹文”轮与“浙岱渔06308”轮碰撞事故调查报告
120	CHNPZ122	浙江舟山“4·9”“浙兴航87”轮与“浙嵊渔冷80002”轮碰撞事故调查报告
121	CHNPZ123	舟山“12·13”“浙普渔运98785”轮与“浙椒机915”轮碰撞事故调查报告
122	CHNPZ124	舟山“3·22”“中根1558”轮与“CHON MA SAN”轮碰撞事故调查报告
123	CHNPZ125	舟山“7·13”“万利8”轮与“ HENG RUN”轮碰撞事故调查报告
124	CHNPZ126	舟山“4·14”“潮安328”轮与“定港机3040”轮碰撞事故调查报告
125	CHNPZ127	肇庆“5·5”“粤洋288”轮与“平南永佳0968”轮碰撞事故调查报告

续表

序号	编号	报告名称
126	CHNPZ128	东莞“1·1”“振东628”轮与“博运868”轮碰撞事故调查报告
127	CHNPZ129	广东江门“11·6”“粤明达26”轮与无名涉渔小艇碰撞事故调查报告
128	CHNPZ130	湛江市“9·8”船舶碰撞较大水上交通事故调查报告
129	CHNPZ131	佛山“1·4”“捷顺达33”轮与涉渔三无船舶碰撞事故调查报告
130	CHNPZ132	佛山“2·14”“鑫旺99”轮与“粤三渔81063”渔船碰撞事故调查报告
131	CHNPZ135	汕尾“4·18”“中外运福州”轮与“粤陆渔44021”轮碰撞事故调查报告
132	CHNPZ136	肇庆“10·7”“轩怡12”轮与“安顺1098”轮碰撞事故调查报告
133	CHNPZ138	广东汕头“10·7”“航宇7”轮与“粤油头渡2023”轮碰撞事故调查报告
134	CHNPZ139	漳州“9·25”“G· LUCKY”轮与“HANJIN MUNDRA”轮碰撞事故调查报告
135	CHNPZ141	舟山“7·27”“舟电7”轮与“业丰168”轮碰撞事故调查报告
136	CHNPZ143	广州“11·5”“贵港和顺8968”轮与无牌无证小木艇碰撞事故调查报告
137	CHNPZ144	广州“8·23“SEA DIAMOND”轮与“广龙6”轮碰撞事故调查报告
138	CHNPZ145	广州“11·15”“粤东莞货0186”轮与无牌无证小渔船碰撞事故调查报告
139	CHNPZ146	广东惠州“1·14”“经纬油2”轮与涉渔三无船碰撞事故调查报告
140	CHNPZ147	广东惠州“11·5”“Dorena”轮与“闽狮渔07576”轮碰撞事故调查报告
141	CHNPZ150	漳州“4·1”“MAKASSAR HIGHWAY”轮与“龙翔20号”轮碰撞事故调查报告
142	CHNPZ151	漳州“10·5”“顺兴0889”轮与“浦古岱0653”轮碰撞事故调查报告
143	CHNPZ152	舟山“2·2”“沪油18”轮与“百通8”轮碰撞事故调查报告
144	CHNPZ153	琼州海峡“1·23”“海丰烟台”轮与渔船“琼临渔03369”轮碰撞事故调查报告
145	CHNPZ154	八所“1·23”“东方68”轮与“琼儋渔11114”轮碰撞事故调查报告
146	CHNPZ157	洋浦“3·21”“G”轮与无名渔船“Y”碰撞事故调查报告
147	CHNPZ158	洋浦“5·17”“J”轮与渔船“Q”碰撞事故调查报告

续表

序号	编号	报告名称
148	CHNPZ159	浙江台州“10·29”“HANG AN”轮与“浙玉渔 54002”轮碰撞事故调查报告
149	CHNPZ160	椒江“10·16”“TAIXIN”轮与永隆 79 轮碰撞事故调查报告
150	CHNPZ161	温岭“11·19”“中海油供 2”轮与“渔港交通船”碰撞事故调查报告
151	CHNPZ162	台州“10·28” “AUSTRALIS”轮与“浙岭渔 91002”轮碰撞事故调查报告
152	CHNPZ163	浙江温州“3·15”“APL SOUTHAMPTON”轮与“浙岭渔 52035”轮碰撞事故调查报告
153	CHNPZ165	浙江台州“10·12”“MAERSK ENSHI”轮与“浙岭渔 74036”轮碰撞事故调查报告
154	CHNPZ166	海口“4·5”“尖峰岭”轮与“鸿洋”轮碰撞事故调查报告
155	CHNPZ167	浙江宁波“10·31”“WISDOM GRACE”轮与“鄞通顺 227”轮碰撞事故调查报告
156	CHNPZ168	南京“3·14”“苏华民货 6688”轮与“苏洪运货 3333”轮、“宁港 2 号”轮碰撞事故调查报告
157	CHNPZ169	莆田“5·20”“FH6”轮与“CH9”轮碰撞事故调查报告
158	CHNPZ170	莆田“12·31”“GF7”轮与“HAS”轮碰撞事故调查报告
159	CHNPZ171	温岭“9·25”“兴航 227”轮与“浙玉渔冷 10108”轮碰撞事故调查报告
160	CHNPZ172	玉环“7·4”“浙玉机 833”轮与“永安洲 588”轮碰撞事故调查报告
161	CHNPZ173	上海“3·26”“华通 306”轮与“宏运油 19”轮碰撞溢油事故调查报告
162	CHNPZ174	舟山“9·23”“KUM HAE”轮与“浙岱渔 11498”轮碰撞事故调查报告
163	CHNPZ175	广州“1·2”“粤顺盈 118”轮与“粤番渔 01169”轮碰撞事故调查报告
164	CHNPZ176	太仓“11·19”“W”轮与“Y”轮碰撞事故调查报告
165	CHNPZ177	太仓“4·12”“S”轮、“H”轮、“Y”轮碰撞事故调查报告
166	CHNPZ178	太仓“11·26”“H”轮与“Y”轮碰撞事故调查报告
167	CHNPZ179	太仓“12·6”“Z”轮与“X”轮碰撞事故调查报告
168	CHNPZ180	常熟“2·16”“G”轮与“C”轮碰撞事故调查报告
169	CHNPZ181	常熟“7·13”“Z”轮与“C”轮碰撞事故调查报告
170	CHNPZ182	常熟“11·17”“N”轮与“J”轮碰撞事故调查报告

续表

序号	编号	报告名称
171	CHNPZ183	常熟“5·6”“H”轮与“C”轮碰撞事故调查报告
172	CHNPZ184	常熟“5·19”“R”浮吊自备艇与“W”轮碰撞事故调查报告
173	CHNPZ185	常熟“4·19”“S”轮与“X”轮碰撞事故调查报告
174	CHNPZ186	泰州“1·7”“J”轮与无证捕鱼船碰撞事故调查报告
175	CHNPZ187	泰州“4·10”“G”轮与“W”轮碰撞事故调查报告
176	CHNPZ188	泰州“4·18”张某元个人所有无证捕鱼船与“T”轮碰撞事故调查报告
177	CHNPZ189	泰州“6·11”“W”轮与“Y”轮碰撞事故调查报告
178	CHNPZ190	泰州“6·27”“Z”轮与“J”轮碰撞事故调查报告
179	CHNPZ191	泰州“7·14”俞某林个体运输船与“Y”轮碰撞事故调查报告
180	CHNPZ192	泰州“8·1”无证交通船与“T”轮碰撞事故调查报告
181	CHNPZ193	泰州“10·12”“T”轮与“W”轮碰撞事故调查报告
182	CHNPZ194	泰州“11·28”“H”轮与“K”轮碰撞事故调查报告
183	CHNPZ195	泰州“12·30”“S”轮与“W”轮碰撞事故调查报告
184	CHNPZ196	泰州“12·31”“Z ”轮与“J”轮碰撞事故调查报告
185	CHNPZ197	南通“1·11”“H”轮与“Y”轮碰撞事故调查报告
186	CHNPZ198	张家港“9·1”“J”轮与“M”轮碰撞事故调查报告
187	CHNPZ199	张家港“5·11”“X”轮与“Z”轮碰撞事故调查报告
188	CHNPZ200	舟山“3·28”“惠丰9289”轮与“浙普渔34197”轮碰撞事故调查报告
189	CHNPZ201	如皋“3·5”“S”轮、“Y”轮对拖船组与“H”轮碰撞事故调查报告
190	CHNPZ202	扬州“3·31”“W”轮与“J”轮碰撞事故调查报告
191	CHNPZ203	扬州“4·6”“W”轮自备艇与“H”轮碰撞事故调查报告
192	CHNPZ204	江阴“3·11”“H”轮与三无捕鱼船碰撞事故调查报告
193	CHNPZ205	江阴“5·8”“E”轮与“H”轮碰撞事故调查报告
194	CHNPZ206	江阴“6·22”“Q”轮与“R”轮等碰撞事故调查报告
195	CHNPZ207	江阴“7·3”“L”轮、“W”轮与“G”轮等船舶碰撞事故调查报告
196	CHNPZ208	江阴“9·12”“Z”轮与三无捕鱼船碰撞事故调查报告
197	CHNPZ209	江阴“11·5”三无捞铁船与“W”轮碰撞事故调查报告
198	CHNPZ210	江阴“11·25”“H”轮与“B”轮、三无吸沙船碰撞事故调查报告
199	CHNPZ211	浙江宁波“12·19”“皖中海66”轮与“甬发3”轮碰撞事故调查报告

续表

序号	编号	报告名称
200	CHNPZ212	营口“3·28”“YOU& ISLAND”轮与“辽绥渔3555”轮碰撞事故调查报告
201	CHNPZ213	舟山“3·15”“鸿达186”轮与“信达海2”轮碰撞事故调查报告
202	CHNPZ214	茂名“4·16”“粤茂滨渔43822”渔船与“新昱洋”轮碰撞事故调查报告
203	CHNPZ215	东汕尾“3·13”“S”轮与“Y”渔船碰撞事故调查报告
204	CHNPZ216	舟山“8·6”“宁连海1206”轮与“浙嵊渔05834”轮碰撞事故调查报告
205	CHNGQ2	珠海“11·11”“桂桂平货7888”轮搁浅事故调查报告
206	CHNGQ3	汕头“2·27”“FLOURISHEVER”轮搁浅事故调查报告
207	CHNGQ4	大连“9·9”“W”轮搁浅事故调查报告
208	CHNGQ5	大连“4·3”“B”轮搁浅事故调查报告
209	CHNGQ6	大连“2·20”“H”轮搁浅事故调查报告
210	CHNGQ7	湛江徐闻“8·9”“信海19号”客滚船搁浅事故调查报告
211	CHNGQ9	北海“3·23”“北游25”轮搁浅事故调查报告
212	CHNGQ10	惠州惠东“10·4”“丰泽5”轮搁浅事故调查报告
213	CHNCJ1	中国大连“12·29”“SAE BYOL”轮触礁事故调查报告
214	CHNCJ2	舟山“8·7”“江泉6”轮触礁事故调查报告
215	CHNCJ3	汕尾“12·7”“盛合号”轮触礁事故调查报告
216	CHNCJ4	清远“8·27”“粤英德货8030”轮沉没事故调查报告
217	CHNCJ5	大连“10·2”“R”轮触礁事故调查报告
218	CHNCJ6	汕头“9·7”“万通158”轮触礁事故调查报告
219	CHNCJ7	舟山“7·1”“豫信货13176”轮触礁事故调查报告
220	CHNCJ8	舟山“12·15”“鸿源02”轮触礁事故调查报告
221	CHNCJ9	舟山“12·4”“荣昌98”轮触礁事故调查报告
222	CHNCJ10	汕尾“2·16”“安强19”轮触礁事故调查报告
223	CHNCJ11	广东汕头“10·12”“苏嘉航1”轮触礁事故调查报告
224	CHNCJ12	广州“9·19”“天力968”轮触礁事故调查报告
225	CHNCJ13	广州“1·24”“欣洋”轮触礁事故调查报告
226	CHNCJ14	舟山“9·21”“VANWAH”轮触礁沉没事故调查报告

续表

序号	编号	报告名称
227	CHNCJ15	漳州“11·25”“实华66”轮触礁事故调查报告
228	CHNCJ18	海口“5·1”“湘汉寿货1918”轮沉没事故调查报告
229	CHNCJ19	浙江温州“9·25”“浩祥19”轮触礁事故调查报告
230	CHNCJ20	莆田“12·28”“YC1”轮触礁事故调查报告
231	CHNCJ21	莆田“12·22”“XHJ”轮触礁事故调查报告
232	CHNCJ22	莆田“12·28”“WZH88”轮触礁事故调查报告
233	CHNZC1	广东汕头“4·15”“金源轮6号”轮自沉事故调查报告
234	CHNZC2	天津“2·28”“湘湘阴货0410”轮自沉事故调查报告
235	CHNZC4	天津“10·14”“泰顺机62183”轮自沉事故调查报告
236	CHNZC5	天津“4·19”“富航66”轮沉没事故调查报告
237	CHNZC6	大连“8·31”“Y6699”轮自沉事故调查报告
238	CHNZC7	揭阳“11·17”“鸿泰16”轮自沉事故调查报告
239	CHNZC8	福州“1·8”“华星107”轮自沉事故调查报告
240	CHNZC9	滨州“3·11”“湘平江货0355”轮自沉事故调查报告
241	CHNZC10	上海“04·24”“生松618”轮自沉事故调查报告
242	CHNZC11	上海洋山港“8·11”“JY6”轮自沉事故调查报告
243	CHNZC12	上海洋山港“12·26”“GS8669”轮自沉事故调查报告
244	CHNZC13	盐城“4·4”“象屿蓝海”轮自沉事故调查报告
245	CHNZC14	连云港“2·2”“长安1”轮自沉事故调查报告
246	CHNZC15	江门“5·8”“S”轮自沉事故调查报告
247	CHNZC16	浙江宁波“5·30”“联航7”轮自沉事故调查报告
248	CHNZC17	台湾浅滩“3·14”“J”轮自沉事故调查报告
249	CHNHZ1	广州“5·16”“创圣海”轮爆炸事故调查报告
250	CHNHZ2	天津“5·4”“中石2”轮爆炸事故调查报告
251	CHNHZ3	湛江“1·4”“润广9”轮爆炸事故调查报告
252	CHNHZ4	厦门“7·2”“海顺9”轮火灾事故调查报告
253	CHNHZ5	营口“6·21”“BONNY ISLAND”轮机舱火灾事故调查报告
254	CHNHZ6	沧州“10·12”“俞垛96”轮爆炸/火灾事故调查报告
255	CHNHZ7	上海吴淞“4·1”“盛泰”轮火灾事故调查报告

续表

序号	编号	报告名称
256	CHNHZ8	唐山“11·21”“万兴达”轮火灾事故调查报告
257	CHNHZ9	中国上海“8·3”“YE CHI”轮火灾事故调查报告
258	CHNHZ10	舟山“3·11”“晟通油”轮爆炸事故调查报告
259	CHNHZ11	东方市八所港“10· 20” “丰盛油 8” 轮机舱爆炸事故调查报告
260	CHNHZ16	湛江“8·6”“鑫华祥”轮火灾事故调查报告
261	CHNCP2	上海吴淞“5·9”“PACIFIC BRIDGE”轮触碰长江口潮位站事故调查报告
262	CHNCP3	上海洋山港“7·13”“ZS97306”轮触碰上海 LG 新城东港区公用码头引桥事故调查报告
263	CHNCP4	上海“6·26”“鲲展”轮触碰孚宝码头 W 泊位事故调查报告
264	CHNCP5	黄海南部“3·25”“苏连云港货 886”轮触碰国家电投滨海北 H2 海上风电场 38 号风机事故调查报告
265	CHNCP6	营口“6·15”“ERIKOUSSA”轮触碰仙人岛 16 号灯浮标事故调查报告
266	CHNCP7	广州“3·19”“宇航 2017”轮触碰港珠澳大桥 26 号桥墩防撞桩事故调查报告
267	CHNCP8	珠海“4·1”“新晨光 20”轮触碰莲溪大桥事故调查报告
268	CHNCP11	秦皇岛“12·12”“海鸿达 198”轮触碰事故调查报告
269	CHNCP12	大连“9·14”“BW”轮触碰旅顺新港 3 号灯浮事故调查报告
270	CHNCP13	浙江宁波“11·12”“中金 5”轮触碰海底电缆事故调查报告
271	CHNCP14	浙江宁波“3·15”“云紫 3”轮触碰海底电缆事故调查报告
272	CHNCP17	大连“12·26”“Z”轮触碰码头事故调查报告
273	CHNCP18	大连“1·10”“B”轮触碰门机事故调查报告
274	CHNCP20	上海佘山海域“10·16”“皖顺风号”轮触碰佘山海底光缆事故调查报告
275	CHNCP23	珠海“5·31”“荟通 138”轮触碰事故调查报告
276	CHNCP24	湛江“12·13”“庆华海”轮触碰宝盛码头事故调查报告
277	CHNCP26	佛山“4·20”“汇金易 21”轮触碰和顺大桥事故调查报告
278	CHNCP28	广州“1·8”“惠丰年 298”轮触碰番中公路洪奇沥大桥事故调查报告
279	CHNCP29	广州“9·24”“粤明达 09”轮触碰桥梁事故调查报告

续表

序号	编号	报告名称
280	CHNCP30	广州“1·10”“粤东莞货1306”轮触碰广深高速公路东洲大桥事故调查报告
281	CHNCP31	洋浦“9·20”“H”轮触碰渔排事故调查报告
282	CHNCP32	海口“4·15”“隆庆1”轮触碰中石化马村油库码头事故调查报告
283	CHNCP33	莆田“07·14”“Y9979”轮触碰海底供水管道事故调查报告
284	CHNCP34	椒江“10·14”“浙椒江货6503”轮触碰椒江大桥事故调查报告
285	CHNCP36	太仓“8·1”“X”轮触碰事故调查报告
286	CHNCP37	泰州“9·13”“H”轮碰撞“L”轮及触碰码头事故调查报告
287	CHNCP39	浙江宁波“5·5”“众茂3”轮触碰宁波冠保码头事故调查报告
288	UKPZ1	Report on the investigation of the collision between Paula C and Darya Gayatri in the south-west lane of the dover strait Traffic Separation Scheme on 11 December 2013
289	UKPZ2	Report on the investigation of the collision between CMA CGM Florida and Chou Shan 40 miles east of Shanghai, East China Sea, on 19 March 2013
290	UKPZ3	Collision between MV BOXFORD and FV ADMIRAL BLAKE 29 n mile south of Start Point, English Channel, on 11 February 2011
291	UKPZ4	Report on the investigation of the collision between Seagate Timor Stream 24 n mile north of the Dominican Republic, on 10 March 2012 at 0540 local time
292	UKPZ5	Collision between MV PHILIPP and FV LYNN MARIE 6 n mile south of the Isle of Man, on 9 April 2011
293	UKPZ7	Report on the investigation of the collision between the container vessel ANL Wyong and the gas carrier King Arthurin the approaches to Algeciras, Spain, on 4 August 2018
294	UKPZ8	MV SPRING BOK and MV GAS ARCTC Collision 6 n mile south of Dungeness UK, on 24 March 2012
295	UKPZ9	Report on the investigation of the collision between Stena Feronia and Union Moon in Belfast Lough, on 7 March 2012
296	UKPZ10	Report on the investigation of the collision between ACX Hibiscus and Hyundai Discovery the approaches to the eastern Singapore Strait TSS at 0756 local time, on 11 December 2011

续表

序号	编号	报告名称
297	UKPZ12	Report on the investigation of the collision between the dredger Shoreway and the yacht Orca 7 miles off the coast of Felixstowe resulting in one fatality, on 8 June 2014
298	UKPZ13	Collision between Huayang Endeavour and Seafrontier approximately 5 n miles west of Sandettie Bank, English Channe, on 11 July 2017
299	UKPZ14	Report on the investigation of the collision between the general cargo ship Daroia and the oil bunker barge Erin Wood 4 n mile south-east of Peterhead, Scotland, on 29 August 2015
300	UKPZ15	Report on the investigation of the collision between the container ship Ever Smart and the oil tanker Alexandra 1 Jebel Ali, United Arab Emirates February 2015
301	UKPZ17	Collision between the ro-ro passenger ferry Red Falcon and the motor cruiser Phoenixlorn channel, Southampton, England, on 29 September 2018
302	UKGQ2	Report on the investigation of the grounding of Ovit in the Dover Straiton, on 18 September 2013
303	UKGQ4	Report on the investigation of the grounding of Danio off Longstone, Farne Islands, England, on 16 March 2013
304	UKGQ5	Grounding of the general cargo ship DOUWENT Haisborough Sand, on 26 February 2013
305	UKGQ6	Grounding of FR OCEAN 2 · 5 miles south of Tobermory, on 14 June 2013
306	UKGQ7	Grounding of MV BEAUMONT Cabo Negro, Spain, on 12 December 2012
307	UKGQ10	Grounding of general cargo vessel Celtica Hav in the approaches to the River Neath, Wales, on 27 March 2018
308	UKGQ11	Report on the investigation of the grounding of the cruise ship Hamburg in the Sound of Mull, Scotland, on 11 May 2015
309	UKGQ13	Grounding of the general cargo ship Vectis Eagle Gijon, Spain, on 30 November 2014
310	UKGQ14	Report on the investigation of the grounding of Muros Haisborough Sand North Sea, on 3 December 2016

续表

序号	编号	报告名称
311	UKGQ15	Report on the investigation of the grounding and flooding of the ro-ro Terry Commodore Clipper in the approaches to St Peter Port, Guernsey, on 14 July 2014
312	UKGQ16	Grounding of the ro-ro freight ferry Seatruck Performance in Carlingford Lough, Northern Ireland, on 8 May 2019
313	UKGQ17	Anchor dragging and subsequent grounding of STENA ALEGRA Karlskrona, on 28 October 2013
314	UKGQ18	Grounding of the liquefied gas carrier Navigator Scorpioon Haisborough Sand, North Sea,on 3 January 2014
315	UKGQ19	Report on the investigation of the grounding of Karin Schepers at Pendeen, Cornwall, UK, on 3 August 2011
316	UKGQ20	Report on the investigation of the grounding of the ultra-large container vessel CMA CGM Vasco de GamaThorn Channel, Southampton, England, on 22 August 2016
317	UKGQ21	Grounding of COASTAL ISLE Island of Bute, on 2 July 2012
318	UKGQ22	Report on the investigation of the grounding of the general cargo vessel Priscilla on Pentland Skerries, Pentland Firth, Scotland, on 18 July 2018
319	UKGQ23	Grounding of the general cargo vessel Ruyter Rathlin sland, UK, on 10 October 2017
320	UKGQ25	Grounding of K-WAVE near Malaga, Spain, on 15 February 2011
321	UKGQ27	Grounding of Lysblink Seaways Kilchoan, West Scotland, on 18 February 2015
322	UKGQ28	Report on the investigation of the electrical blackout and subsequent grounding of the feeder container vessel Clonlee on the River Tyne, England, on 16 March 2011
323	UKGQ29	Report on the investigation of the collision between the ro-ro passenger ferry Red Falcon and the moored yacht Greylagin Cowes Harbour, Isle of Wighton, on 21 October 2018
324	UKGQ30	Grounding of CSL THAMES in the Sound of Mull, on 9 August 2011
325	UKGQ31	Grounding of the general cargo ship Islay Trader Margate, UK, on 8 October 2017

续表

序号	编号	报告名称
326	UKGQ32	Report on the investigation of the groundings of Ocean Prefect Umm Al Qaywayn, United Arab Emirates, on 10 and 11 June 2017
327	UKCP2	Milennium Diamond Contact with Tower Bridge River Thames, on 4 June 2014
328	UKZC5	Report on the investigation into the structural failure and foundering of the general cargo ship Swanland Irish Sea, on 27 November 2011 with the loss of six crew
329	USGQ13	Grounding of Freighter Roger Blough
330	USGQ14	Grounding and Subsequent Breakup of Small Passenger Vessel Spirit of Kona
331	USGQ16	Grounding of Bulk Carrier Nenita
332	USZC9	Partial Sinking of Small Passenger vessel Spirit of Adventure
333	USZC10	Grounding and Subsequent Breakup of Dive vessel King Neptune
334	USHZ18	Fire Aboard Freighter Alpena
335	USHZ19	Fire Aboard Container Ship Gunde Maersk
336	USHZ26	Fire aboard Roll-on/Roll-off Passenger Vessel Caribbean Fantasy Atlantic Ocean, 2 miles Northwest of San Juan, Puerto Rico, on 17 August 2016
337	USHZ28	Fire aboard Passenger Vessel Tahoe Queen
338	USHZ33	Engine Room Fire aboard Towing Vessel George King
339	USHZ39	Fire aboard Cargo Ship Chipolbrok Moon
340	USHZ50	Engine Room Fire aboard Bulk Carrier St Clair
341	USHZ53	Fire Aboard Small Passenger Vessel Conception Platts Harbor, Channel Islands National Park, Santa Cruz Island, 21 · 5 miles South-southwest of Santa Barbara, California, on 2 September 2019
342	SWEPZ1	Joint safety investigation into the collision between the Maltese bulk carrieer GOLDEN TRADER and the Belgian fishing vessel VIDAR 21 n mile west of Thyboren, Denmarkon, on 10 September 2011
343	SWEGQ1	Trans Agila - grounding in Kalmarsund, Sweden, on 29 November 2012
344	SWEGQ2	Asko-grounding at Hasselby holme, Stockholm County, Sweden, on 9 December 2016

续表

序号	编号	报告名称
345	SWEGQ3	ATLANTIC - Grounding outside of Oskarshamn, Kalmar County, on 23 September 2017
346	AUSPZ1	Collision between the container ship Beijing Bridge and fishing vessel Saxon Onward, Tasman Sea, about 3 n mile south-east of Gabo Island, Victoria, on 23 January 2018
347	AUSPZ2	Collision between the container ship Glasgow Express and the fishing vessel Mako 15 n mile south of Cape Woolamai, Victoria, on 12 August 2017
348	AUSPZ3	Collision between Jag Arnav and Total Response 26 n mile north-west of Bunbury, Western Australia, on 23 June 2015
349	AUSPZ4	Collision between Kota Wajar and the yacht Blazing Keel Moreton Bay, Queensland, on 6 July 2014
350	AUSPZ5	Collision between Royal Pescadores and Da Heng Shan, Gage Roads Anchorage, Fremantle, Western Australia, on 8 May 2014
351	AUSHZ1	Fire on board BBC Xingang Newcastle, New South Wales, on 11 December 2017
352	KORPZ1	Investigation Report of Very Large Crude Oil Tanker Wu Yi San's Contact with dolphins
353	JPNGQ2	Grounding of Oil tanker SAGAN
354	JPNHZ1	Explosion of Oil / Chemical Tanker EIWA MARU 3
355	JPNHZ2	Explosion of Chemical Tanker GOLLDEN SUNNY HANA
356	JPNHZ3	Fire on Cargo Ship TAI YUAN

参考文献

[1] 中国交通运输部. 2021 年交通运输行业发展统计公报[R]. 2022.

[2] IHS Markit. Sea-web™: The ultimate marine online database[M/OL]. (2022-10-10)[2024-10-15]. https://www.spglobal.com/market-intelligence/en/solutions/sea-web-maritime-reference.

[3] QIAO W, LIU Y, MA X, et al. Human factors analysis for maritime accidents based on a dynamic fuzzy bayesian network[J]. Risk Analysis, 2020, 40(5): 957-980.

[4] MA X, LAN H, QIAO W, et al. On the causation correlation of maritime accidents based on data mining techniques[J]. Proceedings of the Institution of Mechanical Engineers, Part O: Journal of Risk and Reliability, 2022, 238(5): 905-919.

[5] 关腾飞. 关于船员不安全行为的探讨[J]. 珠江水运, 2008(9): 32-33.

[6] REASON J T. Human error[M]. Cambridge: Cambridge University Press, 1990.

[7] WIEGMANN D A, SHAPPELL S A. Human error analysis of commercial aviation accidents: Application of the Human Factors Analysis and Classification System (HFACS)[J]. Aviat Space Environment Med, 2003, 72(11): 1006-1016.

[8] HOLLNAGEL E. Cognitive reliability and error analysis method(CREAM)[M]. Oxford: Elsevier Science, 1998.

[9] SHORROCK S, KIRWAN B. Development and application of a human error identification tool for air traffic control[J]. Applied Ergonomics, 2002, 33(4): 319-336.

[10] WILLIAMS J C. A data-based method for assessing and reducing human error to improve operational performance[C]. Proceedings of the IEEE Fourth Conference on Human Factors and Power Plants, Monterey, CA, USA, 1988, pp.436-450.

[11] ZHANG M, ZHANG D, GOERLANDT F, et al. Use of HFACS and fault tree model for collision risk factors analysis of icebreaker assistance in ice-covered waters[J]. Safety Science, 2019, 111: 128-143.

[12] CELIK M, CEBI S. Analytical HFACS for investigating human errors in shipping

accidents[J]. Accident Analysis & Prevention, 2009,41(1):66-75.

[13] CHAUVIN C, LARDJANE S, MOREL G, et al. Human and organisational factors in maritime accidents: Analysis of collisions at sea using the HFACS[J]. Accident Analysis & Prevention, 2013,59:26-37.

[14] CHEN S-T, WALL A, DAVIES P, et al. A Human and Organisational Factors (HOFs) analysis method for marine casualties using HFACS-Maritime Accidents (HFACS-MA)[J]. Safety Science, 2013,60:105-114.

[15] SOTIRALIS P, VENTIKOS N P, HAMANN R, et al. Incorporation of human factors into ship collision risk models focusing on human centred design aspects[J]. Reliability Engineering & System Safety, 2016,156:210-227.

[16] MACRAE C. Human factors at sea: common patterns of error in groundings and collisions[J]. Maritime Policy & Management, 2009,36(1):21-38.

[17] MA X, DENG W, QIAO W, et al. A methodology to quantify the risk propagation of hazardous events for ship grounding accidents based on directed CN[J]. Reliability Engineering & System Safety, 2022,221(5):108334.1-108334.21.

[18] BYE R J, AALBERG A L. Maritime navigation accidents and risk indicators: An exploratory statistical analysis using AIS data and accident reports[J]. Reliability Engineering & System Safety, 2018,176(8):174-186.

[19] KURT R E, KHALID H, TURAN O, et al. Towards human-oriented norms: Considering the effects of noise exposure on board ships[J]. Ocean Engineering, 2016,120(7):101-107.

[20] LU C S, TSAI C L. The effect of safety climate on seafarers' safety behaviors in container shipping[J]. Accident Analysis & Prevention, 2010,42(6):1999-2006.

[21] AKHTAR M J, BOUWER UTNE I. Common patterns in aggregated accident analysis charts from human fatigue-related groundings and collisions at sea[J]. Maritime Policy & Management, 2014,42(2):186-206.

[22] POUSETTE A, LARSSON S, TÖRNER M. Safety climate cross validation, strength and prediction of safety behaviour[J]. Safety Science, 2008,46(3):398-404.

[23] BAL E, ARSLAN O, TAVACIOGLU L. Prioritization of the causal factors of fatigue in seafarers and measurement of fatigue with the application of the Lactate Test[J]. Safety Science, 2015,72:46-54.

[24] SNEDDON A, MEARNS K, FLIN R. Stress, fatigue, situation awareness and safety in offshore drilling crews[J]. Safety Science, 2013,56:80-88.

[25] TRUCCO P, CAGNO E, RUGGERI F, et al. A bayesian belief network modelling

of organisational factors in risk analysis: A case study in maritime transportation [J]. Reliability Engineering & System Safety, 2008,93(6):845-856.

[26] UNG S-T. A weighted CREAM model for maritime human reliability analysis[J]. Safety Science, 2015,72:144-52.

[27] DEACON T, AMYOTTE P R, KHAN F I, et al. A framework for human error analysis of offshore evacuations[J]. Safety Science, 2013,51(1):319-327.

[28] ZHOU T, WU C, ZHANG J, et al. Incorporating CREAM and MCS into fault tree analysis of LNG carrier spill accidents[J]. Safety Science, 2017,96(7):183-191.

[29] LIU J, XU Y, WANG L. Fault information mining with causal network for railway transportation system[J]. Reliability Engineering & System Safety, 2022,220(4): 108281.1-108281.12.

[30] HUANG W, KOU X, ZHANG Y, et al. Operational failure analysis of high-speed electric multiple units: A Bayesian network-K2 algorithm-expectation maximization approach[J]. Reliability Engineering & System Safety, 2021,205(1):1-15.

[31] MA X, DENG W, QIAO W, et al. A methodology to quantify the risk propagation of hazardous events for ship grounding accidents based on directed CN[J]. Reliability Engineering & System Safety, 2022,221(5):108334.1-108334.21.

[32] ZHOU Y, LI C, DING L, et al. Combining association rules mining with complex networks to monitor coupled risks[J]. Reliability Engineering & System Safety, 2019,186(6):194-208.

[33] GUO S, ZHOU X, TANG B, et al. Exploring the behavioral risk chains of accidents using complex network theory in the construction industry[J]. Physica A: Statistical Mechanics and Its Applications, 2020,560:1-12.

[34] LAN H, MA X, QIAO W, et al. Determining the critical risk factors for predicting the severity of ship collision accidents using a data-driven approach[J]. Reliability Engineering & System Safety, 2023,230(12):1-14.

[35] MA X, DENG W, QIAO W, et al. A novel methodology concentrating on risk propagation to conduct a risk analysis based on a directed complex network[J]. Risk Analysis, 2022,42(12):2800-2822.

[36] SARKAR S, PRAMANIK A, MAITI J, et al. Predicting and analyzing injury severity: A machine learning-based approach using class-imbalanced proactive and reactive data[J]. Safety Science, 2020,125:1-23.

[37] LI X, LIU Y, FAN L, et al. Research on the prediction of dangerous goods accidents during highway transportation based on the ARMA model[J]. Journal of Loss Prevention in the Process Industries, 2021,72:1-8.

[38] YANG Z, ZHANG W, FENG J. Predicting multiple types of traffic accident se-

verity with explanations: A multi-task deep learning framework[J]. Safety Science, 2022,146(15):1-13.

[39] KUMAR M B, DEBASISH J, NIVA M, et al. Machine learning based accident prediction in secure IoT enable transportation system[J]. Journal of Intelligent and Fuzzy Systems, 2022,42(2):713-725.

[40] LI L, SHENG X, DU B, et al. A deep fusion model based on restricted Boltzmann machines for traffic accident duration prediction[J]. Engineering Applications of Artificial Intelligence, 2020,93:1-9.

[41] MILLER T. Explanation in artificial intelligence: Insights from the social sciences [J]. Artificial Intelligence, 2019,267:1-38.

[42] ZHU R, HU X, HOU J, et al. Application of machine learning techniques for predicting the consequences of construction accidents in China[J]. Process Safety and Environmental Protection, 2021,145:293-302.

[43] XU R, LUO F. Risk prediction and early warning for air traffic controllers' unsafe acts using association rule mining and random forest[J]. Safety Science, 2021, 135(105125):1-10.

[44] KIM Y, KIM Y. Explainable heat-related mortality with random forest and SHapley Additive exPlanations (SHAP) models[J]. Sustainable Cities and Society, 2022,79:1-15.

[45] MURRAY B, PERERA L P. Ship behavior prediction via trajectory extraction-based clustering for maritime situation awareness[J]. Journal of Ocean Eng-ineering and Science, 2022,7(1):1-13.

[46] RAWSON A, BRITO M, SABEUR Z, et al. A machine learning approach for monitoring ship safety in extreme weather events[J]. Safety Science, 2021,141:1-11.

[47] KIM K I, LEE K M. Context-aware information provisioning for vessel traffic service using rule-based and deep learning techniques[J]. Int J Fuzzy Logic Intell Syst, 2018,18(1):13-19.

[48] ZHANG C, BIN J, WANG W, et al. AIS data driven general vessel destination prediction: A random forest based approach[J]. Transportation Research Part C: Emerging Technologies, 2020,118:1-19.

[49] YANG Y, SHAO Z, HU Y, et al. Geographical spatial analysis and risk prediction based on machine learning for maritime traffic accidents: A case study of Fujian sea area[J]. Ocean Engineering, 2022,266:1-20.

[50] 李新春, 宋学锋. 基于风险预控的煤矿安全管理评价系统建立研究[J].煤炭工程, 2007,39(9):82-84.

[51] FANG Q, LI H, LUO X, et al. Detecting non-hardhat-use by a deep learning method from far-field surveillance videos[J]. Automation in Construction, 2018, 85:1-9.

[52] RUBAIYAT A H M, TOMA T T, Kalantari-Khandani M, et al. Automatic detection of helmet uses for construction safety[C]//Web Intelligence Workshops (WIW), IEEE/WIC/ACM International Conference on IEEE, 2016:135-142.

[53] PARK M W, ELSAFTY N, ZHU Z. Hardhat-wearing detection for enhancing on-site safety of construction workers[J]. Journal of Construction Engineering and Management, 2015,141(9):44-62.

[54] FANG W, DING L, LOVE P E D, et al. Computer vision applications in construction safety assurance[J]. Automation in Construction, 2020,110:1-10.

[55] 韩豫, 张泾杰, 孙昊, 等. 基于图像识别的建筑工人智能安全检查系统设计与实现[J]. 中国安全生产科学技术, 2016,12(10):142-148.

[56] HAN S U, LEE S H. A vision-based motion capture and recognition framework for behavior-based safety management[J]. Automation in Construction, 2013,35:131-141.

[57] YU Y, GUO H, DING Q, et al. An experimental study of real-time identification of construction workers' unsafe behaviors[J]. Automation in Construction, 2017, 82:193-206.

[58] 左自波, 潘曦, 黄玉林, 等. 超高层ICCP安全监测与控制的预警指标研究[J]. 中国安全科学学报, 2020,30(01):53-60.

[59] 井彦娜. 基于物联网的建筑安全监测管理系统研究[D]. 杭州, 浙江大学, 2017.

[60] ZHOU C, DING L Y. Safety barrier warning system for underground construction sites using Internet-of-Things technologies[J]. Automation in Construction, 2017, 83:372-389.

[61] 罗通元, 吴超. 心理视角下事故致因与行为综述[J]. 工业安全与环保, 2018,14(1):82-87.

[62] 金龙哲, 宋存义. 安全科学原理[M]. 北京, 化学工业出版社, 2004.

[63] VEMON H M. An investigation of the factors concerned with the causation of industrial accidents[M]. London, Sagwan Press, 1918.

[64] GREENWOOD M, WOODS H M. The incidence of industrial accidents upon individuals with special reference to multiple accidents[M]. London, Her majesty's stationery office, 1919.

[65] FARMER E C E. A study of personal qualities in accident proneness and proficiency[M]. London, H.M. stationery office, 1929.

[66] KEEHN J. Factor analysis of reported minor personal mishaps[J]. Journal of Applied Psychology, 1959,43(5):311-314.

[67] SALMINEN S H M. Correlations between traffic, occupational, sports, and home accidents[J]. Accident Analysis and Prevention, 1997,29(1):33-36.

[68] VISSER E, PIJL Y J, STOLK R P, et al. Accident proneness, does it exist? A review and meta-analysis[J]. Accident Analysis & Prevention, 2007,39(3):556-564.

[69] 戴汝为. 复杂巨系统科学:一门 21 世纪的科学[J]. 自然杂志, 1997,19(4):187-192.

[70] MA X, DENG W, QIAO W, et al. A methodology to quantify the risk propagation of hazardous events for ship grounding accidents based on directed CN[J]. Reliability Engineering & System Safety, 2022,221:1-21.

[71] RICHER S. School Effects:The case for grounded theory[J]. Sociology of Education, 1975,48(4):383-399.

[72] TASKIN C S. Learning:What do primary pupils think about it? [J]. The Journal of Educational Research, 2012,105(4):277-285.

[73] 邓丽珊. 国际工程市场中中国高铁项目的政治风险管理研究[D]. 南京,东南大学, 2017.

[74] HONG J, TAMAKLOE R, PARK D. Application of association rules mining algorithm for hazardous materials transportation crashes on expressway[J]. Accident Analysis & Prevention, 2020,142:1-14.

[75] BERNUS P, BLAZEWICZ J, SCHMIDT G, et al. International handbooks on information systems[M]. Berlin, Springer, 2008.

[76] ANTOMARIONI S, CIARAPICA F E, BEVILACQUA M. Association rules and social network analysis for supporting failure mode effects and criticality analysis: Framework development and insights from an onshore platform[J]. Safety Science, 2022,150:1-15.

[77] BURCIU S, POPA M, ROSCA E, et al. Location of production facilities in the framework of sustainable development[J]. Procedia Technology, 2016,22:274-281.

[78] HIRSCH J E. An index to quantify an individual's scientific research output[J]. Proceedings of the National Academy of Sciences of the United States of America, 2005,102(46):569-572.

[79] SEIDMAN S B. Network structure and minimum degree[J]. Social Networks, 1983, 5(3):269-287.

[80] BOCCALETTI S, LATORA V, MORENO Y, et al. Complex networks:sstructure

and dynamics[J]. Physics Reports, 2006,424(4-5):175-308.

[81] EDWARDS M , DENG J, XIE X. From pose to activity:Surveying datasets and introducing CONVERSE[J]. Computer Vision and Image Understanding, 2016, 144(3):73-105.

[82] GUO B, ZOU Y, FANG Y, et al. Computer vision technologies for safety science and management in construction:A critical review and future research directions [J]. Safety Science, 2021,135(3):1-14.

[83] CHEN K, WANG J, PANG J, et al. MMDetection:Open mmlab detection toolbox and benchmark[J]. preprint arXiv, 2019,1906(07155):1-13.

[84] REN S, HE K, GIRSHICK R, et al. Faster RCNN:Towards real-time object detection with region proposal networks[M]. Cambridge, MIT press, 2015.

[85] HE K, ZHANG X, REN S, et al. Deep residual learning for image recognition [C]//Proceedings of the IEEE conference on computer vision and pattern recognition. 2016:770-778.

[86] LIN T Y, DOLLÁR P, GIRSHICK R, et al. Feature pyramid networks for object detection[C]//Proceedings of the IEEE conference on computer vision and pattern recognition. 2017:2117-2125.

[87] LIN T Y, MAIRE M, BELONGIE S, et al. Microsoft coco:Common objects in context[C]//Computer Vision- ECCV 2014:13th European Conference, Zurich, Switzerland, September 6-12, 2014, Proceedings, Part V 13. Springer International Publishing, 2014:740-755.

[88] BODLA N, SINGH B, CHELLAPPA R, et al. Soft-NMS–improving object detection with one line of code[C]//Proceedings of the IEEE international conference on computer vision. 2017:5561-5569.

[89] NEUBECK A, VAN GOOL L. Efficient non-maximum suppression[C]//18th international conference on pattern recognition (ICPR'06). IEEE, 2006,3:850-855.

[90] DENG J, GUO J, ZHOU Y, et al. Retinaface:Single-stage dense face localisation in the wild[J]. preprint arXiv:2019,1905(00641):1-10.

[91] MA N, ZHANG X, ZHENG H T, et al. Shufflenet v2:Practical guidelines for efficient cnn architecture design[C]//Proceedings of the European conference on computer vision(ECCV). 2018:116-131.

[92] BOCHKOVSKIY A, WANG C Y, LIAO H Y M. Yolov4:Optimal speed and accuracy of object detection[J]. preprint arXiv:2020,2004(10934):1-17.

[93] HOWARD A, SANDLER M, CHU G, et al. Searching for mobilenetv3[C]// Proceedings of the IEEE/CVF international conference on computer vision. 2019:

1314-1324.

[94] LIU S, QI L, QIN H, et al. Path aggregation network for instance segmentation [C]//Proceedings of the IEEE conference on computer vision and pattern recognition. 2018:8759-8768.

[95] CHEN S, ZHANG L, QING T, et al. Use of bayesian networks and improved SPAR-H for quantitative analysis of human reliability during severe accidents mitigation process in nuclear power plant[J]. Journal of Nuclear Science and Technology, 2021,58(10):1099-1112.

[96] GRAZIANO A, TEIXEIRA A P, GUEDES SOARES C. Classification of human errors in grounding and collision accidents using the TRACEr taxonomy[J]. Safety Science, 2016,86:245-257.

[97] SOTIRALIS P, VENTIKOS N P, HAMANN R, et al. Incorporation of human factors into ship collision risk models focusing on human centred design aspects[J]. Reliability Engineering & System Safety, 2016,156:210-227.

[98] DOS SANTOS I J A L, FRANÇA J E M, SANTOS L F M, et al. Allocation of performance shaping factors in the risk assessment of an offshore installation[J]. Journal of Loss Prevention in the Process Industries, 2020,64(3):1-12.